2025 개정판

임원제도와 인사관리
EXECUTIVE HRM

임원 任員

정종태 저
한국인사관리협회 발행

프롤로그

　조직은 세 가지의 계층적 기능으로 구분된다. 첫째는 정책 및 방향을 결정하고 그 결과에 대하여 책임을 지는 '경영기능'이며, 둘째는 경영기능에서 결정된 사항을 조직의 각 기능영역 차원에서 실행을 관리하고 통할하는 '관리기능'이며, 셋째는 각 기능의 실행을 담당하는 '실시기능'이다.
　CEO를 포함한 임원이 해야 하는 역할이 바로 '기업이 무엇을 해야 하는가'를 결정하는 경영기능이다. 만약 경영기능이 잘못되면 관리기능이나 실시기능은 아무런 의미가 없다. 잘못된 의사결정으로 기업이 존폐의 기로에 서거나 아예 문을 닫아야 하는 경우도 생긴다.
　크라이슬러자동차는 1973년 2차 석유파동(Oil shock) 이후 변화된 소비자들의 기호를 제대로 파악하지 못했다. 대형 자동차만을 생산한 결과 1978년 이후 매출이 급격히 감소하였다. 1980년대 초에는 경영위기에 직면하여 수많은 직원들을 해고하는 등 구조조정을 해야 하는 상황에 이르렀다.
　세계적인 컴퓨터 회사 IBM은 향후 도래할 PC 시대를 예견하지 못하여 하드웨어에만 집중하였고, PC의 핵심부품인 마이크로 프로세스와 OS를 중소 하청기업이었던 인텔과 MS에게 넘겨주었다. 필름업계를 이끌었던 코닥은 디지털 카메라의 등장에 제대로 대응하지 못하여 심각한 경영의 어려움을 겪었고 2012년 결국 파산했다. 이러한 경영의 불확실성은 1990년대 말 이후 인터넷의 도래와 함께 더욱 증가하였으며, 2016년 이후 강조된 제4차 산업혁명은 한치 앞을 예측하기 어렵게 만들었다.
　최근 생성형 인공지능(Generative Artificial Intelligence, AI)의 등장으로 전 세계 비즈니스 지형이 바뀌고 있다. 생성형 AI는 PC와 인터넷, 스마트폰의 등장에 이어 산업 전반에 걸쳐 영향력을 미치는 혁신요소로 평가되고 있다. 생성형 AI는 향후 몇 년간 기업의 고객지원, 마케팅과 판매,

비즈니스 운영과 소프트웨어 프로그래밍 등에 광범위하게 확산될 것으로 전망된다. 특히 생성형 AI는 직접적인 노동효율성 향상뿐만 아니라 조직과 비즈니스 프로세스 개선을 이끌 것으로 예상돼 산업에 미치는 파급력이 클 것으로 보인다. 그렇기 때문에 기업은 생성형 AI의 가치와 중요성을 제대로 인식하고 이를 미래 전략에 반영하는 것이 매우 중요하다.

경영기능을 수행하는 임원 역할의 중요성은 아무리 강조해도 지나치지 않을 것이다. 임원은 기업의 비전을 수립, 이를 실천하여 지속적으로 성장·발전하기 위해서는 대외적으로 경영환경을 이해하고 미래를 보는 통찰력을 가져야 함은 물론 대내적으로 조직구성원을 선발 및 확보하고, 동기부여 하여 스스로 일하게 해야 하는 등 그 역할이 매우 중요하다. 그러나 이러한 경영기능을 수행하는 임원의 중요성에도 불구하고 임원 인사관리의 원칙과 기준에 관한 책이나 자료가 거의 없는 실정이다. 기업을 비롯한 조직은 우리 생활의 어느 곳에서나 쉽게 접할 수 있으며, 이러한 조직을 이끌어가는 임원 또한 우리 주변 가까이에 있다. 이 책에서는 우리 주변에서 접할 수 있지만 쉽게 이해할 수 없는 임원 인사관리의 원칙과 기준을 사례를 중심으로 제시하고 있다.

하루가 다르게 변화하는 상황에서 기업의 생존이 그 어느 때보다 강조되고 있고, 때문에 임원의 역할과 중요성은 더욱 증대되고 있다. 상당수 기업이 임원 육성에 집중하고 임원의 역할을 구체적으로 정립해 나가고 있다. 임원의 선발·육성·평가·보상 등을 포함한 임원 인사관리야말로 기업의 성패를 결정하는 직접적이고 결정적인 요인이다. 기업은 생존을 위해 지속적으로 높은 성과를 달성하여야 한다. 하루가 다르게 변화하는 상황에서 임원의 역할과 중요성은 더욱 증대되었다. 상당수 기업이 임원 수를 증가시키고 임원의 역할을 구체적으로 정립해 나가고 있다. 임원의 선발·육성·평가·보상 등을 포함한 임원 인사관리야말로 기업의 성패를 결정하는 직접적이고 결정적인 요인이다.

임원에 대한 관리영역이 중요함에도 이에 대한 공개적인 연구나 Best Practice에 대한 공유는 활발하지 못하다. 그 이유는 세 가지다.

첫째, 임원 인사관리는 그 자체가 회사 경영전략의 가장 핵심부문으로서 대외적으로 발표하고 공유할 성격이 되지 못한다고 보는 경향이 있다.

둘째, 임원에게 요구하는 역량이나 육성은 그 자체가 전략과 연계되어 기업의 상황에 따라 차별화될 수밖에 없으므로 어느 경우에나 적용 가능한 Best Practice가 사실상 존재할 수 없다는 점을 들 수 있다.

셋째, 임원 인사관리는 제도적·시스템적으로 이루어지기보다 불투명한 기업의 지배구조와 맞물리면서 지배 대주주의 직관이나 통찰력에 의존하는 경향이 강해 Best Practice로 자신 있는 공개가 쉽지 않은 면도 있다.

글로벌 경쟁이 가속화되고 변화의 속도가 빠른 디지털 환경에서 임원은 신속하게 의사결정을 하여야 하며 시장 흐름을 통찰력 있게 조망하면서, 미래 대비할 수 있는 전략적 비전을 제시해야 한다. 따라서 임원 역할에 대한 전략적 중요성은 커지고 있으며 임원 인사관리에 대한 연구의 필요성도 증대되고 있다.

그런 의미에서 「임원」은 임원에 대한 차별화된 연구가 전략적으로 긴요함에도 일반 HR부문에 대한 연구에 묻혀 소홀하게 다루어져 왔음에 유념하면서 '임원의 선발·육성·평가·보상' 등에 관한 이론이나 연구논문, 그리고 기업사례, 기타 자료 등을 기초로 하여 임원 인사관리의 지침서로 정리한 것이다.

이 책을 통하여 임원 인사관리의 총괄적인 책임을 맡고 있는 기업의 경영자와 경영자를 도와 임원 인사관리의 실무를 담당하는 인사책임자 및 실무자들에게 임원 인사관리에 대한 전략적 통찰력과 유용한 자료를 제공하고자 한다.

 이 책이 나오기까지 기획단계에서부터 자료수집과 편집 등 물심양면으로 도와주신 한국인사관리협회(KPI)의 심상운 대표님과 구본희 전무님께 감사를 드린다. 두 분의 도움으로 「임원제도와 임원 인사관리」가 무사히 책으로 출판될 수 있었다. 아울러 표지디자인에서부터 편집을 맡아 준 크레탑 서용석 실장님에게도 감사의 뜻을 전하고 싶다.

 2023년 개정판(6th)에서는 집행임원제도의 법적 근거마련(회사법 개정, 2011년) 이후 집행임원제도를 도입한 사례를 제시하였다. 또 임원 리더십의 새로운 흐름으로 등장하고 있는 '공감 리더십'을 포함하였으며, 구체적으로 나락으로 떨어지고 있었던 마이크로소프트(MS)를 시총 1위로 회복시킨 공감 리더십의 대명사인 '사티아 나델라'의 사례를 소개하였다.

 2025년 개정판(7th)에서는 임원수, 임원보수 등 관련 자료를 최근 자료로 변경하였다. 또한 레퍼런스 체크, 글로벌 기업의 임원 육성 프로그램, 캘리브레이션 미팅 등 임원 선발·임원 육성·임원 평가 관련 기법 등을 보완하였다.

2025년 3월
저자 정 종 태

Contents

01 STEP　임원 개념 및 임원 관련 제도　10

임원의 개념
미국·일본·한국의 임원제도 비교
기업 지배구조와 이사회
집행임원제도
임원의 수와 임원 처우
임원의 신분·처우 관련 쟁점
판례와 법률적 근거에 의한 임원 구분

02 STEP　임원의 역할·책임과 요구역량　54

임원 역할의 중요성
임원의 역할과 요구역량
기업의 상황에 따른 임원의 주요 임무
임원 역할 부족의 원인
임원 역할의 활성화 방안

03 STEP　임원 선발과 임원 요건　80

임원 선발의 의의와 중요성
임원의 요건 및 기준
임원 선발방법 및 기법
내부승진과 외부영입
임원 선발 및 승진 사례 : 어세스먼트센터

04 STEP 임원 리더십과 임원 육성　110

임원 리더십의 중요성
리더십 이론 변천
임원 육성체계 및 방법
임원 육성을 위한 액션러닝
임원 육성을 위한 코칭 프로그램
임원 육성을 위한 DC

05 STEP 임원 평가　154

임원 평가의 필요성 및 중요성
임원 평가의 기본요소
임원 평가의 목적
임원 평가내용 및 항목
평가자
평가절차 및 방법
CEO 평가와 관련된 기타
Calibration Meeting(캘리브레이션 미팅)
참고자료 – 평가양식서

06 STEP 임원 보상　192

임원 보상체계
임원 보상체계의 변화추세
최고경영자 급여수준과 직원 등의 급여수준
임원 보상의 결정요인과 절차(임원보상위원회)
임원 및 경영자 보상의 이론적 배경
임원 보상제도의 설계 : 적절한 보상패키지 구성

07 STEP 임원 규정 242

임원 관련 규정의 의의
규정의 작성
규정 제정의 이점 및 필요성
경영관계의 기초적 규정
임원관계 규정 작성시 유의사항
임원관련 규정 및 규정요건
임원의 정년 및 정년 후의 처우
임원 보수 결정방법
임원 상여
우리나라 임원 퇴직금과 상여금 규정

08 STEP 한국 주요기업의 임원 인사규정 및 인사관리 사례 276

사례 1   임원 인사 기본지침(D그룹 제조업, 대기업)
사례 2   임원 인사운영 세칙(A사 제조업, 중견기업)
사례 3   집행부행장운영규정(V사 금융업)
사례 4   임원 퇴직금규정(Y사 금융업)
사례 5   임원 퇴직금 지급규정(T사 서비스업, 대기업)
사례 6   임원 상여금 지급규정
사례 7   코오롱의 임원 인사관리
사례 8   B 생명보험회사
사례 9   T社(제조업·중견기업)
사례 10 임원고용계약서(표준)
사례 11 상임임원 복무규정(1) - 사기업
사례 12 상임임원 복무규정(2) - 공공기관(기금)
사례 13 상임임원 복무규정(3) - 공사(공기업)

제1장 임원 개념 및 임원 관련 제도

임원의 개념
미국·일본·한국의 임원제도 비교
기업 지배구조와 이사회
집행임원제도
임원의 수와 임원 처우
임원의 신분·처우 관련 쟁점
판례와 법률적 근거에 의한 임원 구분

STEP

01

기업의 방향과 각종 정책을 결정하는 경영기능을 효율적으로 수행하기 위하여 기업은 각 분야의 전문성과 리더십을 겸비한 임원들을 필요로 한다. 상법상 임원은 이사와 대표이사, 감사 등으로 호칭되나 실제 기업 내부의 임원 인사관리에 있어서는 회장·부회장·사장·부사장·전무·상무 등으로 구분하여 호칭, 관리되고 있다.

임원의 개념

● 임원의 정의 및 임원계층

조직의 기능을 계층적으로 보면 첫째, 기업의 경영정책 및 방향을 결정하고 그 결과에 대하여 책임을 지는 경영기능 둘째, 경영기능을 기초로 하여 각 기능의 실행을 관리하는 관리기능 셋째, 조직의 기능을 구체적으로 실행하는 실시기능으로 구분된다.(그림1 참조)
① 기업경영의 정책 및 의사결정(경영기능)
② 경영기능에 기반한 기업경영의 방식결정(관리기능)
③ 관리기능에 기반하여 해당 직무의 집행(실시기능)

이론적으로 경영기능은 CEO를 비롯한 임원이 담당하여야 하며, 관리기능은 부장·과장 등 중간관리자가 담당하고, 실시기능은 실무자인 일선담당자들이 담당하여야 한다. 하지만 기업 규모가 다르고 조직운영 방식 또한 기업 고유한 특성에 따라 차이가 있으므로 조직의 기능과 담당계층이 일률적으로 일치하지는 않는다.

CEO를 비롯한 임원층은 '기업이 무엇을 해야 하는가', '어떤 정책으로 기업을 운영할 것인가'를 결정하는 경영기능과 결정된 목표나 방향을 어떻게 실행할 것인가라는 관리기능의 일부를 수행한다. 과·부장 등 중간관리층에서는 관리기능을 주로 담당하지만 부분적으로 경영기능이나 실무기능의 일부를 담당하기도 한다. 실무자인 일반 종업원의 경우에는 실시기능을 주로 담당하지만 일부 관리기능을 담당하는 경우도 있다.

임원이 담당하는 경영기능은 기업을 운영하는데 있어 매우 중요하며 이에 따른 책임도 막중하다. 만약 경영기능이 잘못되면 관리기능과 실시기능은 의미가 없다. 많은 기업이 잘못된 의사결정으로 기업의 존재 자체를 위협받는 어려움을 겪기도 한다.

따라서 기업의 방향과 각종 정책을 결정하는 경영기능을 제대로 수행하기 위하여 기업은 각 분야의 전문성과 리더십을 겸비한 임원들을 필요로 한다.

그림 1. **조직의 기능분담**

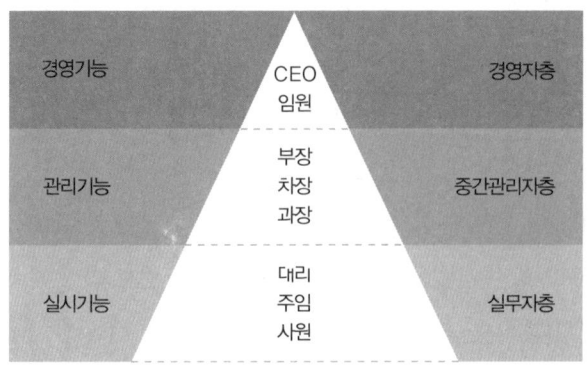

● 상법상 임원의 정의

상법 제 382조 제 2항에 따르면 '임원'이란 주식회사에서 업무를 집행·감시·감독하는 이사회(Board of Directors)를 구성하는 이사(Director, 대표이사 포함)와 감사(Auditor)를 지칭하며 법적으로 이사와 감사는 회사와 위임관계에 있다는 것으로 해석된다. 즉 주식회사의 이사는 회사로부터 법률행위 기타 사무를 위임 받은 자로 이사와 회사와의 관계는 위임이며, 민법의 위임에 관한 규정이 준용된다고 규정하고 있다. 따라서 이사는 이사회의 구성원으로서 또는 대표이사로서 그 직무를 수행할 때에 선량한 관리자로서의 주의의무를 부담하게 된다.(민법 제 681조)

또한 상법에서는 이사에 대하여 법령과 정관 그리고 주주총회의 결의를 준수하여 회사를 위해 충실하게 직무를 수행할 의무를 규정하면서 이사의 책임은 회사에 대한 책임(상법 제 399조)과 제 3자에 대한 책임(상법 제 401조) 등을 규정하고 있다.

이사는 상법이 정한 규정에 의하여 주주총회에서 선임된 자이며, 감사 또한 주주총회에서 선임된 자이다. 상법상 임원은 이사(사내이사와 사외이사)와 대표이사·감사 등으로 역할이 구분되어 있으나 실제 기업 내부의 임원 인사관리에 있어서는 회장·부회장·사장·부사장·전무·상무 등으로 구분하여 호칭,관리되고 있다.(그림2 참조)

이렇듯 임원에 대해 일반적으로 통용되는 호칭(용어)은 다양하지만 법적으로 통일된 용어의 정의는 없다.

상법상 이사는 등기를 하여야 한다. 이에 임원은 등기 여부에 따라 등기임원과 비등기임원으로도 구분된다. 실제로 기업에서 경영의 목적에 따라 선임된 다수의 임원(사장·부사장·전무·상무 등) 가운데 상위 계층의 임원 중 일부만 등기임원인 경우가 보통이다.

미국·일본·한국의 임원제도 비교

미국은 일본이나 한국과 달리 집행임원제도를 도입하여 업무집행과 경영감독을 제도적으로 구분하고 있다. 따라서 미국 대부분의 기업에서는 업무집행은 집행임원에게 맡기고, 중요한 전략적 의사결정과 업무집행에 대한 경영감독은 이사회가 담당하도록 한다.

그림2. **임원의 구분**

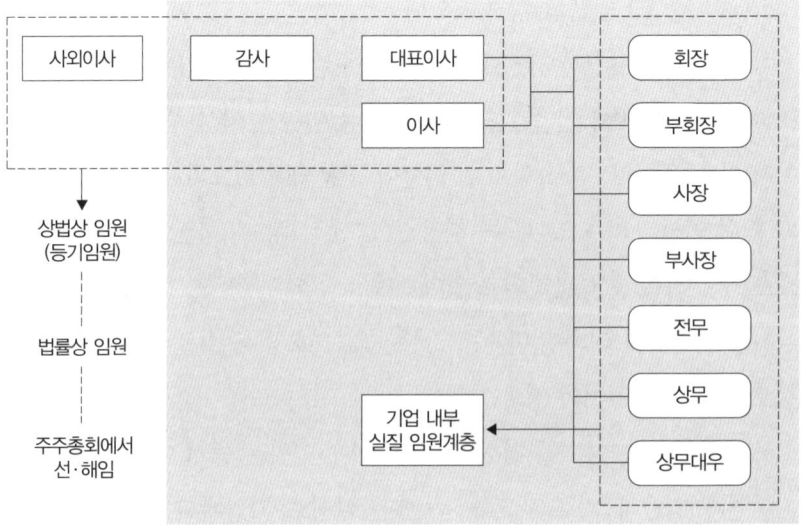

이사회는 대부분 사외이사로 구성되고 이들이 전체 이사의 과반수 이상을 차지하며, 사내이사는 대부분 집행임원의 역할을 담당한다. 제너럴 일렉트릭(GE)의 경우 전체 이사 15명 중 11명이 사외이사로 구성되어 있다. 이 사외이사들이 이사회 내에 설치한 전문소위원회의 위원장을 맡고 있어 이사회의 독립성이 실질적으로 보장된다.

한편 집행임원은 일반적으로 대표이사 또는 임원 인사위원회가 임명하며 부여된 직책에 따라 활동하게 되고, 내부 임원 인사관리규정 등의 적용을 받게 된다. 집행임원제도는 형식화된 이사회를 개혁하고 의사결정을 신속하게 하는 역할을 한다. 이를 통해 감사기능의 강화와 업무집행 및 사업전개 속도를 높이고 책임을 명확하게 하는데 그 존재 의의가 있다.

일본에서는 임원을 역원(役員, 등기임원)과 집행역원(執行役員, 비등기임원)으로 구분하고 있다. 역원이란 용어는 증권취인법(證券取引法)에서는 사용되고 있지만 상법에는 특별한 규정이 없다. 일반적으로 취체역(取締役, 이사)과 감사역(監査役, 감사) 등을 총칭하여 역원이라는 용어를 사용한다. 취체역회(이사회)에서 대표취체역(대표이사)을 선임하고 대표취체역은 취체역회로부터 위임된 범위 내에서 회사의 대표권과 업무집행권을 가진다.

반면 집행역원은 회사마다 약간의 차이는 있지만 일반적으로 종래 업무담당 이사 또는 종업원 겸 이사가 담당하는 직무를 위임받아 취체역회 및 대표취체역의 지도·감독 하에 업무를 집행하는 부문별 책임자를 의미한다.(표1 참조)

우리나라의 경우 포스코, SK 등 일부 기업과 금융권이 미국의 이사회

제도의 형태나 기능을 갖추고 있다. 그러나 아직도 이사회가 독립성을 갖고 있다고 보기는 어려우므로 많은 변화와 개선이 필요한 것으로 보인다. 여전히 대부분 상장기업들의 경우 전체 이사 가운데 사외이사는 약 40% 미만이다.

또한 기업의 실질적인 경영을 담당하고 있는 상당수의 임원이 비등기 임원이다. 이들은 회사경영의 한 축으로서 중요한 업무를 담당하고 있지만 그 신분상의 지위 및 권한과 책임을 규명하는데 법 이론이 명확하지 않다는 것도 문제점이라고 할 수 있다.

이러한 현실적 문제점을 개선하기 위하여 법무부는 2007년 집행임원제도 도입과 관련한 회사법 개정안을 국회에 제출하였다. 하지만 재계의

표1. 미국·일본·한국의 임원제도 비교

구분	미국	일본	한국
이사회 구성 (사외이사 수)	• 사외이사의 수가 과반수 이상 • 사내이사는 대부분 집행임원을 겸함	• 사외이사가 대부분, 사외이사는 일부임 • 사내이사 대폭 축소, 집행임원으로 대체	• 상장법인(1999년)과 협회등록법인(2001)은 1/4을 사외이사로 선임 • 자산총액 2조원 이상 상장법인 이사총수의 과반수 이상, 최소 3인 이상을 사외이사로 선임
이사의 수	평균 10명 정도(S&P 상위 1,500사, 1977년 말)	이사 12.3명, 집행임원 13.5명(2002년)	상장회사 이사 7.3명, 집행임원 7.5명(2002년)
집행임원제도	이사회와 별도로 집행임원제도 운영	1997년부터 집행임원제도 도입	2011년 집행임원제도 도입 (기업 선택)
집행임원 관련 법률	주(洲)마다 다르지만 ALI의 모델사업회사법에 근거	미비	회사법 근거

주) ALI ·미국법률협회(American Law Institute)
자료출처·김환일, 전략적 임원보상관리, 한국경영자총협회, 2003, p.25 일부 수정
공정거래위원회, 2020년 공시대상 기업집단 지배구조 현황, 2020. 12. 10

반대로 계속 계류 중이었으나 2011년 회사법 개정에 반영되었다.(상법 제 408조의 2~제 408조의 9)

집행임원제도는 회사 경영에 대한 법적 책임을 실제로 경영을 하는 집행임원이 지도록 하여 궁극적으로 책임경영을 강화한다는 취지이다.

2011년 회사법 개정 당시 집행임원제도가 시장에 미치는 충격을 고려하여 기존의 이사회제도를 폐지하지 않고 남겨둬 기업이 집행임원제도 또는 이사회제도 중 하나를 선택할 수 있게 했다.(표1 참조) 집행임원제도가 도입되면 회사의 경영을 실질적으로 수행했던 이사회는 집행임원을 감독하는 성격으로 바뀌게 된다.(표2 참조)

하지만 정부는 주식회사 경영의 투명성과 효율성을 높이기 위하여 업무집행기능과 감독기능을 분리하는 집행임원제도의 의무도입을 지속적으로 주장하고 있다. 법무부는 2013년 회사법 개정 공청회를 열고 '집행임원제도'의 도입을 공론화하였다.

이에 대해 재계는 반대 입장을 제시하고 있다. 재계는 현행 감사위원회제도 등이 경영을 감독하고 있는 상황에서 기업들에게 혼란만 가중시킬 집행임원제도를 도입할 필요가 없다고 주장하고 있다.

기업 지배구조와 이사회

● 사외이사제도

사외이사는 미국에서 도입된 제도로서 영어의 Outside Director를 번역

한 것이다. 전통적으로 사외이사라 함은 회사의 임원이 아닌 이사 또는 고용되어 있지 않은 이사를 의미하였으나, 최근 미국에서는 종래의 신분관계 기준에서 벗어나 업무수행상 경영진으로부터 독립성을 유지할 수 있는지 여부를 기준으로 독립성이 인정되는 이사를 '독립이사(Independent Director)'라 하여 전통적인 사외이사 개념을 대체하고 있다.

하지만 우리나라에서는 증권거래법을 비롯한 각종 법령에서 사외이사를 '당해 회사의 사무에 종사하지 아니하는 이사'로 정의하고 있다.(증권거래법 제 2조 19항, 은행법 제 22조 2항 등)

또한 2011년 회사법 개정에서도 사외이사를 증권거래법 및 은행법과 같이 정의하고 구체적으로 다음의 경우에는 사외이사직을 상실한다고 규정하고 있다.(상법 제 382조 제 3항 참조)

① 회사의 상무에 종사하는 이사·집행임원 및 피용자 또는 최근 2년 이내에 회사의 상무에 종사한 이사·감사·집행임원 및 피용자
② 최대주주가 자연인일 경우 본인과 그 배우자 및 직계 존속·비속
③ 최대주주가 법인일 경우 그 법인의 이사·감사·집행임원 및 피용자

표2. 집행임원제도 도입에 따른 이사회 역할 변화

주요 경영사항		이사회제도	집행임원제도
업무집행(경영)	일상적 경영결정 일상적 경영에 대한 책임	이사회	집행임원
업무집행 감독	업무집행 감독 중요 사항 결정		이사회
집행임원 성격		법률상 책임 없어 결정권 행사 소극적	법률상 책임 있어 집행권 행사 적극적
이사회 성격		사실상 경영 전반 관리	집행임원 선출과 감독

④ 이사·감사·집행임원의 배우자 및 직계 존속·비속

⑤ 회사의 모회사 또는 자회사의 이사·감사·집행임원 및 피용자

⑥ 회사와 거래관계 등 중요한 이해관계에 있는 법인의 이사·감사·집행임원 및 피용자

⑦ 회사의 이사·집행임원 및 피용자가 이사·집행임원으로 있는 다른 회사의 이사·감사·집행임원 및 피용자

미국의 경우 회사의 업무집행은 CEO를 비롯한 임원(Officer)이 담당하며 주주총회에서 선임된 이사는 이사회를 구성하여 회사의 경영정책을 수립하고, 임원의 업무집행을 감독하는 구조였지만, 기존 이사회가 형식화되어 감독기능을 세대로 발휘하지 못하는 경우가 많이 발생했다. 이에 이사회의 감독기능을 회복하고 활성화하기 위한 방안으로 사외이사제도가 도입된 것이다.

표3. **사외이사 제도의 변천내용**

시기	주요 내용	관련 근거
1998. 2	- 유가증권 시장 주권 상장법인의 사외이사 선임을 의무화함 (이사총수의 1/4 이상, 최소 1인 이상)	유가증권 상장규정
2000. 1	- 사외이사 제도를 증권거래법에 명문화함 - 대규모 공개기업(자산 2조원 이상)은 강화된 형태로 사외이사 선임을 의무화함(이사총수의 1/2 이상, 최소 3인 이상)	증권 거래법
2001. 3	- 코스닥 시장 주권 상장법인 사외이사 선임을 의무화함 (자산 1000억원 미만 벤처기업 제외)	증권 거래법
2004. 7	- 대규모 공개기업(자산 2조원 이상) 사외이사 선임 비율을 상향 조정함 (이사총수의 과반수 이상, 최소 3인 이상)	증권 거래법
2009. 3	- 증권거래법상 사외이사 규정을 상법으로 이관함	상법

자료출처·공정거래위원회, 2020년 공시대상 기업집단 지배구조 형황(2020. 12. 09)

우리나라에서 사외이사제도를 도입한 직접적인 계기는 지난 외환위기 관리체제 하에서 국제통화기금(IMF)과 미국식 감사위원회를 설치키로 한 약속이 있었기 때문이다. 정부는 1998년 2월, 기업지배구조 개선의 일환으로 유가증권상장규정을 개정하여 감사위원회제도의 전제가 되는 사외이사의 선임을 최초로 의무화하였다. 즉 전체 등기이사 중 4분의 1 이상을 사외이사로 선임토록 하였으며 이들을 선임하지 않은 법인이나 미달 법인에 대해서는 관리종목 지정대상으로 하였다.

또한 2000년 1월, 증권거래법 개정시 사외이사제도를 증권거래법상의 공식제도로 수용하면서 상장법인은 전체 등기이사의 4분의 1 이상을 사외이사로, 대형법인(자산 총계 2조 원 이상인 법인)의 경우 전체 등기이

표4. 주요 기업집단 상장회사 이사 및 사외이사 현황 (2024. 5. 14 기준)

구분	기업집단	상장회사수	이사수	사외이사수	사외이사 비중
총수 있는 집단	삼성	17	116	62	53.4%
	에스케이	21	134	69	51.5%
	현대자동차	12	95	52	54.7%
	엘지	11	72	38	52.8%
	롯데	11	84	46	54.8%
	한화	11	74	39	52.7%
	계(평균)	324	2,057(6.35)	1,045(3.23)	50.8%
총수 없는 집단	포스코	6	39	20	51.3%
	케이티	9	68	34	50.0%
	에이치엠엠	1	11	6	54.5%
	에쓰오일	1	6	4	66.7%
	케이티엔지	2	11	9	81.8%
	계(평균)	20	141(7.05)	78(3.90)	55.3%

자료출처 · 공정거래위원회, 2024년 공시대상 기업집단 기배구조, 2024. 12. 9

사의 2분의 1 이상, 최소 3인 이상을 사외이사로 선임토록 의무를 강화하였다. 아울러 은행법·보험업법 등 다수의 금융 관련 법령도 개정하여 사외이사제도를 금융기관으로 확대하였고, 2001년 4월부터는 협회등록법인까지 확대하였다.

2024년 기준으로 총수 있는 주요 기업집단 상장기업의 상장기업의 이사수는 평균 6.35명이며, 사외이사수는 3.23명으로 조사되어 사외이사 비중은 50.8%이다. 기업집단내 상장회사수가 21개로 가장 많은 에스케이의 이사수는 평균 6.38명, 상외이사는 평균 3.29명으로 조사되었다. 삼성은 17개 상장회사이며 이사수는 평균 6.82명, 사외이사수는 평균 3.64명이다.

포스코·케이티·에이치엠엠·에쓰-오일·케이티엔지 등 총수 없는 기업집단 상상회사의 평균 이사수는 7.05명, 평균 사외이사수는 3.90명이다.(표4 참조)

전체 이사수 대비 평균 사외이사의 비중이 높은 기업집단은 엠디엠·한국항공우주산업·케이티엔지·중흥건설 등의 순으로 나타났다. 엠디엠·한국항공우주산업은 이사 6명 가운데 5명이 사외이사로, 사외이사 비중이 83.3%로 가장 높다.(표5 참조) 케이티앤지는 2개의 상장회사가 있으며 이사수는 평균 5.5명이며 사외이사는 평균 4.5명으로 사외이사 비중은 81.8%이다. 중흥건설은 1개의 상장회사가 있으며 이사수는 8명이며, 사외이사는 6명으로 사외이사 비중은 75.0%이다. 교보생명보험은 1개의 상장회사가 있으며 이사수는 7명이며, 사외이사는 5명으로 사외이사 비중은 71.4%이다.

● **이사회 제도**

우리나라에서는 지난 외환위기 이후 사외이사제도의 도입과 함께 이사회의 기능과 역할이 점차 중요시되고 있다. 이사회는 상법 또는 정관에서 정하고 있는 주주총회의 권한 이외의 사항에 관하여 회사의 의사를 결정하는 기관이다.

주식회사의 기관구성에 있어 세계 각 국의 입법 예를 보면 출자자 모임인 주주총회의 권한과 지위에 있어서는 근본적인 차이가 없다. 그러나 이사회제도(Board of Directors)의 경우 나라별로 기업에 대한 근본적 인식의 차이를 바탕으로 이사회의 기능, 구성, 지도체계 등에서 다양한 형태로 발전하여 왔다.

표5. 평균 사외이사 비중이 높은 기업집단

(2024. 5. 14 기준)

순위	기업집단	총이사수	사외이사수	사외이사 비중
1	엠디엠[1]	6	5	83.3%
1	한국항공우주산업[1]	6	5	83.3%
3	케이티앤지[2]	11	9	81.8%
4	중흥건설[1]	8	6	75.0%
5	교보생명보험[1]	7	5	71.4%
6	금호석유화학[1]	10	7	70.0%
7	에이치엠엠[1]	6	4	66.7%
8	한진[5]	39	25	64.1%
9	셀트리온[2]	19	12	63.2%
10	아모레퍼시픽[2]	16	10	62.5%
11	두산[7]	45	27	60.0%
11	하이트진로[2]	10	6	60.0%

*[ ] : 기업집단 내 상장회사수
자료출처 : 공정거래위원회, 2024년 공시대상 기업집단 지배구조 현황, 2024. 12. 19

이사회제도의 대표적인 유형으로는 영미법계의 '이사회 일원주의(One-tier Board Model)'와 독일을 중심으로 한 일부 유럽국가의 '이사회이원주의(Two-tier Board Model)'를 들 수 있다.

이 양자를 구별짓는 가장 큰 특징은 경영과 감독기능의 통합수행 여부에 있다. 전자는 경영과 감독기능이 이사회라는 하나의 조직계층에서 통합적으로 수행되고 별도 경영 감독기구를 두지 않는다. 반면 후자는 경영은 경영이사회(Vorstand)가, 경영에 대한 감독은 감독이사회(Aufsichtsrat)에서 각각 분담하여 경영과 이에 대한 감독기능을 별도 조직계층으로 구분하고 있다는 점이 특색이다.

영미법계의 단일 이사회는 일반적으로 경영진 이사(Executive Directors)와 비경영진 이사(Non-Executive Directors)로 구성되며 전통적으로 경영진 이사에 의해 지배되지만, 최근에는 사외이사제도 도입확대로 비경영진 이사가 이사회의 과반수 이상을 구성하는 경우도 많다.

한편 이사회의 지도부 구성에 있어서는 최고집행임원(Chief Executive Officer : CEO)과 이사회 의장(Chairman of Board)이 분리될 수도 있고, 반대로 소위 'CEO-duality'라 하여 CEO가 이사회 의장을 겸임하는 경우도 있는데 대체로 후자인 경우가 많다.

일반적으로 일원주의 하에서는 감사위원회(Audit Committee), 보수위원회(Compensation Committee) 및 선발위원회(Nomination Committee) 등과 같이 이사회 산하 전문소위원회(Board Committees)가 많이 활용되고 있다.

● 이사회 내 위원회제도

정부는 1999년 개정 상법에서 이사회의 효율적 운영과 의사결정의 객관성을 확보하기 위하여 미국의 이사회제도를 본 떠 이사회의 하부조직으로서 일반적인 위원회 설치근거 규정을 신설하였다.(상법 제 393조의 2 제 1항)

위원회는 다음 사항을 제외하고는 그 권한을 이사회로부터 위임받을 수 있다.(상법 제 393조의 2 제 2항)
① 주주총회의 승인을 요하는 사항의 제안
② 대표이사 선임 및 해임
③ 위원회 설치와 그 위원의 선임 및 해임

그림3. **이사회의 조직구조(미국기업)**

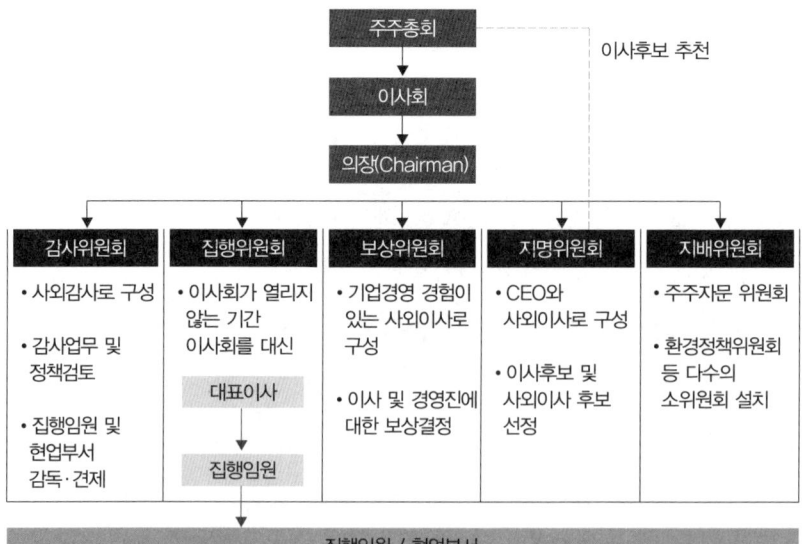

④ 정관에서 정하는 사항

상법 제 393조 2 제 3항에서 위원회는 2인 이상의 이사로 구성하여야 한다고 규정하고 있으나 미국처럼 사외이사로 구성되어야 하는 규정은 없다. 다만 감사위원회제도를 도입하여 기존 감사와 권한중복을 피하고 기업부담을 줄이기 위하여 감사위원회와 종래의 감사 중 어느 하나를 선택하도록 하고 있다.(상법 제 415조의 2)

감사위원회제도는 감사기능의 독립성과 전문성·엄정성을 도모할 수 있다고 보고, 이사회의 감독기능을 강화하기 위해 1999년도에 도입하였다. 이후 2000년 1월에는 증권거래법을 개정하여 상장회사에 대하여 감사위원회의 전제가 되는 사외이사의 선임을 의무화하였고, 총자산 2조원 이상의 대형 상장법인에 대하여 감사위원회의 설치를 의무화하고(증권거래법 제 191조의 17 제 1항, 제 54조의 6, 동법 시행령 제 84조의 24), 감사위원회의 3분의 2 이상을 사외이사로 구성도록 하였다.(동법 제 191조의 17 제 2항, 제 54조의 6 제 2항)

2001년 4월 1일에는 자산총액 1천억 원 이상인 협회등록법인의 경우에도 사외이사제도의 도입과 함께 자산총액 2조 원 이상인 협회등록법인에 대하여 감사위원회의 설치를 의무화하였다.(동법 제 191조의 16 및 제 191조의 17)

미국 대부분의 기업은 감사위원회, 집행위원회, 보상위원회, 지명위원회 그리고 재무위원회 등 여러 개의 위원회를 설치하여 이사회의 구성원이 그 직무를 수행토록 명확하게 규정, 운영하고 있다.(그림3 참조)

우리나라 주요 기업집단은 경영진(지배주주)을 견제하기 위하여 이사회 내 객관성과 전문성을 보유한 사외이사를 중심으로 한 위원회를 구성하고 있다. 감사위원회, 사외이사 후보 추천위원회, 보상위원회, 내부거래위원회 등이다. 감사위원회는 감사에 갈음하여 이사의 직무집행과 회계를 감사하며, 사외이사 후보 추천위원회는 사외이사 선임의 독립성 확보를 위한 위원회로 동 위원회에서 추천한 후보 중에서 사외이사를 선임하도록 하고 있다. 보상위원회는 경영진의 성과를 평가하고 적절한 보상 수준을 결정하도록 하며 그 명칭은 기업에 따라 보상위원회, 보수위원회, 성과 보상위원회 등을 사용하고 있다. 내부거래위원회는 특수관계인을 상대방으로 하는 거래를 심사하고 승인하도록 하고 있다. 또한 최근 ESG위원회를 구성하여 환경, 안전, 지배구조 등 장기적이고 지속 가능한 성장을 위한 정책수립 및 관련 활동을 체계화하고자 한다.(표6 참조)

표6. 10대 기업집단 이사회 내 위원회 현황 (2024. 5. 14 기준)

구분	상장회사수	사외이사추천위원회		감사위원회		보상위원회		내부거래위원회		ESG위원회	
		설치회사수	사외이사비중	설치회사수	사외이사비중	설치회사수	사외이사비중	설치회사수	사외이사비중	설치회사수	사외이사비중
삼성	17	14	85.7%	14	100.0%	15	86.7%	15	95.7%	14	84.2%
에스케이	21	15	82.4%	15	100.0%	12	72.7%	6	80.0%	15	65.6%
현대자동차	12	11	65.9%	12	100.0%	8	68.0%	10	90.0%	7	86.8%
엘지	11	9	66.7%	10	97.4%	–	–	10	74.4%	10	77.1%
롯데	11	9	83.3%	9	100.0%	9	93.3%	9	85.3%	10	75.0%
한화	11	10	91.2%	10	100.0%	8	91.3%	10	93.8%	8	88.5%
지에스	7	4	76.9%	7	95.2%	1	66.7%	2	100.0%	4	75.0%
HD현대	9	9	76.5%	9	100.0%	8	100.0%	8	76.7%	9	74.3%
신세계	7	7	66.7%	7	100.0%	7	66.7%	7	66.7%	7	66.7%
씨제이	9	7	95.8%	7	100.0%	7	74.3%	6	87.0%	9	62.5%

자료출처: 공정거래위원회, 2024년 공시대상 기업집단 지배구조 현황, 2024. 12. 19

집행임원제도

● **집행임원제도의 의의**

　이사는 상법에서 규정된 필요 상설기구이지만 집행임원(Officer)은 상법상의 이사는 아니다. 집행임원은 개별 회사마다 다소 차이가 있지만 일반적으로 '종래 업무담당 이사 또는 종업원 겸 이사가 담당하는 직무를 위임받아 이사회의 지휘·명령을 준수하고 성실하게 업무를 집행할 의무를 가진 부문별 책임자'라고 정의할 수 있다. 즉 대표이사로부터 업무의 집행상황을 보고할 것을 요구받은 경우 보고할 의무가 있으며 임무가 종료된 경우 업무집행 전말을 보고할 의무, 업무상 취득한 비밀을 유지할 의무 등이 있다.

　집행임원의 법적 성격은 이사회의 기본적인 경영판단을 집행하여 이행하는 대리인이다. 즉 집행임원은 개별적으로 회사의 대리인으로서 권한을 행사한다. 이때 집행임원의 권한은 정관 또는 이사회 의결에 따른다. 집행임원은 이사회로부터 권한을 위임받아 회사의 업무집행을 위해 업무범위 및 권한의 책임 등을 정관에 정하고 이에 위반되지 않는 범위에서 직무를 수행한다.

　미국 회사법상 집행임원이라 함은 일반적으로 회사업무의 집행에 있어 경영판단 내지 재량권을 가지고 관리 및 집행기능(Administrative and Executive Functions)을 행사하는 경영자(Executives)를 가리킨다. 미국 회사법 내지 기업지배구조는 주로 주주(소유)와 경영자(경영) 간 이해관계의 불균형에서 초래되는 소위 대리인 문제해결에 중점을 두고 있다.

GE 등 사외이사 중심의 이사회 독립

미국을 비롯한 외국은 사외이사 제도가 기업 운영의 필수 요건이라는 인식이 자리 잡고 있다. 미국의 글로벌 기업인 GE는 독립적 사외이사의 운용으로 이름난 회사다. 18명의 이사회 구성원 중 16명이 독립적 사외이사(independent director)다. 전체 이사의 89%다.

막연하게 외부 인사를 뜻하는 게 아니다. GE는 '독립성'의 요건을 세밀하게 규정하고, 이를 철저하게 지킨다. 이들의 업무는 빡빡하다. 모든 이사는 2~3개의 소위원회 활동을 한다. 이사들은 객관적인 회사 파악을 위해 매년 두 차례 이상 GE 사업장을 방문하되 해당 사업장의 경영자는 동반하지 않도록 돼 있다. 권한도 세다. 회장 즉, CEO를 뽑은 것도 바로 이사회다.

기업 경영의 강력한 실권을, 이처럼 외부 이사들에게 맡긴 것은 제프리 이멜트 CEO의 결단이다. 그는 2002년 이사회 구성원의 3분의 2 이상을 사외이사로 채우기로 결정했다. 당시 미국 사회는 엔론의 대규모 회계부정 사건의 여파로 기업 지배구조에 대한 비난 여론이 높을 때였다. GE는 이런 분위기에서 당시 법보다 훨씬 강하고 엄격한 독립적 이사회 규정을 만들고 이를 실천했다.

유럽도 강력한 사외이사 제도를 두고 있다. BMW나 지멘스 등은 경영이사회와 별도로 독립적인 인물로만 구성된 사외이사회를 두고 있다. 이들은 경영과 관련된 정보를 상세하게 전달받고, 경영진의 결정 사항에 대해 동의권을 갖는 등 실질적인 권한을 행사한다. 최근 사외이사 제도와 관련한 글로벌 기업들의 이슈는 '여성 몫'에 대한 배려다. 사외이사 제도의 독립성을 강화하고, 사회 변화와 발맞추기 위해 여성 사외이사를 일정 수준 배치해야 한다는 주장이다.

사외이사의 성 평등까지 따지는 선진국에 비해 도입 15년이 된 우리나라는 아직 제도 자체도 자리를 잡지 못했다는 평가다. 독립성이 약하다는 지적이 가장 많다. 법에 독립성을 위한 최소 규정은 있지만 한국 사회 특유의 학연·지연이 얽혀 '아는 사람'이 사외이사가 되는 경우가 여전히 많은 게 문제다. 반대로 대주주나 경영진과는 무관하지만 정부나 정치권의 입김을 받아 독립성이 떨어지는 사례도 많다. 주로 공기업 등 공공기관에서 흔하다.

(중앙SUNDAY-2013년 3월 9일)

쌍용양회 '집행임원제도'

쌍용양회는 2016년 사모펀드(PEF) 운용사 한앤컴퍼니에 인수된 이후 전격적으로 집행임원제도를 도입했다. 조직구조 상으로 이사회와 경영진이 완전히 분리돼 있어 각각 감독과 경영을 책임지는 형태로 운영된다. 한앤컴퍼니 입장에선 전문경영진에 경영을 위임하고 이에 대한 관리감독 시스템을 강화할 수 있는 장점이 있다.

2020년 6월 5일 쌍용양회가 공시한 기업지배구조보고서 내 '2. 이사회 구성 및 이사 선임'을 살펴보면 집행임원제도에 대해 설명해 놓은 '나. 집행임원제도 도입배경 및 운영현황' 항목을 찾아 볼 수 있다. 쌍용양회는 해당 항목을 통해 "이사회의 감독기능을 강화하고 집행부의 책임경영을 높이기 위해 집행임원제도를 도입했다"며 "집행임원은 회사의 업무를 집행하고 정관이나 이사회의 결의에 의해 위임 받은 업무집행에 관한 중요한 의사결정을 하고 있다"고 설명했다.

우선 집행임원제도의 특징은 이사회 관련 조직도를 통해 엿볼 수 있다. 기업지배구조보고서에 명시된 쌍용양회의 이사회는 두 개의 위원회를 두고 있다. '이사후보추천위원회(사외이사 2명, 기타비상무이사 1명)'와 '감사위원회(사외이사 3명)'이다. 그리고 이사회 하위조직에 '대표집행임원'이 구성되어 있다.

쌍용양회의 이사회는 기타비상무이사 3명, 사외이사 4명 등 총 7명으로 구성되어 있다. 주로 투자사인 한앤컴퍼니 경영진들이다. 집행임원은 총 6명으로 이뤄져 있다. 이중 홍사승 회장과 이현준 부사장은 2017년 대표집행임원으로 임명되었다. 대표집행임원을 회사를 대표하고 사내외 업무를 총괄하는 역할을 수행한다. 이외에 4명의 집행임원은 쌍용향회의 주요 사업부문을 담당한다. 구체적으로 이병주 인사총무, 지준현 사업총괄, 김두만 재무총괄, 추대영 생산총괄 등으로 역할이 나뉘어 있다. 이들의 직위는 전무이다.

집행임원제도의 핵심은 이사회와 집행기구의 분리에 있다. 이사회는 집행임원의 선임, 해임을 비롯해 회사의 주요 경영에 대한 의사결정 및 경영상황 감독의 역할을 맡는다. 반면 집행임원은 이사회가 내린 의사결정 내용을 위임 받아 이행하는 데 주력한다. 최고경영자(CEO), 최고재무책임자(CFO), 최고기술경영자(CTO), 최고마케팅경영자(CMO) 등의 역할이 더 구체화할 수 있는 토대가 마련되는 셈이다. 집행임원도 등기대상이다.

(자료: 더벨, 2020. 06. 08)

SK그룹, 이사회 전문성 및 독립성 강화

SK그룹의 투자전문 지주회사인 SK㈜가 2020년 초 도입한 이사회 역량측정지표(Board Skills Matrix · BSM)가 주요 계열사로 확대되고 있다. BSM은 이사회의 구성, 능력, 자질, 다양성 등을 도표로 표현해 다각도로 평가할 수 있게 한 역량 지표다. 최태원 SK그룹 회장이 이사회 중심 경영을 강화하면서 이사회의 전문성을 객관적으로 평가해 주주에게 투명하게 공개하겠다는 취지다.

SK㈜가 BSM을 공개한 지 9개월 여만에 그룹 대부분의 상장사가 제도를 도입했다. SK하이닉스는 10월 지속가능경영보고서부터 이사회 평가 내용을 공개할 예정이다. SK네트웍스도 2020년 4분기 중에 BSM을 도입하기로 했다. SKC는 2020년 3분기에 BSM을 도입하고 이사회의 구성, 능력, 자질, 다양성 등을 측정하고 향후 이사 선임에 활용할 계획이다.

계열사별 평가지표는 SK㈜의 BSM을 참고하지만, 각 기업의 사업 영역에 따라 조금씩 차이를 보일 것으로 전해졌다. SK㈜의 경우 리더십 · 핵심산업 · 재무/회계 및 리스크 · 법무 · 인수합병/자본시장 · 국제관계 · ESG 등 7개 분야를 평가 역량으로 지정했는데, SK이노베이션은 리더십 · 산업 · 재무/회계 · 재무/리스크 · 법무 · M&A · 글로벌 · ESG 등 8개 역량으로 보다 세분화했다.

SK그룹은 이사회 중심 경영을 위해 사외이사 후보군 제도도 도입한다. SK그룹은 내년부터 신규 사외이사 수요가 발생하는 관계사들은 그룹의 후보군 리스트를 참고해 사외이사를 선임할 수 있다. 이를 위해 SK그룹은 성별과 연령의 다양성과 재무와 글로벌, ESG 등 전문성을 고려한 사외이사 후보군을 구성했다. 우수한 사외이사 후보를 사전에 확보해 이사회의 독립성과 전문성을 강화하기 위한 목적이다.

(조선Biz, 2022년 11월 15일)

고려아연 '집행임원 제도' 도입

MBK(영풍)는 14명의 신규이사의 선임과 함께 고려아연에 집행임원제도를 도입하겠다고 했다. 회사의 경영은 집행임원들이 실행하도록 함으로써 고려아연의 거버넌스를 개혁하겠다 했다. 그러면 상법상 집행임원제도를 살펴볼 필요가 있다.

상법상 기존의 이사회는 업무'집행'과 업무'감독'을 동시에 수행함으로써 스스로 수행한 일을 스스로 감시하는 자기감시의 한계를 가지고 있다. 또한 이사회가 주로 업무집행기능에만 전념하여 이사회의 업무감독기능은 유명무실하다. 자산총액 2조원 이상인 상장회사는 사외이사를 이사 총수의 과반수가 되도록 하고 있어, 대규모 상장회사의 의사결정은 대표이사와 비등기임원인 사실상의 집행임원들이 하고 있었다. 그러나 이러한 사실상의 집행임원에 대해서 어떤 법적인 규율도 하고 있지 않아 여러 문제점이 발생되어 왔고, 상법은 이런 문제점을 해결하기 위해 집행임원을 법률상 제도로 도입하였다. 주식회사는 집행임원을 둘 수 있지만 집행임원제도가 강제적인 것은 아니다.

집행임원을 두는 회사는 이사회에서 집행임원을 선출하고, 이사와 마찬가지로 법인등기부에 등기하여야 한다. 집행임원은 회사의 업무를 집행하고, 정관이나 이사회의 결의에 의하여 위임받은 업무집행에 관한 의사결정을 할 수 있다. 대표집행임원은 집행임원이 1인인 경우에는 그 집행임원이, 2인 이상인 경우에는 이사회의 결의로 선임된다. 한편 이사회는 집행임원과는 별개로 기존의 제도에 따라 이사로 구성되며, 집행임원에 대한 업무감독권한을 갖는다. 즉, 이사회는 (대표)업무집행임원의 선임·해임권, 업무집행 감독권, 업무집행에 관한 의사결정 위임권, 집행임원의 직무분담권 및 보수결정권 등의 권한을 갖는다.

집행임원은 감사 또는 감사위원회의 업무집행에 대한 감사에 응하여야 하고, 회사에 현저하게 손해를 미칠 염려가 있는 사실을 발견한 때에는 즉시 감사 또는 감사위원회에 이를 보고할 의무를 가진다. 집행임원은 이사와 동일하게 고의 또는 과실로 법령이나 정관을 위반한 행위를 하거나 그 임무를 게을리 한 경우에는 회사에 손해를 배상할 책임이 있으며, 또 집행임원이 고의 또는 중과실로 그 임무를 게을리한 경우에는 제3자에게 손해를 배상할 책임이 있다. 이러한 집행임원제도는 그간 사모펀드(PEF)가 기업을 인수한 뒤 도입한 사례가 많다. 예컨대 한온시스템·남양유업·케이카·쌍용정보통신 등이 사모펀드에 인수된 뒤 집행임원제가 도입되었다.

결국 고려아연에 집행임원제가 도입되면 대표집행임원(CEO)이나 재무집행임원(CFO), 기술집행임원(CTO) 등 집행임원이 실질적 경영업무를 담당하는 구조가 된다.

(자료: 가치투자연구소)

따라서 집행임원제도(Executive Officer System) 역시 이러한 대리인 문제에 따른 부작용 내지 비용을 최소화하기 위한 구조적 통제장치의 한 부분이며 이사회를 집행임원으로부터 분리하는 집행임원제도는 오늘날 미국 기업지배구조의 기본적인 특징 중 하나이다.

집행임원은 이사회와 구별되는 회사의 기관으로서 회사의 일상적인 업무를 집행하기 위하여 이사회로부터 권한을 위임받은 경영자이기 때문에 이사회의 일반적인 감독목표 내지 사업정책 목표에 구속받게 된다.

그러나 집행기능에 있어서는 이사회로부터 독립적이기 때문에 이사회 일원주의 하에서도 경영과 감독기능의 분리를 도모할 수 있게 되고 이로써 이사회는 감사위원회를 통하여 주주이익의 관점에서 객관적으로 경영진을 감시할 수 있게 된다.

미국의 집행임원제도는 각 주(洲)의 회사법에서 규정하고 있지만 회사법에서 집행임원의 권한 및 의무, 선임과 해임, 보수결정 등에 관해서는 규정하지 않고 있다. 통상적으로 이러한 내용들은 회사의 정관 및 이사회결의로써 정하도록 하는 것이 회사법의 취지이며 원칙적으로 사장이 최고집행임원(CEO)으로서 업무집행 임원들의 업무집행 활동을 통할(統轄)하고 있다.

● **임원의 구분**

임원은 두 가지로 구분된다. 첫째는 조직 내에서의 역할과 책임에 따른 직책상의 구분이다. 회사를 총괄적으로 대표하는 CEO, 이사회 의장, 각 사업부문의 책임을 담당하는 부문대표 그리고 R&D, 재무·전략의 책임을 담당하는 CTO, CFO 등으로 구분된다.

둘째는 임원의 신분 및 처우를 기준으로 하는 직위상 구분이다. 이는 통상적으로 회장, 사장, 부사장, 전무, 상무 등으로 구분되며 기본연봉을 비롯한 각종 처우의 기준이 된다.

1) CEO(Chief Executive Officer)

CEO란 원래 회사의 최고집행임원으로서 이사회 의장이 별도로 있는 일부 회사를 제외한 대부분의 회사에서 이사회와 주주총회를 주재하는 회사의 최고집행임원이었다.

미국 회사법상 CEO의 권한과 우리나라 회사법상 CEO(대표이사) 권한을 비교해 보면 우리나라 CEO(대표이사)는 회사의 영업에 관한 재판상 또는 재판 이외의 모든 행위를 할 수 있는 포괄적인 권한이 인정되고 있으며(상법 제 389조 제 3항, 제 209조 준용) 그 권한에 대한 제한은 선의의 제 3자에게 대항할 수 없도록 되어 있으므로 CEO(대표이사)의 권한범위는 명확하다.

또한 CEO(대표이사)는 법령·정관 또는 이사회 규정 등에서 이사회의 결정사항으로 유보되어 있지 않는 한 일상적인 사항에 독자적인 업무결정 및 집행권한을 갖는다고 해석한다. 더욱이 표현대표이사(表現代表理事)제도가 법으로 규정되어 있기 때문에("기업에서 이사의 행위에 대하여는 그 이사가 대표권이 없는 경우에도 회사는 제 3자에 대하여 그 책임을 진다고 규정하고 있다" 상법 제 395조, 567조) 선의의 제 3자 보호가 결여되는 경우는 적다고 할 수 있다.

미국은 집행임원제도를 도입하고 있고 이를 각 주의 회사법에서 규정하고 있으나 회사법에서 회사 대표자로서 CEO의 권한과 의무에 대하여 구체적으로 규정하지는 않고 있다. 회사 대표자로서 CEO의 권한과 의무는 일반적으로 회사 정관이나 이사회 결의로 정하는 경우가 대부분이다.

CEO는 이사회에 의해 선임된 이사회의 대리인이므로 이사회의 지시에 따라야 하지만 소규모의 비(非)공개회사의 경우에는 실제로 CEO가 이사회를 지배하는 예도 있다.

2) Chairman of the Board(이사회 의장)

이사회 의장의 직무나 권한은 회사에 따라 매우 다양하다. 이사회 의장이 CEO 자격을 겸하는 경우도 있으나 이사회 의장을 별도로 두는 경우에는 일반적으로 CEO가 일상업무에 대한 집행을 하고, 이사회 의장은 회사의 정책결정에 관여하면서 CEO의 자문역할을 수행한다.

회사에 따라서는 이사회 의장이 상징적인 지위만을 가지는 경우도 있으나 최근 이사회의 독립성과 전문성을 강화하는 사례가 증가함에 따라 이사회 의장과 CEO가 회사의 지배를 분할하는 방식으로 이사회 의장제도가 활용되기도 한다.

3) COO(Chief Operating Officer)

일반적으로 COO는 사업운영담당 임원으로서 해당 사업부문의 전략과 운영계획을 수립하고 실행을 지휘·감독하는 총괄책임자이다. 이는 조직이 몇 개의 사업부문으로 구분되어 있는 경우에 해당사업을 책임져야 하는 총괄책임자로서 사업부문의 경영목표 및 전략방향 제시·실행, 소속 사업부문의 인적자원개발을 포함한 역량확충 등 중요한 역할을 담당한다.

4) CFO(Chief Financial Officer)

일반적으로 재무담당 책임 임원으로 불리며 회사의 경리·자금·원가 등 재경부문을 총괄하는 임원으로 종전에는 단순히 결산과 재무제표를 작성하는 재경부문을 담당하였으나, 지금은 회사의 가치를 극대화하는 재무전략 부문의 의사결정까지 담당한다. 즉 경영의 투명성 제고와 기업가치 극대화가 중요해지면서 CFO의 중요성이 크게 부각되고 있다.

5) CTO(Chief Technology Officer)

기업의 활동 중에서 기술을 효과적으로 획득·관리·활용하기 위한 모든 활동을 총괄하는 책임자이다. CTO는 기술변화에 대응하여 기업의 기술개발 및 확보전략을 수립하고, 기술개발을 통하여 제품과 서비스 경쟁력을 강화하는 책임을 담당한다. 이를 위하여 기술개발에 관한 예산을 수립하고, 기술자원과 관련된 조직 및 인력을 관리하는 업무를 담당한다.

6) 사실상의 임원

사실상 집행임원(a de Facto Office)이라 함은 임원으로서의 일정한 자격이나 표현상의 권한을 보유하는 것처럼 외관을 갖고 있으나 여러 가지 이유로 적법한 임원으로서의 자격을 갖추지 못한 자를 말한다. 일례로 임기종료 후 임기연장 등의 이유로 집행임원의 직무를 계속하거나 그 권한을 지속적으로 행사하는 자도 사실상의 임원으로 본다.

사실상 임원도 적법한 임원과 마찬가지로 동일한 권리 내지 표현상 권한을 가지고 거래하며, 더욱이 이와 거래하는 제 3자도 통상 사실상의 임원이 적법한 지위에 있고 통상의 권한을 지닌 것으로 신뢰하므로 회사는 이러한 사실상 임원의 업무집행이나 거래에 대해서도 구속을 받는다.

미국 회사법에 있어서는 회사를 대리·대표하여 거래하는 것은 일반적으로 집행임원이기 때문에 '사실상 이사'의 문제는 '사실상 임원'의 문제로 제기되는 것이 많다. 반면 우리나라에서 회사의 대외적 거래행위는 오직 대표이사에 의해서 행하여진다. 따라서 주주총회에서 이사의 선임결의 또는 이사회에서의 대표이사 선임결의가 무효 또는 취소될 하자가 있는 경우에 한하며 그 대표이사가 행한 거래행위의 효력에 대하여 '사실상의 이사' 또는 '표현 이사'의 문제로 다룬다.

우리나라 상법 제 395조에서도 '사장, 부사장, 전무, 상무 및 기타 회사를 대표할 권한이 있는 것으로 인정될 만한 명칭을 사용한 이사의 행위에 대하여는 그 이사가 회사를 대표할 권한이 없는 경우에도 회사는 선의의 제 3자에 대하여 그 책임을 진다'고 하여 이른바 '표현대리이사'의 행위에 대한 회사책임을 규정하고 있다.

표현대표이사가 성립하기 위해서는 대표이사임을 나타내는 명칭의 사용과 그러한 명칭사용에 대한 회사 책임 그리고 제 3자의 선의 등 세 가지 요건이 구비되어야 한다.

임원의 처우 예시

대기업의 경우 임원이 되면 부장 때에 비해 연봉이 1.5에서 2배가량 오른다. 삼성전자 반도체나 정보통신부문의 경우 최근 수년간 실적이 좋아 연말·연초에 연봉과 별도로 파격적인 성과급을 받는다. 이를 합치면 실제 임원에게 지급되는 액수는 연봉보다 훨씬 많아진다. 개인별로 다르지만 성과급만 1억 원 이상 받는 상무도 적지 않다. 업무 추진비 규모도 개인 업무 등에 따라 차이가 크다.

연봉수준은 회사 위상에 따라 워낙 큰 차이를 보이고 있지만 10대 기업 임원으로 승진할 경우 평균 연봉이 1억 원을 넘는다. 삼성전자의 경우 부장에서 최초 임원단계인 상무로 승진하면 연봉수준은 직무급·능력급·부가급여를 합하여 1억 5천만 원 정도로 상승한다. LG전자와 현대자동차의 경우에도 1억 2천만 원 수준 이상인 것으로 알려져 있다.

여기에 부서별로 다르지만 대외 업무가 많은 부서 임원의 경우 품위유지용 법인카드를 사용할 수 있다. 개인집무실을 확보하는 경우도 있다. 8~10평 정도로 기업 및 개인마다 차가 있다. 임원들의 스케줄 관리와 전화응대를 대신하는 비서도 붙는다.

삼성전자, LG전자, 포스코 등의 신임 임원은 임원용 휴대전화기와 승용차가 별도 부여된다. 승용차는 SM7, 그랜저 2.5, K7 등이다. 기름값 및 보험료 등 자동차 유지비는 물론 고속도로 통행카드 등도 지원받는다.

구체적으로 삼성의 임원들에게 제공되는 업무용 차량은 직급별로 다르다. 상무급은 배기량 3000cc 미만에 가격이 4,000만 원대인 현대 그랜저 2.5, 기아 K7 2.4, 르노삼성 SM7을 선택할 수 있다. 전무급은 3500cc 미만 5,000만 원 대에서 선정한다. 현대 제네시스 G80, 기아 K9, 르노삼성 SM7 3.5 가운데 하나를 선택할 수 있다.

부사장급은 4000cc 이하에서 선택한다. 대부분 제네시스 G90 3.8을 선호한다. 사장급은 5000cc 대에서 주로 현대 제네시스 G90 5.0이나 K9 5.0급을 애용한다. 부회장 이상 되면 추가비용을 지불한 뒤 벤츠 S클래스나 BMW 등 외제차도 이용할 수 있다. 전무급부터는 업무용 차량에 개인 운전기사도 배정된다. 만약 직접 운전을 한다면 자가운전 비용을 보전해준다.

LG전자는 회사 차량과 차량유지비를 제공한다. 현대자동차그룹은 전무급부터 현대 그랜저 차량이 지원된다. 한화그룹은 부사장급 이상부터 회사 차량이 지원된다.

또한 항공기를 이용한 해외출장시 이코노미석보다 1.5~2배 가량 비싼 비즈니스석을 이용하고 특급호텔에 투숙한다. 영업 임원들은 골프장 회원권도 받는다.

임원들의 임기는 어느 정도 보장이 확실한 편이며 퇴사 후에도 예우를 받는다.

삼성그룹의 경우 임원급이 퇴사하면 삼성 임원출신 모임인 '성우회(星友會)'에 가입시켜 별도로 관리한다. 퇴직 후에는 3년 내외로 자문·상담·고문 등의 직책을 부여해 임원 당시 받았던 기본급 수준의 월급을 지급한다.

> 다른 그룹들도 비슷한 제도를 운영하고 있다. 두산그룹은 2년 이상 임원으로 활동하고 퇴직했을 경우 퇴직 후 2년 동안 70%의 임금을 지급한다. 금호아시아나그룹은 부사장급 이하 임원은 퇴직 후 1년 동안 연봉의 50%, 사장급은 1년 동안 80%를 지급한다. SK그룹도 사장급으로 퇴직한 임원은 2년 정도 상임고문으로 예우하고 개인 사무공간도 제공한다. 전무급은 1년 정도 비상임 고문으로 예우하고 있다.

임원의 수와 임원 처우

● 임원의 수

　임원의 수에 대한 기준이나 원칙은 없다. 다만 업종과 기업 특성에 따라 임원 수가 결정된다. 일반적으로 생산직이나 서비스직 비중이 높은 조선업이나 자동차 산업, 그리고 유통산업 등의 경우 직원 수와 비교하여 임원 수가 적은 것으로 보인다. 즉, 조선업이나 자동차 산업, 그리고 유통산업은 다른 업종에 비해 임원 1인당 직원 수가 많다. 조선업은 직원 대부분이 절삭·용접·조립·도색 등 생산직원으로 구성되어 있어 자동차 산업과 마찬가지로 직원 수에 비하여 임원 수가 적은 것이 특색이다.

　반면 정유회사의 경우 장치산업의 특성으로 타 산업에 비하여 상대적으로 직원 수가 적어 임원 1인당 직원수가 많은 것이 특징이다.(표7 참조)

　연도별 100대 기업 임원 1명당 직원수는 2011년 105.2명, 2015년 106.8명, 2018년 124.5명, 2019년 128.3명, 2020년 128.8명, 2021년 131.7명으로 높아졌다. 그러나 2022년은 2021년 보다 줄어 120.9명, 2023은 2022년 보다 줄어 119.8명으로 조사되었다. 특히 유통, 자동차·부품, 전자전기, 통신, 조선·기계업 등은 임원수가 상대적으로 적은 것으로 나타났다.

업종별로도 임원 1명당 관리하는 직원 수도 큰 편차를 보였다. 2023년 기준으로 증권업에 포함된 회사들은 직원 40.5명당 1명이 임원으로 타 업종에 비해 비교적 임원이 많다고 볼 수 있다. 이어 여신금융(62.9명), 석유화학(71.7명), 보험(66.5명) 업종 등도 직원 100명 미만당 1명이 임원이다.

이와 달리 유통은 직원 200.6명당 1명이 임원으로 다른 업종보다 임원수가 적다. 통신(150.2명), 자동차·부품(134.2명), 전기전자(128.6명), 철강(123.4명), 조선·기계설비(115.4명), 식음료(103.3명) 등의 업종이 임원 1명이 관리하는 직원 수가 많다.

재계를 대표하는 4개 기업의 임원 1명당 직원수는 다음과 같다. 삼성전자는 임원 1명당 직원수가 107명이며, SK하이닉스는 160.2명, LG전자는 120명, 그리고 현대자동차는 149.4명으로 나타났다.

표7. 대기업 업종별 임원 1인당 직원 수 현황 (단위 : 명, %)

업종	기업수	임원 1인당 직원수		
		2022년	2023년	증감(%)
증권	18	41.8	40.5	-1.3
여신금융	12	64.9	62.6	-2.3
석유화학	36	60.5	71.7	+11.2
보험	22	71.0	66.5	-4.5
통신	3	135.3	150.2	+14.9
철강	14	127.7	123.4	-4.3
전기전자	26	138.3	128.6	-9.7
자동차·부품	28	139.5	134.2	-5.3
조선·기계·설비	19	112.8	115.4	-2.6
식음료	21	106.8	103.3	-3.5
제약	8	75.8	76.6	-0.8
유통	18	210.7	200.6	-10.1

자료출처 · 리더스팩트, 2024.4.10.

● **임원의 처우**

흔히 대기업에서 임원으로 승진하면 '별을 달았다'고 한다. 그만큼 대기업에서 임원이 되는 일은 어렵다. 30대 대기업에서 입사 후 임원까지 승진하는 경우는 전체 5%도 되지 않는다.

임원의 처우에 대해서는 자세히 알려져 있지 않다. '제 6장 임원 보상'에서 보상구조에 대해 자세히 언급하겠지만, 우선 임원이 되면 연봉수준을 비롯하여 처우수준이 일반 직원들과 전혀 다른 기준에서 책정된다. 세부내용은 물론 기업마다 천차만별이다.

먼저 임원의 보상수준이나 보상구조가 직원들과는 다르다. 이는 임원이 기업에서 담당하는 역할과 책임의 중요성을 대변하고 있기 때문이다. 직원에 비해 보상수준이 높은 것은 임원의 직무가 정형화되어 있지 않고 복잡한 상황을 고려하여 의사결정을 해야 하는 특성이 있어서이다. 보상구조에도 큰 차이가 있다. 임원의 보상구조는 직원의 보상구조에 비하

표8. **사내이사 보수현황**(등기이사, 사외이사 및 감사 제외) (단위 : 명, 백만원)

구분		2018년	2019년	2020년	2021년	2022년
대기업 집단	인원수	821	818	884	879	908
	보수총액	648,811	664,672	748,138	828,564	848,731
	보수평균	790	813	846	943	935
비대기업 집단	인원수	5,887	6,145	6,256	6,579	6,487
	보수총액	1,489,104	1,614,160	1,613,891	1,915,737	2,032,293
	보수평균	253	263	258	291	313
전체	인원수	6,708	6,963	7,140	7,458	7,395
	보수총액	2,137,915	2,278,833	2,362,029	2,744,302	2,881,024
	보수평균	319	327	331	368	390

자료출처 · 2021~2022년 임원보수 공시 현황 분석, ERRI 2023-6호, 경제개혁연구소

여 고정급 비중이 낮고 인센티브 등 변동급 비중이 높다. 이러한 임원 보수 이외에도 다양한 혜택이 제공된다. 즉 개인 사무실 및 승용차는 물론 건강관리와 의료지원 프로그램 등이다. 또한 임원은 퇴임 후 일정 기간 동안의 신분보장을 비롯한 각종 금전적·비금전적인 혜택이 부여된다.

경제개혁연구소는 대기업의 임원 보수현황을 사내이사(등기이사·사외이사 및 감사 제외)와 미등기임원을 구분하여 분석하였다. 2022년 기준으로 등기이사인 사내이사의 보수는 평균 3억9,000만원이었다. 미등기임원의 평균 보수는 2억5,700만원이었다. 등기임원의 보수가 미등기임원 보다 1억3,300만원 많은 것으로 나타났다.

또한 대기업집단 임원은 비대기업집단 임원 보다 더 많은 보수를 받았다. 대기업집단 사내이사의 평균 보수는 9억3,500만원으로 비대기업집단 사내이사 평균 보수 3억1,300만원 보다 6억2,200만원이 많다.(표8 참조) 미등기임원의 보수도 대기업집단이 비 대기업집단 보다 많다. 대기업집단

표9. **미등기임원 보수현황** (단위 : 명, 백만원)

구분		2018년	2019년	2020년	2021년	2022년
대기업집단	인원수	7,911	7,977	8,037	8,523	9,259
	보수총액	2,759,867	2,879,666	3,013,433	3,416,503	3,780,292
	보수평균	349	361	375	401	408
비대기업집단	인원수	11,276	12,571	12,953	14,269	15,410
	보수총액	1,545,639	1,790,662	1,917,829	2,295,857	2,560,314
	보수평균	137	142	148	161	166
전체	인원수	19,187	20,548	20,990	22,792	24,669
	보수총액	4,305,506	4,670,328	4,931,262	5,712,360	6,340,606
	보수평균	224	227	235	251	257

자료출처 · 2021~2022년 임원보수 공시 현황 분석, ERRI 2023-6호, 경제개혁연구소

의 미등기임원 평균 보수는 4억800만원이고, 비대기업집단 미등기임원의 평균 보수는 1억6,600만원이다.(표9 참조)

  주요 대기업집단별 사내이사(등기이사, 감사 및 사외이사 제외) 임원 보수분석 결과 사내이사 보수가 가장 높은 대기업집단은 삼성으로 20억원 수준으로 가장 높으며 SK, LG, 두산그룹의 순으로 보수가 높은 것으로 조사되었다(표10 참조). 미등기임원의 평균 보수는 교보생명보험이 6억원 수준으로 가장 높았으며 그 다음으로 CJ그룹, 삼성그룹이 5억원 수준으로 조사되었다.(표10 참조)

  대기업집단 사내이사 평균 보수를 그룹별로 비교하면 다음과 같다. 삼

표10. **대기업집단 사내이사·미등기임원 평균 보수현황** (단위 : 백만원)

주요 대기업집단	등기임원(사내이사)		미등기임원	
	2021	2022	2021	2022
삼성	2,118	2,021	601	555
LG	1,239	1,482	477	482
SK	1,459	1,863	477	535
현대자동차	1,761	1,267	417	469
롯데	1,063	1,062	273	282
CJ	1,182	1,190	601	594
GS	814	1,243	396	501
LS	1,113	1,323	354	369
아모레퍼시픽	1,293	1,103	316	294
두산	714	1,553	229	333
한화	517	1,102	231	287
교보생명보험	1,667	1,173	650	606
코오롱	726	588	248	265

자료출처 ·2021~2022년 임원보수 공시 현황 분석, ERRI 2023-6호, 경제개혁연구소

성그룹은 20억2,100만원으로 가장 높으며, SK그룹 18억6,300만원, 두산그룹 15억5,300만원, LG그룹 14억8,200만원, LS그룹 13억2,300만원, 현대자동차그룹 12억6,700만원, GS 12억4,300만원, CJ 11억9,000만원, 교보생명보험 11억7,300만원, 아모레퍼시픽 11억300만원, 한화그룹 11억200만

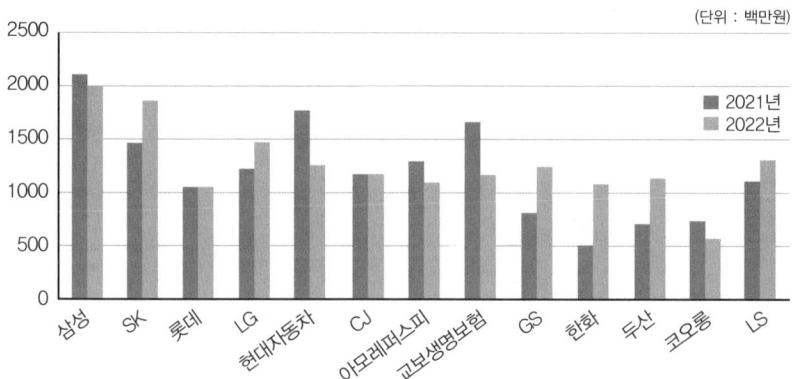

그림3. 대기업집단 사내이사 평균 보수현황

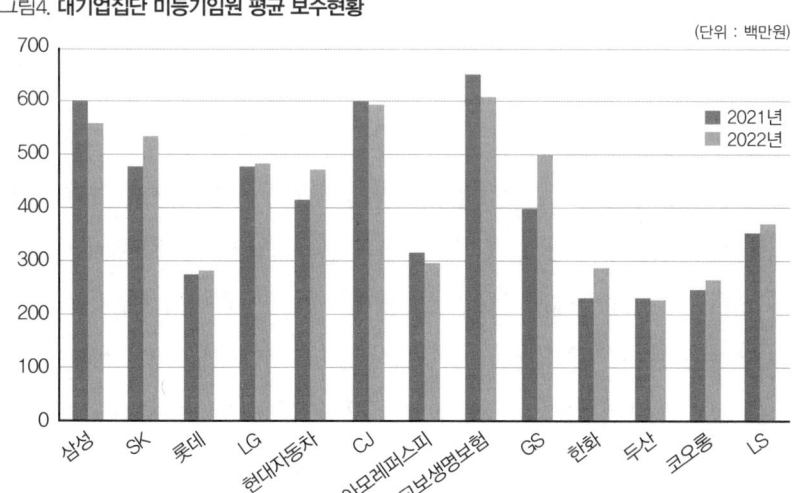

그림4. 대기업집단 미등기임원 평균 보수현황

원, 롯데그룹 10억6,200만원 등으로 조사되었다.(그림3 참조)

대기업집단 미등기임원 평균 보수를 그룹별로 비교하면 다음과 같다. 교보생명보험 6억600만원, CJ 5억9,400만원, 삼성그룹 5억5,500만원, SK그룹 5억3,500만원, LG그룹 4억8,200만원, 현대자동차그룹 4억6,900만원, LS그룹 3억6,9300만원, 두산그룹 3억3,300만원, 아모레퍼시픽 2억9,400만원, 한화그룹 2억8,700만원, 롯데그룹 2억8,200만원, 코오롱 2억6,500만원 등으로 조사되었다.(그림4 참조)

임원의 신분·처우 관련 쟁점

● **이사대우, 상무보 호칭**

이사대우, 상무보 등은 회사에 따라 그 신분과 역할이 다양하게 적용되어 정의하기 어렵다. 통상적으로 과거 이사대우라는 신분과 역할에 준하는 것으로 판단되기에 이사대우를 기준으로 설명하기로 한다. 그러나 이사대우, 상무보 등을 임원의 최초 직급으로 규정하는 회사도 있다.

이사대우는 대개의 경우 임원의 범위에 포함하여 모든 처우 등을 임원에 준하여 하고 있으나 실질적인 신분관계는 직원의 최상위 직급인 경우가 많다. 즉 부장급에서 임원으로 승진하기 직전에 이사대우라는 호칭이 부여된다. 이 경우 직원으로서의 직급, 부서장 역할은 유지한다.

또 일부 회사에서는 부서장, 팀장은 부장급에서 하고 부장급 위에 수석부장의 직급을 만들어 이들을 이사로 호칭하는 경우도 있다. 이들은 임원인 상무와 직원인 부장 사이에서 임원의 역할을 부여 받는다. 다만 수석부장으로서의 직원신분은 유지된다. 이사대우는 정식 임원이 되기 전 단계로 해당자의 역량을 시험해 보는 과정으로 활용되기도 하지만 조직 내 승진단계를 하나 더 두어 조직의 신진대사를 원활히 하고 임원의 업무관리 범위를 효율적으로 하기 위해 더 많이 활용되고 있다.

이와 같은 운용형태에 따라 급여(보수)지급 등 모든 처우의 기준이 되는 직급은 조직 내 부장에 해당하는 직급을 그대로 유지하면서 임원에 해당하는 직책수당을 지급하기도 하며, 또는 별도의 이사대우라는 직급을 두어 관리하기도 한다.

● 근로자인가, 임원인가

그렇다면 이사대우는 근로자인가, 임원인가 하는 판단이 불분명하다. 만약 근로자로 인정되어야 한다면 근로기준법의 보호, 예를 들어 연월차 휴가, 퇴직금, 정년 등의 보호를 받아야 하고 반대로 상법상 임원으로 간주되어야 한다면 이에 상응한 대우를 받아야 하기 때문이다.

이 문제는 이사대우에 국한된 문제만은 아니다. 최근 기업들이 사외이사 수를 줄이기 위하여 임원 중 상당수를 등기기간(3년)의 만료 후 과거와 동일하게 임원으로서의 업무를 부여하되 상법상 의무화된 등기를 하지 않음으로써 대외적으로 이사 총수를 줄이고 있기 때문이다.

이러한 결과에 의하여 발생되는 임원은 그 직위에 이사 또는 상무 등의 호칭이 부여된다 하더라도 상법상 인정되지 아니한 이사이기 때문에 이사대우와 마찬가지로 처우문제가 불분명해 질 수 있는 상황이 발생한다. 이사대우 등이 근로자인지, 임원인지 하는 문제에 대하여 현재까지 노동관계법의 판결은 사실관계를 중요시하고 있기 때문에 해당자 개인 상황에 따라 다음 사례와 같이 판단된다.

판례와 법률적 근거에 의한 임원 구분

● 구분근거

임원과 직원의 구분은 근로기준법 제 14조(근로자의 정의)와 제 15조(사용자의 정의)를 근거로 하여 판단된다. 근로기준법 제 14조(근로자의 정의)에서는 '직업의 종류를 불문하고 사업 또는 사업장에 임금을 목적으로 근로를 제공하는 자'를 근로자로 정의하고 있다. 또 제 15조(사용자의 정의)에서 사용자를 '사업주 또 사업경영담당자, 기타 근로자에 관한 사항에 대하여 사업주를 위하여 행위를 하는 자'로 정의하고 있다.

다만 근로기준법 제 14조, 제 15조는 계약형태나 등기여부 등 형식적인 관계보다 실질적인 관계에 기초하여 해석된다. 즉 임원과 근로자의 구분은 조직 내 직위나 등기여부에 관계없이 해당자가 실질적으로 임금을 목적으로 종속적인 관계에서 사용자에게 근로를 제공하는지의 여부에 따라 판단된다.

법인등기부에 등기되지 않은 이사보가 이사와 상당한 대우를 받을 경우 근로자 여부
(1992. 3. 20, 근기 01254-394)

판결요지

　일반적으로 회사와 이사와의 관계는 위임에 관한 규정이 적용되며, 따라서 이는 일정한 사무를 처리하기 위한 통일적인 노무를 목적으로 하는 위임계약으로서 근로계약과 구분되어 이사는 근로기준법이 배제된다. 상법 등에 규정된 이사가 아닌 이사보 또는 이사대우제를 만들어 운영하는 경우 상법 등 관련법의 규정에 따라 법인등기부에 등기되지 않는 이사보가 근로기준법의 적용을 받는지 여부는 업무, 보직부여 등과 관련하여 이사에 상당하는 권한·책임·의무를 갖는지 여부와 보수 등에 있어 이사와 상당한 대우를 받는지 여부 등에 따라 판단하여야 할 것임. 그러나 이사보가 이러한 실질적인 계약관계나 근무관계에 있어 이사에 상당하는 대우를 받는 것이 아니라면 근로기준법의 적용을 받는다.

● 주요 판례

1) 사장 등의 지휘·감독 하에 일정한 노무를 제공한 경우에는 근로기준법상 근로자

① 판시사항

　회사의 공장장으로 근무하던 중 이사대우로 승진하였는데 승진 후에도 매일 그 공장에 출근하여 종전부터 하여 온 공장장으로서의 업무를 처리하면서 그 대가로 일정한 보수를 받은 경우 근로기준법상의 근로자에 해당한다고 본 사례이다.

② 판결요지

　근로기준법의 적용을 받는 근로자에 해당하는지 여부는 계약의 형식에 관계없이 그 실질에 있어서 임금을 목적으로 종속적인 관계에서 사용자에게 근로를 제공하였는지 여부에 따라 판단하여야 할 것이므로 회사의 이사라 하더라도 회사로부터 위임받은 사무처리 외에 사장 등의 지휘·감독 하에 일정한 노무를 담당하고 그 대가로 일정한 보수를 지급받는 관계에 있었다면 근로기준법상 근로자에 해당한다. 회사의 공장장으

로 근무하던 중 이사대우로 승진하였는데 승진 후에도 매일 그 공장에 출근하여 종전부터 하여 온 공장장으로서의 업무를 처리하면서 그 대가로 일정한 보수를 받은 경우 근로기준법상의 근로자에 해당한다. (대법원 2000. 9. 8. 선고 2000다22591)

③ 참고판례
가) 근로조건에 관한 결정권이 없는 상임이사는 근로기준법상 근로자에 해당된다.
(1991. 10. 4, 중노위 91부해 88)
나) 회사의 이사가 일정한 노무를 담당하고 그 대가로 일정한 보수를 지급받아 왔다면 근로자이다. (1992. 5. 12, 대법 91누 11490)
다). 이사 등 집행기관에 있는 자라도 타인의 지휘·명령을 받으며 사실상 노무에종사 한다면 근로자이다. (1993. 2. 1, 근기 01254-150)
라) 주식회사의 이사도 법령, 정관 등의 규정에 의하여 업무집행권을 가진 자의 감독을 받아 노무에 종사하고 임금을 받는다면 근로자로 본다. (1994.3.18, 근기 68207-461)
마) 법인의 이사(공장장)가 대표권을 가지지 아니한 채 임금을 목적으로 근로를 제공하고 있다면 그 한도 내에서는 근로기준법상의 근로자에 해당한다.
(1993. 3. 18, 근기 01254-411)

2) 업무집행권 또는 대표권을 가진 임원은 근로기준법상의 근로자가 아님

① 판시사항
　업무집행권 또는 대표권을 가진 회사의 이사 등 임원은 회사로부터 일정한 사무처리의 위임을 받고 있으므로 보수를 받는 경우에도 근로자로 볼 수 없다. 이 때의 보수는 업무집행의 대가로 지급되는 보수의 일종이다.

② 판결요지
　업무집행권 또는 대표권을 가진 회사의 이사 등 임원은 회사와 고용관계에 있다기보다는 회사로부터 일정한 사무처리의 위임을 받고 있는 것이지 타인의 감독 하에 근무만을 제공하는 것은 아니므로 일정한 보수를 받는 경우에도 근로기준법 제 14조에 규정한 근로자로 볼 수 없다. 따라서 상무이사의 퇴직금 지급에 관하여는 일반근로자

에게 적용하는 근로기준법 제 28조의 퇴직금 지급에 관한 규정이 그대로 적용된다고 볼 수는 없으며, 또한 이사에 대한 퇴직금도 그 재직 중에 있어서의 업무집행의 대가로 지급되는 보수의 일종이라고 볼 수 있으므로(대법 77다 1742), 특별법에 별단의 규정이 없는 한 상법 제 388조의 규정이 준용된다고 사료되므로 당해 회사의 정관이나 주주총회에서 결의한 바에 따라야 한다. (1980. 4. 10.법무 811-8604)

③ 참고판례

가) 상근고문은 사업주 또는 사업경영 담당자 등의 경영에 관한 자문에 응하는 자로 일정액의 보수를 받아도 사용종속 관계에 있다고 볼 수 없으므로 근로기준법 제 14조에 의한 근로자로 볼 수 없다. (1982. 2. 15. 근기 1455-5065)

나) 매주 1일 근무하는 비상근 상담역은 사용종속 관계에 있다고 보기 어려우므로 근로기준법상 근로자라 할 수 없다. (1988. 4. 25. 근기 01254-6463)

다) 사업주로부터 경영전반을 위임받아 집행해 온 부사장은 일정액의 보수를 받았다 하더라도 근로자로 볼 수 없다. (1980. 8. 19. 법무 811-20878)

라) 법원에 등기된 임원이라면 업무집행권 없이 근로를 제공하여 왔다하더라도 근로자로 보기 어렵다. (1980. 11. 25. 법무 811-30811)

마) '사업주를 위하여 행위하는 자'란 인사·급여·노무관리 등 업무권한이 주어진지로서 직급의 상하에 관계없이 모두 포함된다. (1982. 16. 근기 1455-7375)

바) 임원은 회사로부터 사무처리의 위임을 받고 있는 것이지 타인의 감독 하에 노무만을 제공하는 것이 아니므로 보수를 받는다 하여도 근로자로 볼 수 없다.
(1987. 6. 30. 근기 01254-10475)

사) 회사의 임원은 타인의 지휘·감독 하에 노무만을 제공하는 것이 아니므로 일정액의 보수를 받는 경우라도 근로기준법상 근로자가 아니다.
(1987. 9. 5. 근기 01254-14330)

아) 회사의 임원은 법인으로부터 사무처리의 위임을 받아 대표권 또는 사무집행권을 행사하는 자이므로 근로자로 볼 수 없다. (1988. 3. 10. 근기 01254-8808)

자) 법인등기부에 등록되지 않은 이사보가 이사와 상당한 대우를 받는다면 근로기준법이 적용되지 않으나, 그렇지 않다면 근로자에 해당하여 근로기준법의 보호를 받는다.
(1992. 3. 20. 근기 01254-394)

3) 임원으로 승진하면 계약직 근로자로 보며, 정년보장 안됨

① 판시사항

임원으로 승진하면 당연히 계약직이 되고, 정년을 보장받지 못한다는 게 통상적으로는 상식으로 받아들여지지만 관련한 판결은 드물었다. 그런데 서울지방행정법원에서 임원은 계약직 근로자가 되고, 당연히 기존 일반직원 일 때와 근로계약 관계가 단절된다고 판시했다.

② 판결요지

2020년 9월 18일 서울행정법원 제3부(재판장 유환우)는 중앙노동위원회를 상대로 한 화물운송업체가 낸 소송에서 비등기 임원은 계약직 근로자이므로 정년이 적용되지 않는다는 취지로 판결했다.

이 화물운송업체에서 2002년부터 약 10년간 인사 관련 부서의 팀장으로 근무했던 모 씨는 2016년 상무보로 승진했다. 승진과 함께 1년의 계약 기간과 연봉을 정한 근로계약서를 회사와 체결하고 그 후에도 8개월 또는 1년의 계약 기간을 정해 재계약을 반복 체결했다.

2018년 말 조직개편을 이유로 회사 대표가 사직을 권고하자 이 임원은 1년의 계약 기간을 정해 매년 근로계약을 체결해 왔지만, 자신이 여전히 정규직 근로자이므로 정년이 적용돼야 한다고 주장했다. 회사가 이를 거부하고 계약 기간 만료를 이유로 근로계약을 해지하자 이 임원은 노동위원회에 부당해고 구제를 신청했다. 부산지방노동위원회와 중앙노동위원회는 부당해고로 인정하자 이 업체는 서울행정법원에 소송을 제기했다.

(2020. 9. 18, 서울행정법원)

참고문헌

- 경제개혁연구소, 2014년 대규모 기업집단의 사외이사 분석
- 김환일, 전략적 임원보상관리, 한국경영자총협회, 2003, p.25
- 금융감독원 전자공시시스템 자료(dart.fss.or.kr), 2014. 9월 기준
- 내일신문, 2006년 1월 31일
- 매경이코노미, 2006년 2월 22일
- 방문옥, 유가증권시장 상장회사의 사외이사 선임 현황, CGS Report, 2015. 5권 12호
- 조문형, 임원 인사관리, 한국인사관리협회, 2002
- 하천수, 집행임원제도 도입에 관한 연구, 연세대학교 대학원 법학과, 석사학위 논문, 2004
- 한국경제신문, 2006년 3월 4일
- 한국상장회사협의회, 2010년도 상장법인 사외이사 현황분석 2010. 4. 1
- 日本「會社役員規程總覽」, (주)産勞統合研究所발행, 2002. 5. 13, 제 4판 제 1쇄
- 경제개혁연구소, 2017~2018년 임원보수 공시 현황 분석, 2019. 8. 1
- 곽용희, 임원은 계약직 근로자, 월간노동법률, 2020. 11(Vol. 354)
- 조선일보, 임원수 줄었다, 2020. 11. 11
- 공정거래위원회, 2022년 공시대상 기업집단 기배구조 현황, 2022. 12. 27
- 글로벌이코노미, 100대 상장기업 CEO급 평균 보수 미등기임원의 3배, 2020년 4월 2일
- 공정거래위원회, 2024년 공시대상 기업집단 기배구조 현황, 2024. 12. 19
- 경제개혁연구소, 2021-2022년 임원보수 공시 현황 분석, ERRI 2023-6호
- 리더스팩트, 대기업 업종별 임원 1인당 직원 수 현황, 2024. 4. 10
- 더벨, 쌍용양회 '집행임원제도' 도입, 2020. 6. 8
- 조선Biz, SK그룹, 이사회 전문성 및 독립성 강화, 2022. 11. 15
- 가치투자연구소, 고려아연 집행임원제도 도입, 2024. 11. 20

제2장 임원의 역할·책임과 요구역량

임원 역할의 중요성

임원의 역할과 요구역량

기업의 상황에 따른 임원의 주요 임무

임원 역할 부족의 원인

임원 역할의 활성화 방안

STEP 02

임원은 고객에게 새로운 가치(Value)를 제공하기 위하여 중·장기적인 관점에서 조직을 효율화하고 각 부문의 효율성을 관리하여야 한다. 효율적 조직운영은 조직이 높은 성과를 달성하도록 하는 것을 말한다. 이를 위해 성과주의 환경을 조성하고 구체적이고 명확하게 의사소통을 하며 효과적인 업무관계를 형성하는 것이 필요하다.

임원 역할의 중요성

　기업이 비전을 수립하고 지속적으로 성장·발전하기 위해서는 조직 내에서 주요 포스트를 맡고 있는 CEO 및 임원의 역할이 매우 중요하다. 다시 말해 기업의 방향을 설정하는 것도 임원의 중요한 역할이며 이를 실현할 시스템 구축 및 실행도 임원의 역할이다.
　또한 환경변화에 대하여 조직혁신을 추구하는 경우도 방향과 이를 실현할 시스템이 갖추어졌다 하더라도 실현주체인 임원이 움직이지 않으면 개혁은 용두사미(龍頭蛇尾)가 된다. 오히려 개혁을 추진하기 이전보다 더 악화된 모습으로 조직이 운영될 가능성이 높다.
　최근 국내의 한 기업은 향후 10년 후의 비전과 전략을 수립하고 조직을 혁신하기 위하여 5명으로 구성된 변화추진팀을 구성하였다. 변화추진팀은 2년여 동안 기업의 핵심가치를 전파하고 구성원을 비전달성에 참여시키기 위하여 각종 아이디어 구상은 물론 다양한 측면에서 노력하였다.
　이들은 먼저 구성원의 의식개혁을 유도하기 위하여 각종 표어와 포스터를 사내에 게시하고 온라인 교육을 실시하였다. 그러나 이러한 노력에도 불구하고 각 부문 임원들의 적극적인 참여를 모으는데 실패하여 다른 조직구성원으로부터 따가운 시선만 받았다. 물론 이러한 현상은 전적으로 변화추진팀의 잘못만은 아니다. CEO를 포함한 경영진의 책임도 적지 않다고 보여진다.

우리기업의 경영혁신 결과가 미흡하거나 실패하는 근본적인 이유를 따져 보면 제도나 시스템을 변화시키기 위해 막대한 노력을 기울이지만 이를 실행하는 주체인 리더, 특히 임원층의 변화노력이나 개선을 위한 시도가 부족했기 때문인 경우가 많다. 따라서 경영프로세스 실행의 주체인 임원이 담당분야의 수장(首長)으로서 리더십을 발휘하여 조직을 역동적으로 움직일 수 있도록 하는 것이 무엇보다도 중요하다.

임원의 역할과 요구역량

기업이 지속적으로 높은 성과를 달성할 수 있는 역량을 확보하는 방법에는 여러 가지가 있을 수 있으나 대표적인 방법 중의 하나는 조직을 이끌어 나가는 임원의 역할정립에 있다.

1999년 HR Institute가 미국기업의 HR 관련 관리자들을 대상으로 실시한 설문조사에 의하면 사업정보나 생산성 등의 제반 관리능력보다 임원의 역할이 사업의 성과에 가장 중요한 영향을 주는 것으로 나타났다.

글로벌 경쟁이 가속화되고 변화의 속도가 빠른 디지털 환경에서 임원은 신속하게 의사결정을 하여야 하며 시장의 흐름을 통찰력 있게 조망하면서 장래에 대비할 수 있는 전략적 비전을 제시하여야 한다.

또 경쟁력의 근본이 되는 인재를 확보·육성하는 한편, 전반적인 경영성과는 물론 담당 각 부문의 효율적인 운영도 책임져야 한다. 이러한 역할을 원활하게 수행하기 위해서는 끊임없는 자기계발과 솔선수범이 필요하며 조직의 구심점이 되어야 하므로 강한 책임감과 윤리적 행동이 필수적으로 요구된다.

〈표1〉에서는 임원의 역할과 이러한 역할수행에 필요한 역량을 설명하고 있다. 임원의 가장 기본적인 역할은 전략적 비전제시이다. 즉 임원은 고객의 요구를 신속하게 파악하는 등 시장변화에 신속하고 유연하게 대응할 수 있어야 한다.

아울러 임원은 장기적이고 도전적인 기업의 비전을 제시하고 구성원을 설득하여 비전실천에 참여시켜야 한다. 따라서 임원들은 직원보다 높은 고객지향 마인드와 전략적 사고를 갖추어야 하며, 이를 전달하고 설득할 수 있는 커뮤니케이션 역량을 보유해야 한다.

21세기를 디지털 시대 또는 변화의 시대라고 한다. 기업이 존속하기 위해서는 이러한 환경변화에 신속하게 대응하지 않으면 안된다. 급격하게 변화하는 디지털 경영환경에서 기업이 지속적으로 능력을 재창출하고 신속히 적응해야 하는 것이 임원의 책무라 할 수 있다. 이를 위하여 무엇보다. 임원은 변화와 혁신을 최우선시하는 경영혁신 마인드를 가지고 있어야 한다.

또한 임원은 고객에게 새로운 가치(Value)를 제공하기 위하여 중·장기

표1. 임원의 역할과 요구역량

임원의 요구역할	의미	선진기업의 임원역량 항목		
		J사	M사	G사
전략적 비전제시	• 고객요구 충족, 시장변화에 신속·유연하게 대응 • 장기적이고 도전적인 기업의 비전을 제시하고 구성원에게 설득하고 비전실천에 참여시킴	• 미래를 위한 가치창조 • 사업성장의 가속화 • 고객·시장중심 마인드	• 고객지향성 • 전략적 사고와 행동 • 비전의 커뮤니케이션	• 고객·시장 성장 • 미래 비전제시 • 사업성장의 가속화
효율적 조직운영	• 고성과를 달성할 수 있는 초우량 조직 여건 조성	• 성과주의 환경창조	• 효과적 업무관계 형성 • 개방적 의사소통	• 적극적이고 명확한 의사소통 • 경계없는 팀웍구축
변화와 혁신	• 디지털 경영환경에서 지속적으로 기업의 능력 재창출 • 신속성을 최우선시하여 경영	• 혁신과 지속적인 학습장려 • 긍정적인 변화실행	• 환경변화 기회의 효과적 활용	• 변화속도의 가속화 • 시의적절한 의사소통
인적자원 확보·개발	• 기업의 미래 목표 달성의 초석으로 인적자원의 중요성을 인식 • 잠재력을 지닌 핵심인재 확보·개발	• 최고의 성과를 발휘하도록 종업원 개발	• 사람에 대한 이해와 지원	• 유능한 인재육성·관리
윤리적 원칙준수	• 윤리적 행동·종업원 존중 • 공정성·신뢰를 주는 행동, 기업이념에 대한 강한 몰입	• 성실성·책임감	• 높은 수준의 윤리 의식과 신뢰를 보여주는 행동 • 존엄과 품위를 가지고 종업원 대우	• 목표달성 의지

자료출처·Hitt, M.A. & Ireland. R. D. 1999, Achieving and maintaining strategic competitive in the 21st century : The Role of Leadership. Academy of Management Executives, February.

적인 관점에서 조직을 효율화하고 각 부문의 효율성을 관리하여야 한다. 효율적 조직운영은 조직이 높은 성과를 달성하게 하는 것을 말한다. 이를위해 성과주의 환경을 조성하고 구체적이고 명확하게 의사소통을 하며 효과적인 업무관계를 형성하는 것이 필요하다.

임원은 구성원이 성장·발전할 수 있도록 제반 여건을 제공함으로써 조직내 리더를 지속 발굴·육성하여야 하며 인적자원 확보 및 기업의 미래 목표달성의 초석으로서 인적자원의 중요성을 인식하고 잠재력을 지닌 핵심인재를 확보, 육성하려는 인재우선의 사고와 노력이 요구된다.

● 비전제시

구성원에게 적합한 비전을 제시하지 못한 채 지속적이고 일관된 리더십을 발휘하는 것은 한계가 있다. 구성원을 리더와 같은 방향으로 뛰게 하여야 한다. 비전이란 미래에 대한 그림으로써 변화방향을 명확히 하고 그와관련된 다양한 의사결정 문제를 간편하게 해주며 구성원이 올바른 방향으로 행동하도록 해준다. 아울러 빠르고 효과적인 방법으로 개성이 다른 수많은 개인이 조화를 이루도록 조정하는 중요한 역할을 한다.

조화를 이루게 하는 방식에는 차이가 있을 수 있지만 리더는 근본적으로 자신이 희망하는 방향으로 구성원이 따라오기를 기대하며 또한 그렇게 만들어야 한다.

1999년, 잭 웰치(Jack Welch) GE 전(前) 회장이 한국을 방문했을 때 한 경영자가 그에게 물었다.

"세계에서 가장 존경받는 기업의 또 가장 존경받는 경영자로 선정된 리더십 비결이 무엇인가?"

웰치 회장의 답변이 이색적이었다.

"딱 한 가지이다. 내가 어디로 가는지 알고 있고 GE의 전 구성원도 내가 어디로 가는지를 알고 있다는 것이다."

이처럼 비전있는 리더십이 있고 리더의 비전을 공유하는 회사가 강한 회사인 것이다. 미국의 품질관리기법 전문가인 데밍(W. E. Deming) 박사는 '구성원이 자신을 위해서가 아니라 조직을 위해 노력할 때 최적화가 가능하다'고 강조했다. 한 조직의 구성원이 같은 방향으로 움직이느냐, 아니냐 하는 것은 엄청난 차이를 가져오기 마련이다.

모두가 알다시피 PC 운영체제의 절대강자 마이크로소프트(MS)는 모바일 기반의 애플과 구글, 클라우드 기반의 아마존이 시장을 장악하는 동안 창업자인 빌 게이츠가 만든 '과거의 영광'인 PC OS 윈도에서 헤어나지 못했었다. 2014년 MS의 새로운 CEO로 취임한 사티아 나델라는 '모바일 퍼스트' '클라우드 퍼스트'를 외치며 새로운 비전을 제시했다. 스티브 발머가 CEO로 재임한 기간(2000년부터 2013년까지) 43% 하락한 주가는 사티아 나델라 취임 이후 600% 이상 급등하는 반전을 했다.

리더가 다른 사람과 차별화되는 것은 바로 비전 때문이다. 비전은 마술과 같다. 모든 일이 이루어질 수 있는 미래의 가능성이며 크고 대담한 생각들이다.

다우케미컬(DowChemical)의 CEO인 빌 스타브로폴로스(Stavropoulos)는 다음과 같이 말한다.

"미래 모습을 상상할 수 있어야 한다. 그것은 당신이 일생동안 이행해야 할 과업의 중요한 구성요소이기 때문이다. 작은 조직이건, 큰 조직이건 마찬가지이다. 상상한 것을 명료하게 표현할 수 있어야 한다. 혼자 힘으로 그 목표에 도달할 수는 없다. 여러분은 사람들에게 무엇인가를 지향할 수 있는 비전을 제시해 줄 수 있어야 한다. 한 예로 두 명의 벽돌을 쌓는 직공의 이야기가 있다. 그들에게 무엇을 하느냐고 물었을 때, 한 사람은 벽을 쌓고 있다고 대답하고, 다른 한 사람은 큰 성당을 짓고 있다고 했다는 것이다."

비전리더는 구성원에게 비전의식을 강력히 요구하는 사람이다. 그러므로 비전리더가 되기 위해서는 여섯 가지 과제가 실천되어야 한다.

첫째, 구성원이 공감하는 비전을 설정하고 이를 근거로 리더십을 전개하기 위해서는 현재 조직의 상태와 방향을 정확하게 평가해야 한다.

둘째, 어느 정도의 범위에서 비전을 제시할 것인가를 결정해야 한다. 지나치게 원대한 비전은 추진의욕을 저하시킬 가능성이 있으며, 반면 기대에 못 미치는 규모의 비전은 직원참여 확보에 한계가 있을 수 있다.

셋째, 비전은 다가올 미래의 현실이다. 미래 환경변화에 대해서 체계적으로 검토하는 것이 바람직하다. 비전과 더불어 구체적인 실천계획이 준비되어야 하므로 미래 조직환경에 대한 정보가 필요하다.

넷째, 환경검토가 완료되면 올바른 비전을 선택하는 과제만이 남게 된다. 구성원이 공감하면서도 적당한 기대를 가질 수 있는 비전설정에 초점을 맞추어야 한다.

다섯째, 장기적인 비전을 실행하는 과정에서 적용될 수 있는 구체적인 실행계획을 개발해야 한다. 구성원에게 구체적으로 어떻게 얼마나 움직여야 하는가에 대한 대안을 제시할 수 있어야 하기 때문이다.

여섯째, 비전계승과 더불어 비전완수에 필요한 리더십을 확립하고 확산시켜 나가야 한다.

● 변화관리

변화는 조직의 생존과 관련된 중요한 문제이다. 환경변화가 없어도 기업은 조직의 자생력과 성과를 높이기 위해 스스로 개선하려고 변화한다. 더구나 오늘날과 같은 격동하는 경영환경에서 변화는 구성원에게 일상적인 경험이 되고 있다. 왜냐하면 급변하는 환경 하에서 조직이 생존하고 번영하기 위해서는 새로운 상황에 지속적으로 대처해야만 하기 때문이다. 따라서 조직변화는 기업에 있어 지속적인 문제이고, 변화를 관

표2. 변화주체자별 주요역할

변화주체	주요역할 및 내용
경영층	• 변화압력을 인지, 변화방향 설정 • 구성원 참여독려, 가시적 개입 • 본보기 제시, 리더십 개발 • 구성원의 감정이해 및 저항요인 점검
중간관리자	• 전파자 역할 • 신뢰형성, 구성원 의견수렴, 피드백 제공, 변화에 대한 긍정적 분위기 형성 • 정보통합과 제공 • 지식창출의 핵심, 대안개발
하부 구성원	• 전문성 개발 • 사업분야에 요구되는 역량개발
변화주도 부서	• 조직 내 각종 제도에 대한 검토 • 전문성·신뢰성·리더십 개발 • 전사적 차원에서 변화프로그램 개발

자료출처·배보경, 관료형 조직에서의 혁신과 조직변화, 「지식과 학습 그리고 혁신」, 시그마, 인문회편, 2003

리하는 것은 임원의 가장 중요한 역할 중 하나이다.

그러나 많은 기업이 변화에 실패하고 있는 것 또한 현실이다. 구성원이 변화에 저항하고 임원들이 이를 제대로 관리하지 못하기 때문이다. 변화는 항상 저항을 동반한다. 따라서 임원들은 변화를 주도하는 주체자의 입장보다 구성원의 입장에서 변화과정에 관심을 가져야 저항을 줄이고 변화를 성공적으로 이끌 수 있다.

변화는 경영진이나 임원이 외부로부터의 변화압력을 인지하는 것에서부터 시작되고 하부층에서 시작된 변화도 임원의 지원없이는 조직 전체로 확산되어 성공을 약속하기 어렵다.

특히 급격한 변화나 관료적 조직의 경우 경영자의 가시적인 개입은 변화의 필수적인 요소라 해도 과언이 아니다. 임원은 변화압력을 인지하고 이에 적합한 변화방향을 설정하여야 한다. 또 구성원의 참여를 독려하여야 한다. 이를 위하여 구성원의 감정상태를 이해하고 교육훈련을 실시하는 등 실질적인 변화활동을 시작하여야 한다.(표2 참조)

● 인재확보 및 육성

최고경영층, 임원진, 중간관리자의 설문조사에서 "인재확보 전쟁에서 승리하는 것이 기업의 성공에 중요하다"라는 진술에 72%가 동의하였다.

이는 인재의 중요성에 대한 임원진의 인식이 명확하다는 것을 보여주는 것이다. 하지만 우수인재 확보에 성공하는 기업은 많지 않은 것 같다. 이는 대부분의 기업이 인재관리를 우선순위로 두지 않고 있기 때문이다.

현재 많은 기업에서는 인재가 기업의 우선 고려사항이 아닌 경우도 있다. 사람들에 관한 일은 인사부서의 책임이고 각 부문의 임원들은 주어진 인재를 활용할 뿐이라고 생각하는 경향이 있는 것도 사실이다.

이들은 인재를 기껏해야 많은 방편 가운데 하나로 생각할 뿐이다. 그러나 이러한 사고는 이제 전환되어야 한다. 인재확보 및 관리는 인사팀의 책임이 아니라 모든 임원들의 가장 기본적인 직무이어야 한다.

얼라이드 시그널(Allied Signal)의 최고경영자인 래리 보시디(Larry Bossidy)는 "위대한 리더의 발견과 개발은 어떤 최고경영자도 다른 이에게 위임할 수 없는 일"이라고 말한다. 즉 인재 Pool을 강화하는 것은 임원이 누구에게도 위임할 수 없는 일이다. 우수한 인재가 기업경영에 미치는 효과는 엄청나기 때문이다. <그림1>은 우수한 인재가 기업의 생산성에 얼마나 막대한 영향을 미치는지 잘 보여준다.

그림1. **우수 성과자와 보통 성과자의 성과비교**

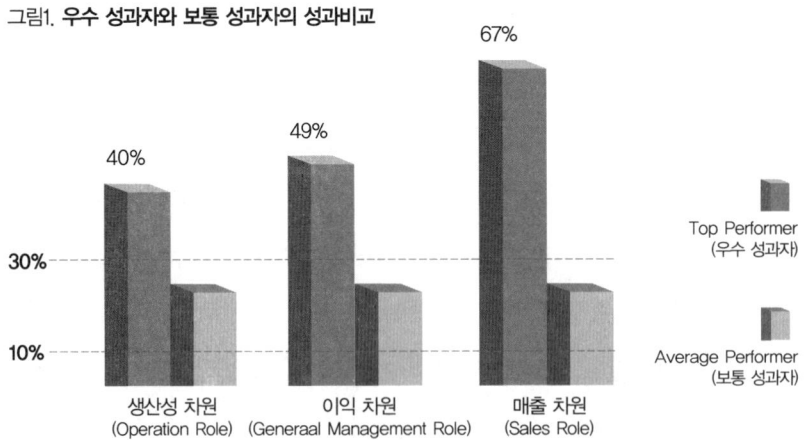

자료출처·Ed Michael, et el., The War for Talent, Havard Business School Press, 2001. 9
(McKinsey &Company's War for Talent Survey, 1997 & 2000 combined)

동시에 고용 관련 상황이 크게 변화되었다. 과거에는 대학에서만 후보를 선발했으며 또 인터넷을 통해 채용광고를 냈다. 이러한 방식으로는 기업이 원하는 새로운 인재를 찾을 수 없다. 이제 새로운 장소와 방법이 필요하다. 현재의 산업 이외 산업, 심지어 비즈니스 영역 이외의 곳에서도 인재를 찾아야 한다. 공석이 있을 때뿐만 아니라 평상시에도 인재를 구하여야 한다.

대부분의 사람은 인재개발이 곧 교육훈련을 의미한다고 생각한다. 하지만 교육훈련은 인재개발의 아주 작은 부분에 불과하다. 인재개발은 일련의 직무확장, 코칭, 멘토링 등을 통해서도 일어난다.

하지만 일부 기업에서는 이렇게 중요한 인재개발 수단이 제대로 이용되지 못하고 있다. 부서별로 기존 인재들을 계속 보유하고자 하기 때문에 내부 직무순환을 통한 인재개발을 가로막고 있다. 일례로 "나는 절대로 그 직원을 내줄 수 없다"는 식의 감정을 흔히 찾아볼 수 있다.

반면 코칭이나 멘토링을 통한 인재개발은 운에 맡겨 놓은 형편이다. 소수의 관리자는 좋은 코치이고 멘토이지만 대다수는 그렇지 못하다. 이제 기업들은 인재개발을 촉진하고 그것이 일어날 수 있도록 하여 인재개발 방식을 근본적으로 바꾸어야 한다.

또한 사람을 직무에 배치할 때 좀더 정교한 방법을 써서 인재개발과 성과의 양 측면이 모두 최적화되도록 해야 한다. 이와 함께 피드백이 더 자주 분명하게 이루어져야 하며 멘토링이 제도화되어야 한다. 이런 변화를 가져오자면 당연히 모든 임원이 인재개발전문가가 되어야 한다.(표3 참조)

● 성과관리

성과는 여러 가지 의미를 가진다. 비전을 달성하는 과정을 의미하기도 하며 직원들의 노력의 결과이기도 하다. 보통 비전은 5년, 10년 후의 모습으로 기술되어 있으므로 직원들이 자신의 개별적인 업무와의 관련성을 인식하지 못하는 경우가 많다.

또한 직원들은 비전이 과연 성취될 수 있는 것인가에 대하여 의문을 가지기도 한다. 이러한 의미에서 성과는 비전으로 가는 과정이며, 단계별로 성과가 달성될 때 장기 비전에 대한 구성원의 강한 신뢰가 형성된다.

성과는 회사 및 단위 조직성과와 개인성과로 구분된다. 회사의 성과란 회사 경영목표 달성이나 시장경쟁력의 관점에서 정의할 수 있다. 개인성

표3. **인재지향적 태도 체크**

① 더 좋은 인재를 확보하는 것이 사업의 성공을 이끈다고 생각하는가?
② 인재 Pool의 강화가 본인 직무의 중요 부분이라고 생각하는가?
③ 하부 관리자들에게 인재를 관리하는 것이 그들 직무의 중요한 부분이라고 설득하는가?
④ 조직 내에 인재와 관련된 의사결정에 참고가 되는 황금률을 세워 놓았는가?
⑤ 2~3단계 밑의 주요 인력에 관한 결정에도 깊숙이 관여하고 있는가? 그 일에 매진하고 조력하고 또한 도전하는가?
⑥ 당신 휘하에 있는 각 사업부의 인재평가 프로세스를 개인적으로 추진하여 각 조직의 인재 Pool 강화방안을 산출하고 있는가? 각 조직의 실행계획을 꾸준히 사후관리하고 있는가?
⑦ 다른 임직원에게 인재지향적 태도를 주입하기 위해 훌륭한 인재관리 시스템을 만들고 인재에 대해 자주 이야기하는가?
⑧ 인재를 위해 실질적으로 투자할 의향을 나타낸 바 있는가?
⑨ 다음 해에 인재 Pool을 강화하기 위한 3~6개의 매우 구체적이고 측정가능한 조치에 대해 당신을 포함한 리더들이 책임지도록 하고 있는가?
• 이러한 질문들에 대한 답변은 반드시 '그렇다' 이어야 한다.

자료출처·최동석/김성수 역, The War For Talent(세종서적, 2002)

과는 조직 전체의 성과를 달성하는데 개개인이 어떻게, 얼마나 기여했느냐의 관점이다. 이 두 측면 모두 중요하다.

결국 성과는 직원들의 노력의 결과다. 이에 따라 높은 목표를 설정하고(높은 수준의 목표설정) 이 목표가 달성될 때 구성원은 자신의 노력에 대한 성취를 맛본다.

이에 따라 임원들은 직원들이 적절하게 높은 목표를 설정하게 하고(목표달성을 위한 상사의 코칭) 목표에 따라 정확하게 평가를 하여(목표달성의 평가기준 제시) 평가결과에 따라 성공에 대해서는 보상하고, 실패는 학습원천으로 삼도록 해야 할 것이다.

기업의 상황에 따른 임원의 주요 임무

임원의 역할과 이에 요구되는 역량은 기업이 처한 상황에 따라 다르다는 것을 알 수 있다. 먼저 신규사업의 경우 시장점유율 확보와 기술선점 그리고 조직력 강화가 중요하며, 임원들이 이를 위해 핵심적인 역할을 해야 한다. 따라서 임원들은 이러한 신규사업의 과제를 효과적으로 수행하기 위하여 도전적 사고와 비전창출 등의 역량이 필요하며 기술적 지식도 중요한 역량 가운데 하나이다.

반면 안정적인 기반을 구축하고 있는 기업의 경우 효율적인 조직운영과 안정성을 추구하는 것이 핵심과제다. 그런 의미에서 임원이 이러한 역할을 잘 수행하기 위해서는 향후 경영환경 변화에 대비하고 이를 위한 후계자를 선발하는 것이 중요한 역할일 것이다. 이 시기에 필요한 임원의 역량으로는 시스템이나 조직마인드 등 관리자적 역량이 요구된다.

미국 MIT대학의 게스테인과 레이스만(Gerstein & Reisman) 교수는 임원의 주요 임무와 역량요건을 신규사업, 회생사업, 안정·수익추구, 고성

표4. **기업 상황별 임원의 역할 및 역량요건**

구분	기업상황	임원의 주요 임무	요구되는 역량요건
신규사업	• 시장 리더로의 도약준비 • 전략적으로는 중요하나 아직 수익을 창출하지는 못함 • 조직운영·시스템의 불안정 • 사업운영 경험의 부족	• 시장점유율 확보 • 경영진의 조직력 강화 • 핵심기술·마케팅 전문지식 확보	• 새로운 비전창출자 • 중요 기술·산업에 대한 지식 • 높은 활력과 체력 • 공격적인 성향·결단력 • 도전적 사고
회생사업	• 낮은 업적임에도 불구하고 투자할 가치가 있는 사업 • 공급자·고객·외부 환경과의 제약된 관계 • 제한된 자원, 기술부족	• 신속한 상황판단 • 스피드한 의사결정 • 변화의 징후를 감지하고 이에 대한 대비	• 날카로운 분석·진단능력 • 위험감수 의지 • 위기관리 능력 • 협상가적 기질
안정·수익 추구	• 장기적으로는 매력도가 낮은 산업 • 안정적 내부 조직 • 높은 수준의 경영·기술적 역량보유 • 신중한 신규투자 활동 중요	• 운영의 효율성·안정성 • 차세대 경영자 선발 • 변화의 징후를 감지하고 이에 대한 대비	• 기술적 지식(사업지식) • 변화에 대한 민감성 • 강한 관리자적 능력 • 시스템, 조직마인드 • 성장보다는 강력한 효율 마인드의 보유자
고성장	• 중·고 정도의 재무적 위험존재 • 새로운 시장, 상품, 기술 등장 • 조직규모의 급속한 성장 • 한 분야로 급속한 조직확장 • 조직내 부서간 성장속도 차이	• 시장점유율의 향상 • 급격한 변화의 리더 • 미래의 확실한 비전을 위해 장기적인 조직역량 준비	• 전략적·재무적 기획능력 • 미래에 대한 확실한 비전 • 성장 및 안정과 같은 우선순위의 조화 • 조직 및 팀웍스킬 • 다소 높은 위험감수 능력
기존 사업의 재배치	• 단기적 낮은 위험이나 장기적으로 높은 위험 존재 • 변화의 저항(관료주의적 태도) • 조직의 스킬, 기술, 사람 간에 부적절한 조화로 인한 전략의 재조정	• 제한된 사업영역에서 효율성 도모 • 재배치로 인한 변화관리 • 재배치로 권한을 잃은 사람들에 대한 배려	• 변화에 대한 대응력 • 설득력, 대인관계력 • 종업원의 의견을 들어주고 지원해 주는 능력 • 시스템 운영 능력

자료출처·최병권, 경영자 육성의 출발점 : 리더십 역량평가. LG주간경제, 2001

장, 기존 사업재배치 등 기업 상황에 따라 <표4>와 같이 제시하고 있다.

또한 우리나라의 경영학자들이 제시한 기업의 성장단계별 임원 및 경영자의 역량을 보면 <표5>와 같다. 먼저 기업 성장단계는 Kazanjian (1998, 1990), 김영배(1998), 김영배와 하성욱(2000)의 연구를 기초로 하여 창업단계·초기성장단계·고도성장단계·성숙단계 등의 4단계로 구분하고, 각 단계별 성공요인과 임원 및 경영자 요구역량을 탐색하였다. 연구에 활용된 사례기업은 우리나라 중소·중견기업으로 글로벌 경영에 성공한 하나코비, 홍진HJC, 코아로직, 트렉스카, 휴멕스 등 15개 기업이다.

<표6>은 기업의 성장단계별 경영자 및 임원의 주요 역량에 대한 구체적 행동지표를 나타내고 있다. 행동지표는 글로벌 경영에 성공한 주요기업의 경영자 및 임원의 성공행동 사례를 통하여 도출되었다.

표5. 기업의 성장단계별 임원 및 경영자의 필요역량

기업 성장단계	단계별 성공요인	필요역량
창업단계	• 글로벌 Niche-Market 선정, 공략 • 해외시장 진출 • 각종 지원을 효과적으로 활용	• 해외시장 및 사업에 대한 통찰력 • 해외시장에 대한 도전의식 • 글로벌 시장탐색 및 정보수집
초기성장단계	• 과감한 연구개발 투자 • 독자브랜드 전략 채택 • 세계수준의 품질확보 • 효과적인 해외유통 전략	• 해외시장 개척에 대한 자신감 • 품질향상에 집중, 글로벌 품질수준 확보 • 글로벌 고객 및 거래처 신뢰확보 • 끈기, 집요함
고도성장단계	• 신제품 개발 및 세계시장 확대를 위한 마케팅 전략 • 조직관리 및 인력육성	• 글로벌 비전제시 및 공유 • 해외시장 개척에 대한 자신감 • 체계적 계획수립
성숙안정단계	• 생산공정 혁신 • 지속적 경영혁신	• 업무개선을 통한 효율성 추구 • 체계적 계획 • 사업관계 관리

자료출처: 정종태, 글로벌 경영자 역량모델, 한국생산성본부 CEO 혁신센터, 2007

표6. 임원의 필요역량별 구체적 행동지표

필요역량	구체적 행동지표
해외시장 및 사업통찰력	• 해외시장의 흐름을 파악하고 새로운 사업분야를 선택한다. • 해외시장에 합리적 사업선정 기준 정하고 그에 맞는 분야를 선정한다. • 자금, 사업장 또는 자원을 확보할 수 있는 기회를 포착, 활용한다. • 글로벌 시장에서의 경쟁 정도를 감안, 틈새시장을 선정한다. • 글로벌 비즈니스와 관련 최신 정치·사회·경제적 상황을 파악한다.
해외시장 도전의식	• 해외시장 진출을 통한 기업 성장이라는 높은 목표를 수립한다. • 해외시장 진출 목표에 맞추어 자신의 감정과 행동을 단련한다. • 해외시장에 도전할 때 실패나 장애발생시 용기를 갖기 위해 노력한다. • 해외시장 진출을 위해 주위 사람들을 독려하고 앞장선다. • 해외시장 진출시 발생하는 문제를 해결하기 위해 자원을 적극 활용한다.
글로벌 시장 탐색	• 책, 전문가, 인터넷 등 다양한 채널을 통해 국제시장 정보를 수집한다. • 해외시장에 대한 정보나 데이터를 얻기 위해 체계적인 노력을 한다. • 개인적으로 해외시장 연구, 분석을 위해 정보탐색 시스템을 구축한다. • 미래 유용하게 활용가능한 글로벌 시장 정보에 관심을 갖는다. • 글로벌 시장에 제품이나 서비스를 제공하는 방법을 연구한다.
해외시장 개척 자신감	• 글로벌 시장에서 제품을 제공할 수 있는 능력을 갖고 있다고 믿는다. • 해외시장 개척에 따른 위험과 도전을 감당할 자신을 가지고 있다. • 주변의 반대나 실패에 직면해서도 포기하지 않는다. • 의견충돌이 있을 때 자기입장을 자신있게 밝힌다. • 불확실한 상황에서도 자신을 강하게 유지, 중심을 잃지 않는다.
글로벌 품질수준 확보	• 세계 최고의 품질과 서비스 제공을 최우선으로 한다. • 국제적인 기준에 적합한 품질로 향상하기 위한 방법, 자원을 검토한다. • 지속적 품질관리를 통하여 해외 거래처와 신뢰를 구축한다. • 글로벌 품질수준을 확보하기 위하여 지속적으로 투자한다. • 글로벌 기업으로서 경쟁력 있는 새로운 지식과 기술을 습득한다.
글로벌 고객 신뢰	• 해외 바이어나 고객과의 약속을 완수하기 위하여 희생과 노력을 한다. • 해외 고객과의 약속을 지키기 위하여 전적으로 책임을 진다. • 업무완수를 위하여 직접 작업현장에서 일한다. • 국제시장에서 고객만족에 대해 관심을 표명한다. • 성과뿐만 아니라 세계 최고의 서비스 제공에 목표를 두고 달성한다.
끈기, 집요함	• 거부나 저항 및 실패에 좌절하지 않는다. • 일이 끝날 때까지 장기적이고 지속적인 몰입과 열의를 보인다. • 끈질기게 설득하여 타인에게 목표에 대한 신념을 불어넣는다. • 실망스러운 상황에도 잘 대처한다. • 초기에 설정한 목표를 달성하기 위하여 장애를 극복하고 노력한다.
글로벌 비전제시	• 회사의 국제적·장기적 전략과 사업목표를 제시한다. • 조직구성원의 관심을 유도할 수 있는 글로벌 비전과 핵심목표 제시한다. • 잦은 미팅을 통해 구성원의 공헌이 목표달성에 어떻게 기여하는지 이야기한다. • 글로벌 비전달성에 대해 긍정적이고 희망적인 생각을 나타낸다. • 해외시장으로서의 사업을 확장하기 위한 조치를 취한다.

체계적인 계획수립	• 계획수립시 국제적 수준에서 장기적·전략적 관점과 세부활동을 조화시킨다. • 계획실행에 앞서 발생가능한 문제들을 예견, 대응한다. • 과거 경험을 활용하되 적극적으로 새로운 대안을 모색한다. • 결정에 앞서 각 대안의 장단점을 분석, 각 사안의 장단기 효과를 살펴본다. • 글로벌 관점에서 논리적이고 체계적인 접근방법을 적용한다.
사업관계 관리	• 글로벌 수준의 대인관계를 사업의 근본적 수단으로 생각한다. • 사업관계에 있어서 단기적인 이익보다 국제적·장기적인 우호관계 중시한다. • 해외고객을 상대할 때 친절을 베풀고 예의바르게 행동할 것을 강조한다. • 해외고객과의 우호관계 조성을 위해 행동한다. • 국제적인 기술 및 비즈니스 이슈와 동향파악을 위해 조직내외 다양한 사람과 접촉한다.
업무개선 및 효율화	• 일을 신속하면서 적은 비용으로 처리하는 방법을 찾는다. • 글로벌 수준의 새로운 아이디어나 혁신적 해결책을 생각해 낸다. • 효율을 높이기 위해 정보나 도구를 활용한다. • 업무개선 및 변화를 위하여 방법을 강구한다. • 비용 대비 효과를 분석, 효율성을 추구한다.

자료출처·정종태, 글로벌 경영자 역량모델, 한국생산성본부 CEO 혁신센터, 2007

임원 역할 부족의 원인

임원이 기업의 성공에 미치는 역할에도 불구하고 우리나라 기업 임원들의 대다수는 자신에게 요구되는 역할과 책임을 제대로 수행하지 못하는 경우가 많다. 특히 임원들은 자신이 수행해야 할 바람직한 역할에 대한 인식이 미흡해 주로 내부관리 지향적인 업무수행에 보다 많은 시간을 할애하는 경우가 있다. 더욱이 임원이 보유하여야 할 역량수준이 미흡하다는 지적도 있다.

이러한 문제들은 상호 연관성을 맺고 상승작용을 일으켜 악순환을 형성하기도 한다. 예를 들어 급변하는 내외 경영환경에 적절히 대응하기 위해서는 임원들이 조직 내부관리자의 역할을 넘어 담당분야에서 회사를 대표하는 얼굴로서 변화를 선도하고 조직이 나아가야 할 방향을 명확히 제시하는 역할을 해야 한다.

그럼에도 불구하고 여전히 관리통제자 역할만을 주로 수행하는 것이 우리나라 임원들의 현실이기도 하다.

임원들이 관리통제자 역할을 주로 수행하다 보면 영업·협상·현장방문·지원 등의 외부활동보다 불필요하거나 과다한 내부 회의참석, 결재 등 대내활동을 중시하는 업무수행 스타일이 강하게 나타나게 된다.

이렇게 되면 자신이 현재 가지고 있는 역량에 맞는 업무만 하려고 하기 때문에 새로운 업무나 역할에 도전하기보다 현실에 안주하게 되어 업무수행에 필요한 능력이 부족해진다.

최근 한 연구기관이 임원의 활동을 분석한 결과 임원들은 50% 이상의 시간을 일상적인 업무에 대한 검토 및 체크, 다른 부서와의 업무조정 및 협의·회의 등에 할애하는 것으로 나타났다. 임원의 중요한 역할인 전략구상에는 5%의 시간도 사용하지 못하고 있으며 부하들의 업무를 지원하는 역할도 매우 미미하였다.

특이한 점은 기타 업무가 10% 이상을 차지하고 있으며 대부분은 자기 스스로가 통제할 수 없고 담당업무와도 크게 상관없는 것들이었다. 또한 새로운 사업 트렌드 및 기술변화를 파악하고 그와 관련된 지식학습에도 시간을 사용하지 못하고 있었다.

임원이 수행하는 업무의 전략적 수준 정도, 고려하는 업무기간에 대한 분석결과도 비슷하다. 대부분 단기적이고 전략적이지 못한 것에 업무가 치중되어 있다.

이런 모습에 대해 조사대상자들은 여섯 가지 원인을 제시하고 있다.

첫째, 스스로 챙기지 않으면 불안하다.
둘째, 나 아니면 안된다는 생각을 하고 있다.
셋째, 비전에 대한 임원 역할이 명확하지 않다.
넷째, 평가는 결국 단기실적으로 결정된다.
다섯 째, 매우 작고 사소한 일까지도 임원이 항상 책임져야 한다.
여섯 째, 날마다 챙기지 않으면 안되는 일상의 업무가 너무 많다.

임원 역할의 활성화 방안

임원 역할을 재정립하고 이를 활성화하기 위해서 많은 기업이 권한위임 등의 방법을 사용하기도 하지만 성공하는 경우는 드물다. 권한위임 초기에는 일상적인 업무를 부하직원들에게 이양해도 시간이 지나면 또 과거의 일하는 방식으로 돌아와 일일이 일상적인 일을 챙기곤 한다.

이는 문제원인을 정확히 진단하지 못한 채 권한위임만 했기 때문이다.

원인은 두 가지 측면에 있다. 하나는 임원 스스로 자신이 꼭 해야 할 역할에 대한 인식이 부족하기 때문이다. 다른 하나는 최고경영층이 임원들에게 비전창출, 변화와 혁신, 인재확보 등의 역할과 기회를 제공하지 않았기 때문이다. 최고경영층은 일부 스태프부서를 이용하여 직접 이러한 역할을 수행하는데 따른 문제가 있다.

임원 역할이 새롭게 정립되기 위해서는 역할에 대한 재인식과 함께 권한위임이 전사적으로 이루어져야 한다. 즉 최고경영층으로부터 시작하여 조직 전 계층의 권한위임이 이루어져야 한다. 만약 일부 계층에서만 권한위임이 이루어지는 것은 의미가 없다.

이와 더불어 리더로서 임원의 역할 활성화를 위해서는, 먼저 임원들이 조직 내에서 지향해야 할 바람직한 역할상을 정립하고 이러한 역할수행에 필요한 역량요인을 도출해야 한다.

일반적으로 필요역량 요인은 역할수행이 기본토대가 되는 조직가치 요건과 담당업무를 원활히 수행하기 위해 반드시 갖추어야 하는 역량인 행동특성으로 구분할 수 있다. 예를 들어 정직·상호 신뢰·솔선수범·공정 등은 조직가치 관련 요건에 해당하고, 핵심파악 능력·결단력·협상력 등은 업무역량 요건에 해당한다.

역량요건이 도출되면 이를 체계적으로 확보하기 위한 방안을 수립해야 한다. 예를 들어 리더십 역량 평가를 정례화하여 임원 개인의 부족한 역량을 파악하고 본인에게 피드백하여 보완되어야 할 역량에 대한 자기계발 노력을 독려하고 육성 프로그램을 제시하거나 전환배치 등 조직 차원의 체계적인 노력이 이루어질 수 있도록 해야 한다.

기업경영에서 발생하는 모든 문제는 근원을 따져 보면 개인에게서 비롯되는 경우가 많다. 따라서 문제해결도 결국 개인으로부터 출발하여 차근차근 해결해 나가야 한다. 임원들이 처하는 문제유형도 동일한 경우가 많다. "CEO가 나를 너무 강하게 드라이브하는 것은 아닌가. 내 부하들은 나의 기대대로 왜 움직이지 않을까. 내가 맡고 있는 사업부는 왜, 늘 열악한 환경 속에서 치열한 경쟁을 해야 하는가" 등 임원 스스로 불만거리들로 가득 차 있는 경우가 많다.

그러나 주위를 바라보는 시각을 바꾸면 환경이 문제가 아니라 환경을 바라보는 자신의 시각과 마음가짐이 문제였다는 사실을 알게 된다. '내 탓이오!'를 일상화하는 것을 「Good to Great」의 저자인 짐 콜린스(Jim Collins)는 'Mirror Concept'이라고 했다. 「성공하는 사람들의 7가지 습관」의 저자인 스티븐 코비(Stephen Covey)는 '영향력의 원에 집중'이라고 정의했다.

문제의 근원이 '나'라고 생각하면 자기 스스로 무엇이 문제였는지를 고민하게 되고, 자신에게 부족한 능력이 무엇이었는지를 파악하게 된다. 이러한 과정이 쌓이면 해결방향이 보이고 구체적인 대응책도 찾을 수 있다.

이에 따라 임원 스스로 조직을 탓하기 전에, 또 부하를 탓하기 전에 스스로 보완하거나 반성해야 할 점은 없는지를 늘 생각하며 자기계발을 지속적으로 수행해야 한다. 이것이 바로 임원 역할 활성화의 기본이자, 핵심요의이라고 할 수 있다.

참고문헌

- 배보경, 관료형 조직에서의 혁신과 조직변화, 「지식과 학습 그리고 혁신」, 시그마, 인문회편, 2003
- 류지성, 임원 역할, 월간 인사관리, 2006년 3월호
- 장성근, 임원 역할 활성화의 5가지 조건, LG주간경제, 2003. 7. 2
- 정종태, 임원 평가·보상, 월간 인사관리, 2005년 11월호
- 정종태, 글로벌 경영자 역량 모델, 한국생산성본부 CEO 혁신센터, 2007
- 한정곤 역, Leading Change(김영사, 2000)
- 신완선, 컬러 리더십, 더난출판, 2002
- 최동석/김성수 역, The War For Talent(세종서적, 2002)
- 최병권, 경영자 육성의 출발점 : 리더십 역량평가, LG주간경제, 2001
- Gerstein. M.&Reisman. H.1983, Strategic Selection: Matching Executives to Business Conditions. Sloan Management Review. Winter.
- Hitt, M.A.&Ireland. R. D. 1999, Achieving and maintaining strategic competitive in the 21st century : The Role of Leadership. Academy of Management Executives. February.

제3장 임원 선발과 임원 요건

임원 선발의 의의와 중요성

임원의 요건 및 기준

임원 선발방법 및 기법

내부승진과 외부영입

임원 선발 및 승진 사례 : 어세스먼트센터

STEP

03

글로벌 경쟁 시대에서 기업의 경영자들에게 요구되는 역할은 혁신을 통하여 새로운 가치를 창출하는 것에서부터 구성원에 대한 인간적 존중과 신뢰로 이들을 혁신과정에 참여하게 하는 등 다양하고 복잡하다. 임원은 기술적 혁신을 효과적으로 추진함은 물론 구성원의 인간적 측면도 고려해야 한다.

임원 선발의 의의와 중요성

잭 웰치 GE 전(前) 회장은 20년이란 오랜 기간동안 최고경영자로서 자신의 자리를 지켰다. 반면 루슨트 테크놀러지(Lucent Technologies)의 리차드 맥긴(Richard McGin)은 단지 36개월 동안만 CEO로 재직했다. 질레트(Gillette)의 마이클 하비(Michael Harvey)는 CEO 취임 이후 17개월 만에 물러났다. 제록스(Xerox)의 리차드 토만(Richard Thoman)은 CEO로 13개월을 근무했다.

이외에도 불과 몇 개월 정도만 머물렀던 CEO들도 무수히 많다. 특히 외부로부터 영입된 CEO의 약 3분의 2가 4년도 못 채우고 회사를 떠나야 했다. 이는 내부에서 승진한 CEO의 약 3분의 1(38%)보다 많은 숫자이다. 이렇게 보면 세계 주요기업 3분의 2 정도의 CEO들이 평균적으로 4~5년 마다 교체되고 있음을 알 수 있다.

이처럼 CEO의 교체가 빈번하게 이루어지는 요인은 무엇 때문인가? 여러 이유가 있겠지만 CEO 선임시 요구되었던 약속에 대한 미실현, 재직 중의 중대한 실수 그리고 주주들의 비현실적인 기대 등이 주요 이유이다.

오늘날과 같은 지식·정보화 시대에서는 인적자원의 중요성이 증대되고 이에 따라 우수인재의 확보 및 유지가 곧 기업의 생존과 직결된다고 해도 과언이 아닙니다. 인적자원 중에서도 특히 기업의 최고경영자(CEO)를 비롯한 임원들의 역할은 더욱 커지고 있다.

IT 시장에서 내리막길을 걷고 있던 마이크로소프트가 CEO를 바꾸면서 부활했다. 2014년 사티아나델라가 취임한 이후 5년간 주가는 265% 상승했고, 지난 2018년 말을 기준으로 미국증시 시가 총액 1위에 복귀했다.

실제로 어떤 사람이 최고경영자를 맡는가에 따라 기업가치가 상승하기도 하고 기업의 운명이 바뀌기도 한다. 예를 들어 2000년 12월 GE에서 경영수업을 받던 맥너니(McNerney)가 3M의 CEO로 부임한다는 발표가 나자 3M 주가는 2일 만에 11% 상승하였다.

또한 서두칠 한국전기초자의 전 대표이사는 1997년 매출액 2천3백억 원, 적자액 6백억 원이던 부도직전의 회사의 CEO로 취임하여 3년만인 2000년 말 매출액 7천억 원과 순이익 1천 7백억 원의 기업으로 회생, 재탄생시켰다. 반면 엔론(Enron)과 월드컴(Worldcom)의 경우 분식회계 등 회계부정을 주도한 CEO를 잘못 선택하여 기업을 사라지게 한 대표적인 사례라고 할 수 있다.

적합한 CEO를 비롯해 임원을 선발하는 일은 기업의 장래를 위하여 가장 중요한 일 가운데 하나이다. 그러나 현실적으로 기업의 임원 선발 절차나 방법이 효과적으로 실행되지 못하는 경우가 많다. 즉 일시적이고 직관적인 방법을 취하고 있어 그 결과 임원진의 잦은 교체와 기업의 막

대한 손실이 발생하기도 한다.

외국 컨설팅 회사와 인력소개회사(Search Firm)의 통계자료에 따르면 경영자 선임 후 첫 18개월 동안 이직(해고나 사임에 의한)한 경우가 16~40%, 30~35%가 새로운 자리에서의 역할수행에 실패하고, 25% 정도는 경영자로서의 자리는 유지하지만 성과가 부진하다고 한다.

한 기업의 임원은 새로운 조직문화 및 전략을 수립하고 조직구조를 결정하며 조직의 자원과 보상을 통제하고 모든 구성원의 역할모델로서 작용해야 한다.

사실상 조직은 경영자들의 거울이다. 따라서 경영자 선발 실패에 따른 비용은 추정이 불가능할 정도로 크다고 할 것이다. 1999년 「FORTUNE」이 선정한 500대 기업 가운데 150여 개의 기업을 대상으로 한 조사에 따르면, 실패한 경영자 한 명에 따른 1차 년도의 손실이 연간 약 75만 달러 정도라고 한다.

이는 인력소개 회사에 지급한 비용, 연봉, 보상패키지 그리고 해직수당(퇴직금) 등을 기준으로 산정한 직접적인 비용규모이다.

그러나 기업의 이미지 손상, 사업기회나 수익기회의 상실, 주요 구성원의 사기(Morale) 및 동기부여 저하 등은 계산이 불가능하고 그 비용을 포함하면 손실은 엄청난 수준이다. 따라서 경영진 선발에 관한 절차나 기법이 개발되어야 하는 것은 경영진 교체로 인한 커다란 손실을 방지하는 첫걸음이다.

여기에는 두 가지 중요한 과정이 수반된다. 하나는 적합한 임원의 선발기준 및 요건을 설정하는 것이고, 다른 하나는 이러한 기준이나 요건을 인터뷰 등의 선발기법을 통하여 어떻게 정보를 확보하고 적합한 후보자를 평가하는가 하는 것이다.

임원의 요건 및 기준

글로벌 경쟁 시대에서 기업의 경영자들에게 요구되는 역할은 혁신을 통하여 새로운 가치를 창출하는 것에서부터 구성원에 대한 인간적 존중과 신뢰로 이들을 혁신과정에 참여하게 하는 등 다양하고 복잡하다. 즉 임원은 기술적 혁신을 효과적으로 추진함은 물론 구성원의 인간적 측면도 고려해야 한다.

그렇다면 오늘날 기업의 방향을 명확하게 제시하고 구성원을 성공적으로 경영에 참여시킬 수 있는 경영자의 요건·자질·기준은 무엇인가? 하버드 대학의 쿠라나(R. Khurana)와 컨설턴트인 콘(J. Cohn)에 의하면 기업들은 전통적으로 기업의 가치창출과 전략실행을 위하여 재무·고객·운영·개발의 네 가지 관점을 경영자 선발의 중요한 기준으로 제시하고 있다고 한다.

하지만 최근 들어 경영자의 비리가 발생하고 이로 인하여 기업생존이 위협받고 있는 환경에서 경영자 선발기준은 이러한 전통적 기준을 넘어서 도덕적이고 윤리적인 기준 및 감성지능이 강조되어야 한다. 경영자는 앞에서 언급한 네 가지 영역의 능력이 필요하지만 이것이 전부는 아니다. 다이엘 골만(D. Goleman, 1999)은 내외부의 경영자 후보자를 심사할 때 세가지를 고려해야 한다고 강조한다.

① Personal Integrity(정직성)

② Professional Ethics(직업윤리)

③ Emotional Intelligence(감성지능)

감성지능은 Self-Awareness(자기이해), Self-Management(자기관리), Social-Awareness(사회적 이해), Social Skill(사회적 스킬)을 포함한다. 즉 감성지능 능력은 Adaptability(적응성), Empathy(감정이입), Communication(의사소통) 등의 역량으로 구성된다.

데이비드 코트렐(David Cottrell, 2003)은 다른 사람을 강화시키고, 공감대를 형성하며, 구성원의 가치를 잘 반영하고, 구성원의 공헌에 보답하며, 인간관계 능력을 잘 발휘해야만 효율적 리더십이라고 말했다.

표1. 새롭게 요구되는 임원의 요건(Exploring Challenging Areas)

Values (가치관)	개인의 가치관과 회사 요구의 차이가 있을 때 어떻게 해결하였는가? 이러한 상황에서 당신은 어떤 행동을 취하였는가?
Ethics (윤리의식)	윤리기준을 위반하는 결정을 하였다면 어떤 이유 때문에 그렇게 하였는가? 다른 대체적인 방법은 없었는가. 윤리적 갈등상황을 피할 수 없었는가?
Self-Awareness (자기이해)	개인적 위기상황과 관련하여 위기이전, 위기상황, 위기이후 업무수행시 당신의 행동이 어떻게 변하였는가?
Self-Management (자기관리)	스트레스가 왜 증가하는가. 그 원인은 무엇인가. 스트레스를 감소시키기 위해 어떤 행동을 하는가. 어떤 상황에서 스트레스가 발생하는가?
Social-Awareness (사회적 이해)	귀하가 선택해야 할 도전, 의사결정 상황, 그 이후에 취해야 할 행동을 기술할 수 있는가?
Social Skill (사회적 스킬)	귀하와 같이 일하는 역량있는 임원은 누구이며, 이러한 역량을 개발하기 위해서 필요한 것은 무엇이며 역량이 있는 임원은 어떻게 업무를 수행하는가?

자료출처·E. Crowley, Making CEO selection work, Feb. 2004, Directorship, p.14

또한 새롭게 요구되는 임원 요건을 살펴보면 <표1>과 같다. 텍사스 대학의 호프만(Hoffman), 네브라스카 링컨 대학의 슈나이드 잔스(Schniede Jans)와 세보라(Sebora)는 다양한 문헌을 고찰하여 임원 선발에 고려되는 임원의 요건으로 25개를 제시하였다.(표2 참조)

하버드비즈니스리뷰(HBR, 2017. 7~9월호)에서는 모든 상황을 해결할

표2. 임원 선발 시 고려되는 임원의 요건

경영자 선발시 고려되는 요건	측정방법
Administration Skill(관리능력)	점수, 순위(Scoring/Rating, Ranking)
Communication Skill(의사소통능력)	점수, 순위(Scoring/Rating, Ranking)
Personality Type(성격)	점수, 순위(Scoring/Rating, Ranking)
Conceptual Skill(개념화 능력)	점수, 순위(Scoring/Rating, Ranking)
Ethical(윤리의식)	점수, 순위(Scoring/Rating, Ranking)
Knowledge of Finance(재무지식)	점수, 순위(Scoring/Rating, Ranking)
Innovative(혁신의식)	점수, 순위(Scoring/Rating, Ranking)
Intelligent(지능)	점수, 순위(Scoring/Rating, Ranking)
Interpersonal Skill(대인관계능력)	점수, 순위(Scoring/Rating, Ranking)
Leadership(리더십)	점수, 순위(Scoring/Rating, Ranking)
Manufacturing Knowledge(제조분야 지식)	점수, 순위(Scoring/Rating, Ranking)
Marketing Knowledge(마케팅 지식)	점수, 순위(Scoring/Rating, Ranking)
Motivation Skill(동기부여 능력)	점수, 순위(Scoring/Rating, Ranking)
Negotiation Skill(협상능력)	점수, 순위(Scoring/Rating, Ranking)
Team Player(팀웍)	점수, 순위(Scoring/Rating, Ranking)
Planning Skill(기획능력)	점수, 순위(Scoring/Rating, Ranking)
Vision(비전제시)	점수, 순위(Scoring/Rating, Ranking)
Work Experience Diversity(경험의 다양성)	점수, 순위, 기간(Scoring/Rating, Ranking, Years)
Firm Experience(사업경험)	점수, 순위, 기간(Scoring/Rating, Ranking, Years)
General Management Experience(관리자경력)	점수, 순위, 기간(Scoring/Rating, Ranking, Years)
Industry Experience(해당 업종경험)	점수, 순위, 기간(Scoring/Rating, Ranking, Years)
International Experience(국제적 경험)	점수, 순위, 기간(Scoring/Rating, Ranking, Years)
Government Experience(정부경험)	점수, 순위, 기간(Scoring/Rating, Ranking, Years)
Turnaround Experience(구조조정 경험)	점수, 순위, 기간(Scoring/Rating, Ranking, Years)
Succcessfulness(성공경험)	점수, 순위, 재무수치(Scoring/Rating, Ranking, Financial)

자료출처·James J. Hoffman, Marc J. Schniederjans, Terrence C. Sebora, A Mult objective Approach to CEO selection, INFO Vol/ 42, NO.4(2004), p.237~253

수 있는 만능 임원을 찾지 말고, '맥락'과 '상황'에 적합한 요건을 갖춘 임원을 채용할 것을 권고하고 있다. 최근 미국 워싱턴에 있는 연구컨설팅 회사인 CEB는 85개 글로벌 기업의 임원 900명을 대상으로 3년간의 연구를 통해 위와 같은 결론을 도출했다. 즉, 임원 선발시 해당 직책의 구체적 상황을 고려하여 그 상황을 해결했던 경험과 그 상황이 요구하는 역량을 갖춘 후보자를 선발하는 선발시스템이 필요하다고 했다.

연구팀은 기업이 처한 300개의 상황 목록들 중에서 가장 중요한 27가지 상황을 선별했다. 예를 들어 시장점유율 확대, 인수합병추진, 제품포트폴리오 관리, 불화가 심한 조직문화 개선 등이다. CEB 인재솔루션 아키텍트 짐 마틴(JIM MARTIN)은 "기업들이 처한 상황과 맥락에 맞는 인재를 채용해야 하는데 지금까지 많은 기업이나 경영자는 일반적이고 범용적인 역량을 가진 만능 임원을 고용하고 육성하려고 했다. 기업의 변화속도가 과거 어느 때 보다 몇 배가 더 빨라졌기 때문에 이제는 더욱 더 맞춤형 임원이 필요하다"고 했다.

임원 선발방법 및 기법

기업들은 과거부터 지속되어 온 관행이나 선호하는 방법에 따라 나름대로의 임원 선발방법을 사용하고 있다. 최근 한 연구결과에 따르면 기업들은 경영진을 선발할 때 인터뷰, 이력서, 경력 등을 활용하여 정보를 확보하는 것으로 나타났다.

다만 평가센터(Assessment Center), 테스트(Tests) 등의 정교한 선발도구는 잘 활용하지 않는 것으로 나타났다.〈표3〉은 경영자들이 임원 선발에 활용하는 선발도구를 설명한 것이다.

〈표3〉에서 제시된 기법들은 오랫동안 경영진 선발도구로 활용되어 왔지만 이러한 기법들이 경영진의 선발에 유용한 지는 아직 검증되지 않았다.

● 명성 및 역량(Reputation & Competency)

지금까지 가장 널리 사용되고 있는 경영진의 능력을 나타내는 지표는 과거 업적에 대한 기록이다. 이는 통상 명성(Reputation), 경력기록(Track-Record)으로 나타내는데 개인의 과거 이력만으로 미래 성과를 예측하는 것은 쉽지 않다. 미래는 과거의 단순한 연장이 아니기 때문이다. 따라서 성취에 대한 개인능력(역량)의 정확성을 향상시키기 위하여 최근에는 역량평가(Competency Assessment)를 활용한다. 역량이란 높은 성과와 관련되어 조직의 경쟁력을 향상시켜 주는 지식·스킬·태도 그리고 행동의 집합을 의미한다.

표3. 임원선발에 활용되는 선발기법 및 도구

선발도구	활용빈도(%)
Interviews(인터뷰)	87
Resumes(이력서)	73
References(평판 조회)	69
Peer Reviews(동료평가)	52
Executive Search Firms(인력소개회사)	37
Test and other Instruments(검사 등)	36
Performance Appraisals(성과평가)	36
Subordinate Reviews(부하평가)	24
Succession Plans(후계자 계획)	18
Assessment Center(평가센터)	8
Individual Assessment(개인평가)	2

자료출처· Paul M. Swiercz & Souha R. Ezzedeen, From Sorcery to Science: AHP, a Powerful New Tool for Executive Selection, Human Resource Planning, p. 16~25

● 인터뷰(Interview)

경영진 선발에 광범위하게 사용되고 있는 선발기법은 인터뷰 기법이다. 전문가들에 의해 개발되고 구조화된 인터뷰는 선발기법으로써 타당성을 가지고 있지만 많은 경영자는 인터뷰 기법을 적절히 관리할 수 있는 훈련을 받지 못하여 이에 대한 지식이 부족한 편이다.

조직 내 구성원의 행동을 연구하는 롤러와 파인골드(Lawler & Finegold, 1997)의 연구에 의하면 경영자는 효과적인 선발결정을 하는데 필요한 스킬과 지식을 갖고 있지 못한 것으로 드러났다.

경영진 선발에서 인터뷰는 평가자가 듣기를 원하는 것에 대하여 피평가자가 말하는 스킬을 어느 정도 보유하고 있는가를 평가하는 정도이다.

● 성격평가(Personality Profiles)

성격평가는 리더 선발과정에 오랫동안 활용되어 왔다. 성격평가는 기술적 능력 이외의 성격적 특성이나 경향의 소유 여부를 파악함으로써 경영자로서의 성공을 예측하는 방법이다. 이 접근은 경영자로의 실패원인을 성격적 부적절성에 둔다.

많은 연구에서 성격 테스트는 일관성을 갖고 있는 것으로 나타난다. 또 성격적 특성은 상위 관리자의 성과를 예측하는데 타당성이 있다. 그럼에도 불구하고 성격검사는 다음의 이유로 비판을 받고 있다.

성격검사는 다른 선발척도에 비해 낮은 타당성을 나타내며, 과거지향적 특성을 갖고 있다. 때문에 특정 시점에서는 타당성을 갖고 있으나 상황의 변화를 고려하지 못한다. 뿐만 아니라 상황을 일정한 것으로 간주하여 상황 - 사람의 적합성을 간과하고 있다. 이에 성격검사가 경영자의 리더십의 상황적 결정과 연결될 때 경영자 선발기법으로서 타당성을 가질 수 있다.

● **인지능력(Cognitive Ability/Intelligence)**

경영자 선발에 사용되는 또 다른 접근 중 하나가 지능 또는 인지능력 테스트이다. 어느 정도 한계는 있지만 지능은 경영자 성공의 예측치로써 타당성이 인정된다.

임원은 사회의 다양한 구성요소를 만족시켜야 한다. 아울러 투자자는 물론 직원과 지역사회 등의 이해관계를 수용하고 지속적으로 교류해야 할 필요성이 있다.

이에 따라 임원은 점증하는 사회적 요구 증가를 이해하고, 창의적으로 상호 작용할 수 있는 감성지능을 지녀야 한다. 감성지능은 자아인식, 자기통제, 동기부여, 감정이입, 사람을 다루는 스킬 등을 포함하는 광범위한 능력으로 표현된다.

● **평가센터(Assessment Center)**

평가센터는 경영자의 재능을 확인하고 개발하는 수단으로 활용될 수 있다. 경영진 선발 및 승진뿐만 아니라 잠재적인 후보자 확인, 개발니즈 확인 등 다양한 용도로 사용이 가능하기 때문이다.

전형적인 평가센터는 조직의 특정 필요에 의해 개발된 적성검사, 개인 또는 그룹 시뮬레이션, 그리고 구조화된 인터뷰 등 다른 부가적인 기법과도 결합되어 설계된다.

Assessment Centers

평가센터는 조직 내 임원 등 고위 직무선발에 활용되는 비교적 신뢰성 있는 도구이다. 평가센터는 개인의 행동 및 관리자 역할의 효과성을 예측하는데 목적을 두고 운영되고 있다. 조직 내에서 관리자 역할은 복합적 행동을 요구하기 때문에 복합적인 KASO(Knowledge/Ability/Skill/Organizing)가 이러한 행동을 예측할 수 있을 것이다.

그러므로 KASO를 평가하기 위해서는 다각적인 방법과 복수의 평가자가 필요하다. 다각적인 평가센터와 복수의 평가자가 단일의 평가센터보다 타당성이 높기 때문이다. 타당한 선발절차로써의 평가센터는 KASO를 확인하는 직무분석, KASO에 대한 타당한 평가방법의 구성에 기초한다. 평가센터를 사용할 때 사용되는 선발계획들의 항목은 〈표〉에 제시되어 있다.

평가센터의 특징은 상황에 따라 차이는 있지만 일반적으로는 다음과 같다. 후보자는 일정 기간 동안 평가센터에 참가한다. 보통 2~3일이 소요되나 때로는 5일 이상이 소요되기도 한다. 일정 기간 동안 참가자들은 다양한 시뮬레이션과 Work Samples Test에 참가한다. 또한 인터뷰나 Biographical Information Blank와 같은 다양한 방법에 의해 평가된다. 이러한 활동과 테스트 과정에서 훈련된 평가자들은 참가자들의 성과를 평가한다. 평가자들은 보통 상사이지만 심리전문가가 포함되기도 한다.

평가센터의 참가자들은 보통 매니저급이고 보디 상위 직위에 오르기 위한 승진 후보자로서 평가를 받는다. 전형적으로 평가센터에는 참가자들에 대한 모든 정보를 조사하는 평가자들이 참여한다. 정보는 관리자가 갖추어야 할 여러 역량에 관한 평가점수로 전환된다.

평가항목은 커뮤니케이션 능력, 리더십 또는 인간관계, 계획, 문제해결, 의사결정 등으로 구성된다. 이러한 역량을 평가하기 위하여 평가자들은 다양한 상황에서 참가자들이 나타내는 반응이 효과적인가 또는 비효과적인가를 관찰하도록 훈련을 받는다.

다양한 활동이 센터에서 이루어지는데 자주 사용되는 활동으로는 In-Basket Exercise, Leaderless Group Discussions, Case Analysis 등이다.

- **In-Basket Exercise**

대부분 고위직위의 공통적인 평가기법 중 하나가 In-Basket이다. In-Basket에는 응답을 요구하는 메모, 리포트, 전화, 편지가 포함되어 있다. 가상의 Basket이 후보자들에게 제시된다. 후보자는 우선순위의 결정, 메모작성, 미팅계획 수립 등에 응답하도록 요청받는다. 응답에는 시간이 정해져 있고 보통 2~3시간 내에 응답하여야 한다.

- **Leaderless Group Discussions**

리더없는 그룹토의는 작은 그룹으로 나누어진 후보자들에게 해결해야 할 문제를 제시한다. 보통 문제는 새로운 포지션에서 자주 발생되는 문제이다. 이때 그룹으로써 문제를 해결하도록 요청받는다. 평가자는 그룹의 근처에 앉아서 각 후보자들이 덜 구조화된 상황에서 어떻게 행동하는가를 평가한다. 주로 리더십과 커뮤니케이션, 스킬을 평가한다.

- **Case Analysis**

실질적인 경영상황에 관한 사례가 후보자들에게 제시된다. 각 후보자들은 문제의 본질과 원인을 기술하고 해결방안을 제시해야 한다. 또 이를 보고서 형태로 작성, 제출하게 된다. 후보자들은 평가단에 사례분석 내용과 해결방안을 발표하여야 하며 평가단의 질문에도 응답하여야 한다. 평가자는 제출된 보고서를 평가하며, 또 후보자의 발표내용도 점수화한다.

표. 평가센터 활용시 사용되는 항목

KASO	Writing Exercise	Speech Exercise	Analysis Problem	In-Basket Tent.	In-Basket Final	Leadership Group Discussion Problems	Management City Council
Oral communications				X		X	X
Oral presentation		X				X	
Written communications	X		X	X	X		
Stress tolerance				X	X	X	X
Leadership				X	X		
Sensitivity			X	X	X	X	X
Tenacity				X	X	X	
Risk taking			X	X	X	X	X
Initiative			X	X	X	X	X
Planning & organization			X	X	X	X	X
Management control			X	X	X		
Delegation				X	X		
Problem analysis			X	X	X	X	X
Decision making			X	X	X	X	X
Decisiveness			X	X	X	X	X
Responsiveness			X	X	X	X	X

자료출처 : Herbert G. Heneman III & Robert L. Heneman, Staffing Organizations, p. 419

● 평판조회(레퍼런스 체크, Reference Check)

레퍼런스 체크는 임원 선발에 자주 활용된다. 레퍼런스 체크는 후보자의 과거 경험과 성과를 검증하고 리더십 스타일, 업무처리방식, 조직문화 적합성을 파악하는데 도움이 된다. 임원 레퍼런스 체크는 일반적으로 고위 리더십 포지션에서 이루어지며, 개인정보보호와 관련되어 사전 동의를 받는 등 세심하고 전략적으로 접근해야 한다.

또한 직접 인터뷰나 각종 테스트에서 파악하기 어려운 후보자의 다양한 특성을 파악할 수 있다. 정직성이나 윤리의식을 파악하는데 큰 도움이 된다.

1) 기본적인 레퍼런스 체크 절차

레퍼런스 체크는 체계적으로 준비하지 않으면 신뢰할 수 없는 도구나 기법으로 전락한다. 또 단순히 외부기관에 레퍼런스를 의뢰하고 보고서에 의존해서도 안된다. 누구에게서 정보를 얻을 것인가? 무엇을 파악할 것인가? 어떤 방법으로 할 것인가?에 대해서 사전에 계획을 수립하여야 한다.(표4 참조)

표4. 레퍼런스 체크 준비사항

구분	주요 내용
대상선정	• 이전 상사·동료·부하직원 등 다양한 관점에서 후보자를 평가할 수 있는 사람 • 공식적인 추천인 외에도 비공식 네트워크를 통해 정보를 얻는 경우도 있음
목적정의 및 질문리스트	• 특정 역량(리더십, 전략적 사고 등)과 조직문화 적합성 평가 • 이 과정에서 사전 준비된 질문리스트 활용
정보수집 방법	• 전화 인터뷰: 가장 일반적인 방식 • 이메일: 심층적인 답변을 원할 경우 활용 • 대면 인터뷰: 고위직에서 드물게 사용되기도 함
결과분석	• 답변에서 일관성을 확인하고, 후보자 본인이 제공한 정보와 비교

2) 레퍼런스 체크 질문

레퍼런스 체크를 통해서 어떤 정보를 얻어야 하는가를 명확하게 정의하고 질문을 사전에 구체적으로 준비하여야 한다. 아울러 어떤 내용, 어

표5. 레퍼런스 체크 질문영역별 질문

구분	구체적 질문
리더십 스타일	• "이 후보자가 리더로서 조직에 어떤 영향을 미쳤나요?" • "이분이 팀원들과의 관계를 어떻게 관리했는지 구체적인 예를 들어주세요?"
성과 및 실행능력	• "이 후보자가 가장 큰 성과를 낸 프로젝트는 무엇이었나요?" • "성과목표를 달성하기 위해 어떤 전략을 사용했나요?"
커뮤니케이션 및 대인관계	• "이분의 커뮤니케이션 스타일은 어떻습니까?" • "어려운 상황에서의 대인관계 처리는 어떠했나요?"
윤리와 신뢰	• "이 후보자는 조직 내에서 신뢰를 어떻게 구축했나요?" • "윤리적 딜레마 상황에서 어떻게 행동했나요?"
개발 및 성장 잠재력	• "이 후보자의 강점은 무엇이며, 개선이 필요한 부분은 무엇인가요?" • "앞으로 어떤 방식으로 더 성장할 수 있을 거라고 생각하시나요?"

표6. 레퍼런스 체크 방법론

구분	방법론
구조화된 접근	• 정해진 질문리스트를 사용해 모든 레퍼런스에게 동일한 정보를 요청 • 사례: Deloitte는 후보자의 리더십 역량과 성과를 평가하기 위해 표준화된 질문서 사용
다면적 접근 (360도 방식)	• 후보자의 상사 · 동료 · 부하직원 등 다양한 이해관계자의 의견을 수집 • 사례: Google은 임원 후보자의 360도 피드백을 활용하여 다양한 관점에서 정보를 검증
비공식적 레퍼런스	• 후보자가 제공하지 않은 네트워크를 통해 비공식적으로 정보수집 • 사례: Headhunting Firm Egon Zehnder는 업계 관계자를 통해 비공식 정보를 확인 • 사례: Microsoft는 비공식적 네트워크를 활용해 후보자의 기술적 역량을 확인함
과거 조직문화 검증	• 후보자가 속했던 조직의 문화와 업무환경에 대해 파악하고, 그 안에서의 후보자 행동검증 • 사례: McKinsey는 레퍼런스를 통해 후보자의 조직문화 적응력과 변화를 주도하는 능력을 검토
심층적인 성공사례 검토	• 레퍼런스를 통해 특정 프로젝트에서 후보자가 어떻게 성공을 이끌었는지 구체적으로 확인 • 사례: Apple은 주요 프로젝트에서의 성과를 중심으로 후보자의 실행력을 평가

떤 사항이나 분야에서 질문을 하고 정보를 파악할 것인가를 명확하게 하여야 한다.(표5 참조)

3) 임원 레퍼런스 체크 방법론

임원 레퍼런스 체크를 성공적으로 수행하기 위해서는 질문상황이나 질문방법으로 사전에 구체적으로 구상해야 한다. 예를 들어 여러 후보자에게 구조화된 질문을 통하여 문제해결 행동을 파악한다든지, 구체적인 사례에서 후보자가 취한 행동을 듣고 보유역량을 파악할 수도 있다.

또는 후보자가 제공하지 않은 비공식적인 네트워크를 통해서도 정보를 수집해야 한다. 예를 들어 업계 모임을 통해 평판을 파악할 수 있다.(표6 참조)

● **기타 선발방법**

최근 일부 연구자들은 GP(Goal Programming)나 민감도 분석법(Sensitivity Analysis)과 같은 OR기법(Operations Research Technique)을 경영진 선발에 도입해야 한다고 주장하기도 한다. 즉 CEO 선발 시 컴퓨터에 기초한 모델을 적용함으로써 복잡한 CEO 선발결정을 지원해야 한다는 것이다.

OR기법은 주주의 가치분석, 회사 미션분석, 내부역량 및 외부 환경분석을 기초로 CEO의 성공적 특성을 도출하고 전략적 GP 모델을 설정하고 이 모델에 따라 후보자를 평가, 결정한다. 사실 GP 모델이 경영자 선발과 같은 비구조화된 의사결정 분야에 활용되는 것은 한계가 있다. 비구조화된 결정에 활용할 수 있는 의사결정 시스템이 부족한 것도 현실이다.

내부승진과 외부영입

조직에서 필요한 포지션에 적합한 임원을 선발하는 것은 단지 충원 이상의 의미를 내포하고 있다. 외부에서 유능한 인재를 영입하는 경우와 내부에서 적임자를 승진시키는 경우 후보자뿐만 아니라 내부 조직구성원에게 미치는 영향이나 의미도 다르게 나타날 수 있다.

예를 들어 외부로부터 충원을 중시하는 경우 회사는 상당한 시간과 노력을 후보자 Pool 확보에 소요할 것이다. 외부 충원방식은 후보자들이 그 기업의 임원선발을 공정한 게임으로 인식하게 되고, 그 결과 회사에 대한 외부적 명성이 높아진다.

그러나 내부 조직구성원 입장에서는 외부 충원방식은 내부 승진기회의 부족으로 인식된다. 그 결과 조직구성원의 회사에 대한 충성심이나 몰입이 낮아지고 이직률이 증가할 수 있다. 이와 함께 외부에서 영입된 새로운 임원에 대한 내부 조직구성원의 부정적 감정도 유발될 수 있다.

표7. 임원의 내부 승진과 외부 영입의 장·단점

구분	장점	단점
내부승진	• 내부 승진에 대한 직원의 긍정적 반응 • 후보자의 신속한 확인 • 비용이 거의 없음 • 조직에 적응하는 시간이 걸리지 않음	• 새로운 KASO의 유입이 없음 • 노동시장 규모가 적음(후보자 Pool 부족) • 보다 많은 훈련이 필요함
외부영입	• 새로운 KASO를 가진 인재확보 • 노동시장 규모가 큼(후보자 Pool 풍부) • 훈련의 필요성이 적음	• 내부 직원들의 부정적 태도 • 후보자 확인시간 소요 • 외부 노동시장을 탐색하는데 비용소요 • 조직에 적응하는 시간소요

자료출처·Herbert G. Heneman III & Robert L. Heneman, Staffing Organizations, p.216

그렇다고 임원을 모두 내부승진에 의존할 수는 없다. 신규사업이나 새로운 시장개척 시에는 내부승진보다 외부에서 적합한 전문가를 영입하는 것이 더 효과적이다.(표7 참조)

경영학자들에 따르면 임원의 외부 채용과 내부 육성은 기업의 전략적 상황, 특히 사업의 성장주기(Life Cycle)에 따라 달라져야 한다고 주장한다. 유능한 임원을 외부로부터 채용하는 방법은 새로운 사고와 경험, 최고의 전문성과 지식을 신속히 확보할 수 있으며 치열한 내부경쟁으로 인한 조직갈등을 사전에 방지할 수 있다는 장점이 있다.

하지만 임원을 외부에서 영입하는 방법이 모든 기업에 반드시 성공적인 것만은 아니다. 특히 경영자의 외부 영입에 익숙하지 않은 우리기업의 경우 그 실패가능성이 높은 것으로 알려져 있다.

외부 영입을 통해 기대했던 성과를 창출하기 위해서는 높은 명성만을

그림. **경영자 확보의 Dynamics**

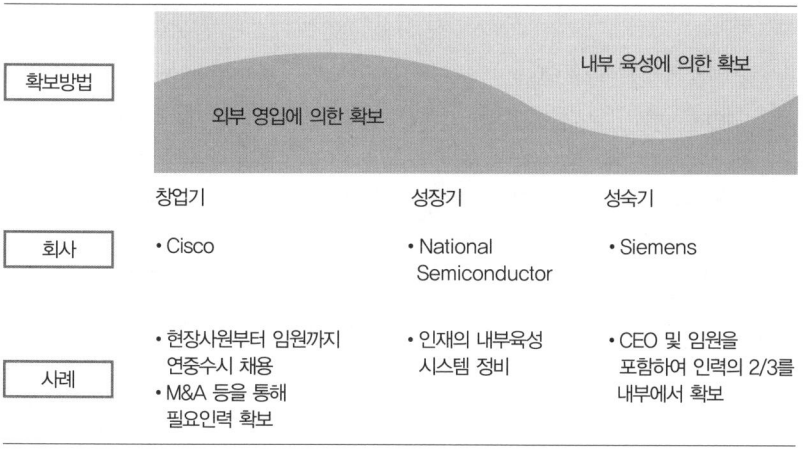

외국인 임원 발탁

2014년 삼성그룹 임원 인사에서 최연소 승진자는 천재라고 평가를 받는 인도계의 30대 초반 연구인력인 것으로 나타났다. 특히 이 인물의 연구분야가 각종 디지털 기기를 이용자들이 가장 편리하게 이용할 수 있도록 해주는 사용자 경험(User Experience)·웨어러블 기기(Wearable Device) 분야이어서 주목된다.

삼성은 현재 스마트폰 시장 정체를 뚫기 위해 스마트 워치·목걸이형 단말기 등 새로운 인체 친화형 기기들을 개발하는데 힘을 쏟고 있다.

삼성그룹은 2014년 12월 4일 정기 임원인사를 단행하면서 올해 33세인 삼성전자 실리콘밸리 연구소의 프라나브 미스트리 씨를 상무로 승진시켰다.

프라나브 상무는 지난 2009년 미국 MIT 테크놀로지리뷰가 선정한 '세계에서 가장 영향력 있는 젊은 과학자' 35명 가운데 한 명으로 꼽혔을 만큼 이미 유명세를 떨친 인물이다.

1981년생인 그는 인도에서 주로 공부하고 성장했지만 2008년 미국 MIT 미디어랩으로 옮기면서 두각을 나타내기 시작했다. 그는 2003년까지는 인도 구자라트 대학에서 컴퓨터 엔지니어링을, 2005년까지는 봄베이 소재 인도기술협회 산업디자인센터에서 디자인을 공부했었다.

2005년부터 마이크로소프트 인도지사에서 일을 하다가 2008년부터 MIT 미디어랩으로 옮겼는데 그는 이 곳에서 손가락의 제스처만으로 현실세계와 디지털 세계를 연결해준다는 이른바 '식스센스(6th Sense)' 기술 관련 연구물들을 선보이면서 글로벌 IT 세계의 조명을 받기 시작했다.

특히 2009년 TED 컨퍼런스에서 공개한 식스센스기술이 유명세를 탔는데, 이는 손가락 제스처만으로 자신이 원하는 디지털 결과물들을 얻어낼 수 있게 해준다는 구상을 시연시켰다는 평가를 받으며 큰 화제를 모았다.

당시 그는 손가락으로 일일이 버튼을 누를 필요 없이 그저 손가락을 움직이는 것만으로 카메라와 스마트폰이 이를 인식하게 하는 등 이른바 '실생활을 곧장 디지털 세계로 연결시킨다'는 구상 아래, 4개의 손가락에 다른 색깔의 테이프를 붙인 채, 목걸이 형태의 카메라와 프로젝터가 달린 웨어러블 기기를 들고 나왔다.

> 그리고 손가락을 움직여 원하는 결과를 시연해보였다. 가령 두 손의 엄지와 검지로 네모 모양을 만들면 자동으로 사진이 촬영되고, 손바닥으로 벽을 치는 제스처를 취하면 방금 찍었던 사진이 그 곳에 비춰지는 식이었다. 또 그 사진을 옆으로 휙 던지는 시늉을 하면 이메일이 보내지기도 했다. 이후에도 그는 우리가 디지털 기기를 입력할 때 사용했던 마우스나 손의 터치 등을 대체하는 가상 마우스, 3차원 전자펜, 디지털 포스트 잇 등 다양한 연구 결과물을 선보였다.
> 결국 그의 연구에 주목한 삼성전자 실리콘밸리 연구소에 2012년 스카우트 됐으며, 이후 삼성전자의 스마트워치인 '갤럭시 기어' 개발 등에 참가했다. 그는 최근까지 연구소 내 리서치 싱크탱크팀을 이끌어왔으며, 갤럭시 기어 외에도 360도 3차원 영상 촬영 카메라 등 삼성전자의 신개념 혁신 UX(사용자 경험) 개발에 참여하고 있다.
> 업계에서는 프라나브 상무의 부각에서도 드러나듯, 삼성이 앞으로 이런 고감도 인체 친화형 단말기 개발에도 상당한 비중을 둘 것이란 관측을 내놓고 있다. 주력 제품인 스마트폰 시장 포화에다 또 부품 기술 범용화로 인해 후발업체들도 손쉽게 스마트폰을 만들 수 있게 되면서, 삼성전자로선 경쟁업체들이 쉽게 추격하기 어려울 차별화된 제품을 선보이는 것이 어느 때보다 중요해지고 있기 때문이다.
> 삼성은 "국적·인종·연령·연차를 불문하고 해당 분야에서 탁월한 실적을 거둔 인력들을 발탁해 성과에 대한 보상 및 지속 성장의 기회를 제공할 것"이라고 밝혔다.
>
> (조선닷컴, 2014. 12. 04)

들고 무조건적으로 영입해서는 안된다. 우선 적합한 지식과 능력을 보유하고 있는지를 사전에 충분히 검토해야 한다. 이와 더불어 외부에서 경영자 영입을 성공하기 위해서는 더 이상 내부에서 성장해 온 사람만 갖고서는 조직이 변화할 수 없다는 공감대가 형성되어야 한다.(그림 참조)

시장진입 초기의 기업이나 대대적인 조직혁신을 필요로 하는 기업을 제외한 대부분의 해외 선진기업도 내부에서 임원을 확보·육성하는데 초점을 두고 있다.

임원 선발 및 승진 사례 : 어세스먼트센터

● **고위공무원단, 과장급 임용 시 적용**

'공무원은 철밥통이다'라는 말은 예전의 말이 된지 이미 오래되었다. 공무원도 이제는 철저히 평가되고 있다. 대표적인 공무원 평가는 어세스먼트센터이다. 우리나라 중앙정부 부·처에서 임원격인 국장·실장(2006년부터 '고위공무원단'이라 함)이 되려면 이 평가를 통과해야 하기 때문이다. 어세스먼트센터는 2006년 7월 1일 고위공무원단 제도를 시행하면서 처음 도입된 이래로 공무원 임용령이 계속된 개정을 통해 공공기관 승진 평가기법으로 자리를 잡아가고 있다. 공무원 임용령 제10조의 3(역량평가(어세스먼트센터)의 실시 및 활용)에 근거를 두고 있다.

> ① 소속 장관은 공무원이 직무를 성공적으로 수행하기 위하여 필요한 능력과 자질(이하 "역량"이라 한다)을 설정하고 이를 기준으로 소속 공무원을 평가(이하 "역량평가"라 한다)하여 승진임용·보직관리 등 인사관리에 활용할 수 있다. 다만, 제2조 제3호 가목에 따른 기관이 과장 및 이에 상당하는 보고·보좌기관(3급 또는 4급에 해당하는 직위를 말하며, 이하 "과장급 직위"라 한다)은 역량평가를 통과한 사람으로 임용하여야 한다. 제2조 제3호 가목에서 기관이란 중앙행정기관의 부·처·청, 대통령경호처, 감사원, 방송통신위원회, 국무조정실, 공정거래위원회, 금융위원회 등을 말한다.

지방공무원임용령 제8조의 5에서도 '역량평가의 실시 및 활용'의 근거를 두고 있다.

> ① 지방자치단체의 장은 소속 공무원이 직무를 성공적으로 수행하기 위하여 필요한 능력과 자질(이하 "역량"이라한다)을 설정하고 이를 기준으로 소속 공무원을 평가(이하 "역량평가"라 한다)하여 승진임용·보직관리 등 인사관리에 활용할 수 있다.
> ② 교육부장관 또는 행정자치부장관은 역량의 설정, 역량평가 기법의 개발, 역량평가자 및 역량평가대상자에 대한 교육훈련 등 필요한 사항을 지원할 수 있다.
> ③ 지방자치단체의 장은 역량평가의 실시를 교육부장관 또는 행정자치부장관에게 위탁할 수 있다.
> ④ 제1항 및 제2항에 따른 역량평가의 실시, 지원 등에 필요한 사항은 교육부장관 또는 행정자치부장관이 정한다.

고위공무원단 및 과장급 임용시 활용될 역량평가 항목 6개로 구성되어 있다. 고위공무원단 역량평가는 문제인식, 전략적 사고, 성과지향, 변화관리, 고객만족, 조정 및 통합이다.(표8 참조) 과장급은 정책기획, 조직관리, 성과관리, 의사소통, 이해관계 조정, 동기부여이다. 이들 역량평가 항목은 In-basket, Role-play, Interview, Group-discussion, Case study 등의 다양한 평가기법을 활용하여 역량을 평가한다.

표8. **공위공무원단 및 과장급 역량평가 항목**

고위공무원단		과장급	
평가항목	내용	평가항목	내용
문제인식	정보의 파악 및 분석을 통해 문제를 적시에 감지 및 확인하고 문제와 관련된 다양한 사안을 분석하여 문제의 핵심을 규명	정책기획	다양한 분석을 통한 현안파악 및 개발하고자 하는 정책의 타당성 검토를 통해 정책실행을 위한 최적의 대안을 모색하여 제시하는 역량
전략적 사고	장기적인 비전과 목표를 설정하고 이를 실행하기 위한 대안의 우선순위를 명확히 하여 추진방안 확정	조직관리	전체 조직구조 및 각 조직 간의 상관관계를 고려하여 업무달성을 위한 계획 및 자원을 확보하고 최대의 성과를 발휘하도록 조직화하는 역량
성과지향	주어진 업무성과를 극대화하기 위한 다양한 방안을 구축하고, 목표달성 과정에서도 효과성과 효율성 추구	성과관리	정책결과로 발생하는 행정서비스 질을 극대화하기 위한 목표를 수립하고 실제 업무수행 과정에서 목표와 과업을 완수하는데 지속적으로 관리·공유하는 역량
변화관리	환경변화의 방향과 흐름을 이해하고, 개인 및 조직이 변화상황에 적절하게 적응 및 대응하도록 조치	의사소통	무관심, 의도적 저항, 불신, 타성, 비협조 등 조직 내·조직 간 발생하는 다양한 갈등을 파악하고 적극적으로 갈등당사자 간의 원만한 해결을 유도하는 역량
고객만족	업무관련 상대방을 고객으로 인식하고 고객이 원하는 바를 이해하고 고객의 요구를 충족시키려 노력	이해관계 조정	공동의 목적으로 위해 다양한 이해관계자 간의 갈등을 해결하고 협력적인 업무관계를 구축·유지하는 역량
조정 및 통합	이해당사자들의 이해관계 및 갈등상황을 파악하고 균형적 시각에서 판단하여 합리적인 해결책 제시	동기부여	부하직원들이 같은 조직의 구성원으로서 자발적인 노력과 적극적인 자세로 업무를 잘 수행할 수 있도록 격려하고 힘을 북돋아 주는 역량

● **SK, KT 등 대기업 적용**

우리나라 대기업에서도 어세스먼트센터를 도입하고 있다. 1980년대 포스코그룹이 일본에서 역량평가를 도입해 오면서 대기업에서 처음으로 역량평가가 소개되었으며, 2000년대 초반 SK그룹이 도입하면서 역량평가가 본격적으로 운영되기 시작하였다. 이후 KT, 한화그룹 등에서도 임원선발을 위한 평가기법으로 어세스먼트센터를 활용하였다.

KT는 부장급을 대상으로 하여 어세스먼트센터를 도입하였다. KT는 9개의 역량을 평가하기 위하여 어세스먼트센터를 집단토론, 프레젠테이

표9. KT의 역량항목과 시뮬레이션 기법

역량 및 평가기법	집단토론	프레젠테이션	서류함 기법	역할연기	면접
의사소통	O	O			
고객지향	O		O		O
비전제시			O	O	O
조정 및 통합	O		O		
결과지향		O			O
전문가 의식					O
혁신주도		O	O	O	
문제인식·이해				O	
전략적 사고	O	O			O

표10. KT의 시뮬레이션 운영계획

프로그램	예상시간	세부 예정시간	내용
집단토론	90분	40분	준비시간(주어진 과제를 파악)
		50분	사회자 회의진행으로 피평가자 간 토론
프레젠테이션	70분	40분	준비 및 보고서 작성
		10분	발표
		20분	질의 및 응답
서류함 기법	80분	40분	준비시간(주어진 과제를 파악)
		40분	서류함 면접
1:2 역할연기	70분	30분	준비시간(주어진 과제를 파악)
		40분	평가자와 상호작용 및 역할수행
면접	70분	40분	준비 및 보고서 작성
		30분	면접(Q&A)

션, 서류함 기법, 1대2 역할연기, 면접 등 5개 시뮬레이션으로 구성했다. 각 시뮬레이션은 70~90분이 소요된다.(표9·10 참조)

● Google의 임원 선발방법 및 절차

구글은 혁신적 사고, 리더십 역량, 팀워크, 문화 적합성을 중점적으로 평가하여 임원을 선발한다. 구글의 임원 선발방식은 철저한 데이터 분석과 다각적인 평가를 통해 적합한 리더를 발굴하며, 선발된 임원이 회사의 전략적 목표에 기여할 수 있도록 보장한다.

1) 구글 임원 선발의 기본원칙

구글 임원 선발은 첫째, 객관적인 데이터와 구조화된 평가방식에 기반한다. 객관적인 데이터를 통해 후보자의 과거 성과, 리더십 스타일, 팀 관리능력 등을 분석한다. 둘째, 구글의 임원은 '핵심 리더십 원칙'과 문화(협업, 혁신, 고객 중심)에 부합해야 한다. 셋째, 구글 임원평가는 단순히 1명의 평가자가 아닌, 여러 이해관계자가 참여하여 다양한 관점에서 후보자를 평가한다. 넷째, 구글은 내부 후보자를 우선적으로 고려하되, 필요한 경우 외부 전문가도 적극 영입하는 '내부 육성과 외부 채용의 균형'을 유지한다.

2) 임원 선발 절차

구글 임원 선발은 7단계로 이루어진다. 1단계는 후보자 발굴이다. 이때 내부 후보자를 우선적으로 검토하다. 2단계는 초기 서류심사를 한다. 3단계는 인터뷰이다. 인터뷰는 구조화되 인터뷰와 다중 라운드 인터뷰로 구성된다.

4단계 사례분석과 시뮬레이션을 통하여 구체적인 행동이나 문제해결 역량을 파악한다. 5단계 문화적 적합성과 리더십을 평가한다. 6단계 레퍼런스 체크를 한다. 전 직장 동료·상사·부하로부터 리더십, 의사결정 등을 파악한다. 7단계는 1단계에서 6단계까지의 데이터를 종합하여 최종 판단과 결정을 하는 단계이다.

구글은 이러한 다단계 선발절차를 통하여 혁신적인 사고, 리더십 역량, 팀워크, 문화 적합성을 보유한 임원을 선발한다.(표11 참조)

3) 구글 임원 선발 성공 사례

구글은 7단계의 임원 선발절차를 통하여 철저한 검증을 하고 이를 통과한 후보자를 선발한다. 이러한 절차를 통하여 선발한 대표적인 임원이 있다. 순다 피차이(Sundar Pichai)는 내부 육성을 한 대표적인 사례이다. 현재 순다 피차이는 Alphabet CEO이다. 피차이는 초기 크롬 브라우저 프로젝트의 성공을 통해서 성과를 입증했다. 즉, 리더십 역량과 기술적 이해를 인정받아 부사장으로 승진했다. 다단계 평가와 레퍼런스 체크를 거쳐 CEO로 발탁되었다. 피차이의 선발은 구글의 내부 리더십 육성이 얼마나 체계적인지를 보여주는 좋은 사례이다.

루스 포랏(Ruth Porat, CFO)은 외부 영입의 성공적인 사례이다. 모건스탠리의 CFO로 근무하며 뛰어난 재무관리 및 리더십을 보여주었다. 구글은 외부 후보자로 루스를 지목하고 철저한 인터뷰와 사례분석을 통해 그의 역량을 평가했다. 즉, 사례분석에서 글로벌 시장으로의 확장 전략과 재무구조 개선 아이디어를 제안하여 높은 점수를 받았다. 최종적으로 CFO로 임명, 구글의 재무적 안정성과 성과에 기여하고 있다.

표11. 구글 임원 선발 단계별 내용

선발단계	단계별 주요 내용
〈1단계〉 내부후보 발굴 및 외부 채용	• 내부 발굴: 구글은 후계자 계획(Sussessing Planning)을 통해 내부 인재를 육성하고 임원 후보를 선발한다. 내부성과 리뷰, 리더십 개발 프로그램 참여자를 통해 임원 후보를 선발한다. • 외부 채용: 헤드헌팅 및 네트워크를 활용하여 외부의 혁신적인 리더를 탐색한다. 외부 후보자의 성과데이터와 경력을 심층 분석한다.
〈2단계〉 초기 서류심사 및 검증	• 초기심사: 후보자의 이력서와 성과데이터를 바탕으로 구글의 요구조건에 부합하는지를 평가한다. 리더십 경험, 산업 내 성과·기술적 이해도를 평가한다. • 검증과정: 외부 후보자의 경우 과거 경력 및 프로젝트를 철저히 검증한다. 내부 후보자는 최근 성과리뷰와 동료피드백을 분석한다.
〈3단계〉 인터뷰 프로세스	• 구조화된 인터뷰: 인터뷰는 미리 정해진 질문과 평가기준 기반 진행한다. 'STAR(상황·과제·행동·결과)기법'을 활용해 후보자의 과거 경험과 성과를 평가한다. 예를 들어 "팀의 저성과 문제를 해결했던 사례를 이야기해 주세요", "이전 직장에서 조직변화를 성공적으로 이끈 경험이 있나요?" • 다중 라운드 인터뷰: 임원 리더십팀·동료·부하직원, 최고경영진 등이 참여하는 다단계 인터뷰를 한다. 각 라운드마다 다른 평가기준 (리더십, 협업, 기술적 적합성 등)을 적용한다.
〈4단계〉 사례분석 및 시뮬레이션	• 실제 사례분석: 후보자에게 구글에서 직면할 수 있는 비즈니스 문제를 제공하고 해결방안을 제안하도록 요구한다. 예를 들어 "검색광고 매출이 감소할 경우, 이를 해결하기 위한 전략을 제시하세요" • 리더십 시뮬레이션: 가상팀을 운영하거나 위기상황을 해결하는 시뮬레이션을 통해 의사결정능력과 협업기술을 평가한다.
〈5단계〉 문화 적합성 평가	• 구글 핵심가치와의 일치 여부: 구글은 후보자의 가치관이 회사의 문화(협업, 고객 중심, 지속가능성)와 부합하는지 평가한다. • 직원 피드백: 동료나 부하직원 후보자와의 가상 대화를 통해 상호작용을 평가한다. 예들 들어 "이 후보자와 함께 일하는 것이 기대되는가?"와 같은 질문으로 팀 적합성을 확인한다.
〈6단계〉 레퍼런스 체크	• 후보자의 과거 동료·상사·부하직원에게 레퍼런스를 요청한다. 예를 들어 "이 후보자는 복잡한 프로젝트를 어떻게 관리했나요?", "이 후보자가 어려운 상황에서 팀을 어떻게 이끌었나요?" • 비공식적 네트워크를 통해 업계 평판도 검토한다.
〈7단계〉 최종 평가 및 의사결정	• 최종 후보자는 임원 리더십 팀과 CEO의 최종 리뷰를 거친다. • 모든 인터뷰 및 평가 데이터를 기반으로 종합 점수화한다. • 필요시 이사회 승인을 확인한다. 일부 고위 임원직은 이사회의 검토 및 승인을 거쳐 최종 확정한다.

참고문헌

- 조선닷컴 2014년 12월 4일
- 한국경제 2006년 1월 25일, 2월 24일
- E. Crowley, Making CEO selection work, Feb. 2004, Directorship, p.14
- Herbert G. Heneman III & Robert L. Heneman, Staffing Organizations
- James J. Hoffman, Marc J. Schniederjans, Terrence C. Sebora, A Mult-objective Approach to CEO Selection, INFOR Vol. 42, No. 4(2004), p.237~253
- Mark H. Jordan & Mike Schraeder, Executive selection in a government agency, public personnel management, 2003. Vol. 32, No. 3, p.357
- Paul M. Swiercz & Souha R. Ezzedeen, From Sorcery to Science : AHP, a Powerful New Tool for Executive Selection, Human Resource Planning, p.16~25
- Goleman, D., Emotional Intelligence; Why it can matter more than IQ, 1999, London; Bloomshury
- Cottrell, S., Skill for success, 2003, New York: Palgrave Macmillan
- HBR, '맥락'과 '상황', 임원 채용의 성패를 가른다. 2017년 9_10월(합본호)

| 제4장 | 임원 리더십과 임원 육성

임원 리더십과 임원 육성
임원 리더십의 중요성
리더십 이론 변천
임원 육성체계 및 방법
임원 육성을 위한 액션러닝
임원 육성을 위한 코칭프로그램
임원 육성을 위한 DC

STEP 04

임원 리더십의 핵심은 리더십 스타일이나 스킬이 아니라 인간 본연의 품성에 있다. 임원은 수많은 구성원을 고무시키고 동기부여 하여 조직의 사명과 목표를 함께 달성해야 한다. 경영자나 임원이 기본적 품성 없이 자신의 지위나 권력을 남용하거나 구성원이 가지고 있는 인간의 주체성·창조성을 무시하는 행동은 조직의 사명이나 목표를 달성할 수 없다.

임원 리더십의 중요성

　시장경제에 기초한 무한경쟁과 이윤추구 행위를 기반으로 한 현대 자본주의는 21세기에 접어들면서 기대와 달리 시장이 제 기능을 하지 못하는 조짐을 보이고 있다. 독과점과 같은 시장의 역기능을 이용, 탐욕을 채우려는 경영자들이 등장하였다. 이들은 회사 내부정부의 비대칭성을 이용하여 장부를 조작하는 방식으로 이윤을 부풀리기도 했다.
　그러면 기업의 이미지를 관리해야 하는 경영자나 임원은 어떠해야 하는가? 가장 기본적으로 지녀야 할 소양은 무엇인가를 생각하게 된다. 그것은 화려한 스펙도 아니고 뛰어난 능력도 아니다. 바로 인간 본연의 품성인 것이다.
　왜냐하면 경영자나 임원은 수많은 조직구성원을 고무시키고, 동기부여하게 하여 조직의 사명과 목표를 함께 달성해야 한다. 이런 위치에 있는 경영자나 임원이 기본적 품성 없이 자신의 지위나 권력을 남용하거나 조직구성원이 가지고 있는 인간의 주체성·창조성을 무시하는 행동은 조직의 사명 및 목표를 달성할 수 없다.

2016년 ATD 국제 컨퍼런스(Association for Talent Development International Conference & Exposition) 10개 트랙(Tracks) 가운데 리더십 개발 트랙의 주제가 46개로 가장 많았다. 이는 리더십의 중요성을 잘 보여준다. ATD 리더십 세션에서 뛰어난 리더의 특성을 다음과 같이 강조했다. 뛰어난 리더는 첫째, 조직의 문화를 만들어 내며 둘째, 우수한 인재를 유입하고 조직에 머물게 한다. 또한 뛰어난 리더는 생산성과 수익성을 향상시킨다.

리더십 이론 변천

● 리더십 스타일과 리더의 성품

지금까지 알려진 변혁적 리더십, 카리스마 리더십, 리더십 상황이론, 리

표1. 리더십 이론의 변천

구분	리더특성 이론	리더십 유형이론	상황이론	변혁적 리더십
연도	1940년대	1950년대	1960년대	1980년대 이후
주요 이론	Leader's Traits	PM이론, Managerial Grid 이론 등	피들러의 Contingency 이론	Transformational Leadership 이론
배경	리더 개인 특성 관심 - 배경·성격·지능 등	효과적 리더유형 - 관계중심 과업중심	부하 성숙도 따라 리더의 성과 차이	기업 외부환경, 지속적 학습과 변화 필요, 직원 참여
리더 요건	출신학교·판단력· 자신감·대인관계 등	관계: 배려·관심·신뢰 과업: 과업·목표·성과	부하 특성(성숙정도) 따라 차별적 리더십 요구(지시·참여·자율)	비전제시, 지적자극 및 학습동인 제공, 개인적 배려

더행동 이론, 특성이론, 슈퍼 리더십, 민주적 리더십 등에서는 리더십 스타일이나 스킬을 강조한다. 시대적으로 보면 1930년대에서 1940년대는 리더십 특성이론으로 성공적인 리더 개인특성을 강조하였다.

1950년대에는 어떤 리더가 가장 효과적인가? 즉 리더십 유형이론이 시대적으로 조명되었다. 여기서 과업중심 리더가 효과적인가? 구성원과의 관계를 중시하는 리더가 더 효과적인가를 연구하였다.

이후 많은 경영이론에서 조직이 처한 상황을 고려하기 시작하여 리더십 이론은 리더 개인의 특성이나 리더십 유형만 강조할 수 없었다. 이와 같은 배경에서 1960년대에는 상황을 고려한 효과적 리더십이 주장되었다. 이를 '상황이론'이라 한다.

1980년 이후 기업의 경쟁이 치열해지는 등 외부 환경변화와 동시에 조직 내부 구성원의 지적 요구도 증대되었다. 따라서 효과적인 리더는 조직 내부 구성원의 지적 자극과 학습을 강조하고, 이를 통하 외부 환경에의 적응을 강조할 수 있는 요건을 가져야 했다. 이를 '변혁적 리더'라 한다.

<표1>에서는 1930년대 이후 리더십 이론의 변천을 나타내고 있다. 구체적으로 현대와 같은 불확실성의 시대에서 기업을 경영하는 경영자나 임원은 경쟁자는 물론 기술발전을 이해하고 이에 적합한 비전을 제시하여야 함은 물론 조직구성원의 성장과 발전을 지원할 수 있어야 한다.

또한 밀레니얼(Millenials) 세대의 등장 및 이에 대한 이해도 리더의 성공여부를 결정하는 중요한 변수 가운데 하나로 등장하고 있다. 이들은 기성세대와 다른 독특한 가치관을 가지고 있다. 조직을 이끌어 가야 하는 임원은 이미 조직구성원의 30~40% 이상을 차지하고 있고, 2020년엔

50%를 차지할 밀레니얼 세대를 이해하고 이들과 공감할 수 있는 리더십을 발휘하여야 한다.(표2 참조) 이러한 시대적 요구조건들을 고려할 때 임원은 〈그림1〉과 같은 요건을 갖추어야 할 것이다.

〈그림2〉는 리더가 조직의 원활한 운영과 성과향상을 위하여 구체적으로 어떤 스킬을 습득해야 하고, 또한 어떤 행동을 하여야 하는가를 제시하고 있다.

하지만 최근 일부 경영자나 임원들이 보인 작태를 보면, 임원 리더십의 핵심이 리더십 스타일이나 스킬이 아니라 '인간 본연의 품성'에 있다고 할 수 있다. 2004년 미국 갤럽이 주최한 네브래스카 리더십 컨퍼런스에서 리더십에 대한 새로운 패러다임이 필요함을 제기했다.

여기에 모인 학자들과 실무자 및 운영자들은 지금까지 리더십 이론과 프로그램이 리더의 스킬만을 강조했음을 지적하였다. 리더십이 이윤극

표2. 세대별 미국 노동인구 비율

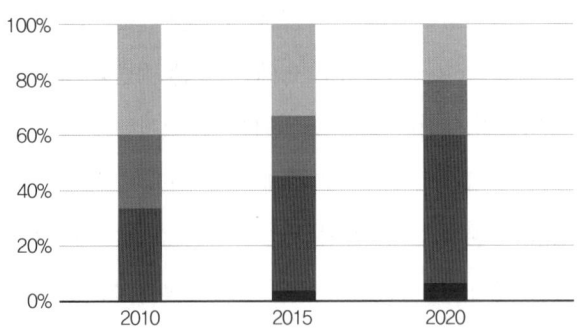

자료출처·Bureau of Labor Statistics, Business and Professional Women's Foundation

대화에 눈이 먼 자본가들의 탐욕을 채워주는 도구로 이용되어 왔다는 것이다. 컨퍼런스 참가자들은 자본가들의 이러한 탐욕으로부터 선량한 종업원을 해방시키기 위해서는 기업이 부를 축적해야만 하는 신성한 이유, 즉 기업의 미션(Mission)을 되찾아야 한다고 주장했다. 조직의 잃어버린 사명을 되찾아 구성원이 가슴 뛰는 삶에 몰입할 수 있도록 임파워시키는 리더십이 필요하며, 이를 위하여 구성원과 함께 할 수 있는 품성이 기본적으로 요구된다.

이와 같은 시대적 조류를 반영, 등장한 개념이 '진성 리더십(Authentic Leadership)'이다. 진성 리더십의 핵심은 리더의 스타일이나 스킬이 아니라 품성이 중요하기 때문에 '진정성 있는 품성을 갖춘 리더'라는 의미로 '진성(眞性) 리더십'이라 명명하였다.

아무리 뛰어난 리더십 스킬과 스타일도 그 뿌리가 품성에까지 내려지

그림1. **리더가 갖추어야 할 요건**

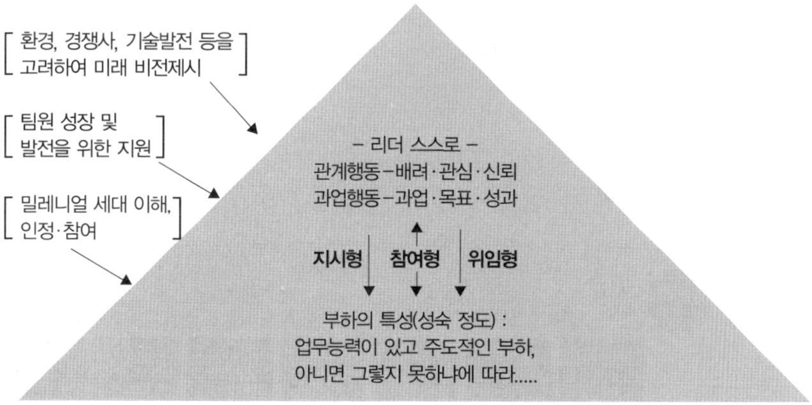

[환경, 경쟁사, 기술발전 등을 고려하여 미래 비전제시]

[팀원 성장 및 발전을 위한 지원]

[밀레니얼 세대 이해, 인정·참여]

- 리더 스스로 -
관계행동 – 배려·관심·신뢰
과업행동 – 과업·목표·성과

지시형 | 참여형 | 위임형

부하의 특성(성숙 정도) :
업무능력이 있고 주도적인 부하,
아니면 그렇지 못하냐에 따라……

지 않으면 영원할 수 없다. 이러한 리더십은 일순간 나타났다 시간이 흐르면 사라지는, 유행과도 같은 유사 리더십(Pseudo Leadership)이다.

● 진성 리더십

  진성 리더십에 대한 개념은 2004년 네브래스카-링컨대학의 컨퍼런스, 2005년 Leadership Quarterly 특집호에서 그 개념과 구성요소를 상세히 제시하고 있다. 진성 리더란 자기 스스로 인지하고 자신이 가진 가치와 감성 등에 일치되도록 행동하며 윤리적이고 투명한 의사결정에 따라 행동하는 리더를 말한다. 특히 리더의 긍정적인 측면이 부하직원에게도 역할모델링을 통해 전이될 수 있다는 점에서 다른 리더십과 구별된다.

  리더라고 하는 공식적인 영향력을 통해 부하직원의 변화를 강조하던 기존 리더십과 달리 리더 자신의 신념과 가치를 중시하고, 이러한 모습

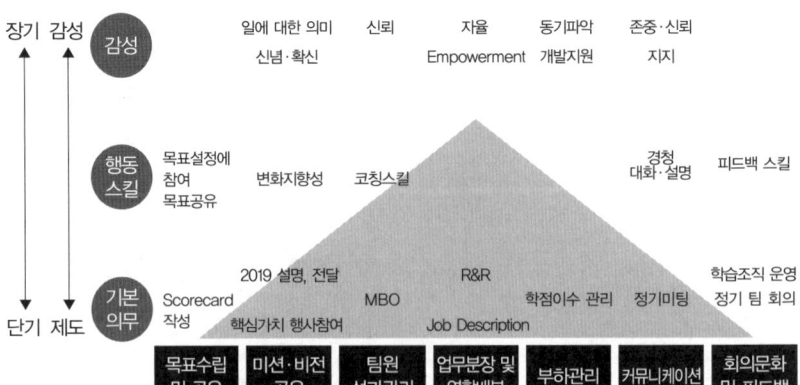

그림2. 리더십 개발 방향

이 모델링을 통해 부하직원에게도 그대로 긍정적인 영향을 미친다고 하는 특징을 갖고 있기 때문이다.

결국 진성 리더는 조직 공동의 가치와 목적을 중심으로 구성원을 한 방향으로 모으고 그들 스스로 목표를 달성할 수 있도록 진정성을 가지고 이끌어주는 사람인 것이다. 그러한 의미에서 리더는 자신이 발휘하는 스타일이나 스킬, 행동이 아닌 개인과 조직의 사명을 중시하는 참된 품성을 가진 진정성 있는 리더, 진성 리더가 되어야 할 것이다.

이와 같은 진성 리더십을 구성하는 하위요소에 대해서는 학자마다 조금씩 다르게 구분하지만 일반적으로 자아인식과 자기규제를 대표적인 속성으로 보고 있다. 진성 리더는 자아인식을 통해 자신의 가치·정체성·감정·동기·목표 등을 정확히 인지하고 부하직원의 피드백을 기꺼이 받아들임으로써 그들에게 영향력을 행사한다.

또한 자신의 신념과 일관된 행동을 보임으로써 현재의 자아와 미래 자아 사이의 간격을 줄이도록 노력하는 자기규제의 속성을 가지고 있다. 이를 바탕으로 윤리적인 기준에 따라 소신있는 의사결정을 내리고 부하직원의 의사결정도 함께 유도한다.

무엇보다 자기규제의 속성을 내재화된 도덕적 관점, 관계적 투명성 그리고 균형된 정보처리로 분류하여 부분별로 측정하기도 하였다. 진성 리더는 내재화된 도덕적 관점에 따라 자신의 신념과 일관된 행동을 보이고 윤리적인 기준에 의해 행동한다. 부하직원도 소신있는 의사결정을 할 수 있도록 유도한다.

이러한 관계적 투명성을 기반으로 자신들의 실수를 받아들이고 부하직원의 이야기를 솔직하게 이끌어내며 자신의 감정표현에도 매우 솔직하다. 균형된 정보처리를 통해 자신과 부하직원의 견해도 주의깊게 받아들이면서 이를 최종 의사결정에 반영하는 특징을 갖고 있다.

이에 진성 리더의 긍정적성이 전이되어 부하직원도 진정성을 가진 팔로워(Follower)가 되어 긍정적인 행동과 태도를 보이게 된다. 종국에는 리더 자신도 스스로에게 떳떳할 수 있는 리더가 될 뿐 아니라 부하직원의 진정성 있는 성취까지도 돕게 되는 것이다.

● **공감 리더십**

신종 코로나바이러스 감염증(코로나19)는 일터의 속사정도 바꾸었다. 전염병으로 사랑하는 친구·가족을 떠나보냈다. 건강과 안전에 위협을 느끼고 경제적 위기글 겪은 사람들은 코로나19 이전과는 다른 심리상태와 마음가짐으로 직장으로 출근하고 있다. 전례없는 불확실성에서 비롯된 걱정과 불안, 소외감, 피로가 조직 곳곳에 스며들었다. 이러한 상황에서 리더는 어떤 행동을 취해야 할까? 지금이 어느 때 보다 공감이란 자질이 필요하다.

최우재 등(2018)은 4차 산업혁명 시대에 요구되는 새로운 리더십에 대해서 연구한 결과, 학계에서는 창의성과 인간존중을, 산업계에서는 이슈창안과 공감을 가장 중요하게 인식하고 있다고 밝혔다.

공감이란? 함께, 똑같이 느끼는 것이다. 이성적 접근이 아니라 감성적으로 접근하여 감성을 공유하는 것이 공감이다. 좋고, 싫고, 기분 나쁘고, 기분 좋은 그대로를 같이하는 것이다. 공감은 놀라운 효과를 발휘

한다. 첫째, 공감을 통해 기운, 에너지를 교류할 수 있다. 이성은 존재가 없지만, 감성은 물질이요 호르몬이며, 에너지고 기운이다. 그래서 공감을 통해 인간과 인간, 집단과 집단 사이에 놀라운 기운, 에너지가 넘쳐흐른다. 둘째, 공감은 경계를 허물고 원만한 교류를 가능케 한다. '같은 편' '같은 입장'이 됨으로써 경계심이나 반발심이 눈 녹듯 사라진다. 셋째, 공감하려는 태도 속에 배려와 헌신, 상호 존중의 덕목이 발휘된다. 상대방을 이해하고 도우려하며, 자기 못지않게 존중한다. 넷째, 부정적 감성이 사라지고 차이가 극복되며 공통분모가 많아진다. 나눔의 셈법 대신에 덧셈의 셈법이 등장한다.

MS CEO인 사티아 나델라의 리더십 요체 역시 공감이다. 그는 채찍과 당근보다 공감을 앞세워 조직원들의 마음을 얻는 CEO로 유명하다. 직원들을 개별적으로 만나 "회사와 함께 가자"고 설득하고, 조직의 발전이 곧 개인의 발전이라는 믿음을 심어주기 위해 노력한다. 그는 "공감 능력이야말로 리더의 가장 중요한 덕목"이라고 강조한다. 구성원들의 자신감을 키워준다는 이유에서다. 나델라의 리더십은 개인적인 불행에서 비롯됐다. 뇌성마비를 안고 태어나 목조차 제대로 가누지 못하는 장남을 키우며 공감 능력을 키운 것이다. 나델라는 "아이들에게 공감하는 아버지가 되고 싶다는 열망, 그리고 상대방이 깊은 마음을 이해하고 싶다는 열망을 품은 덕분에 나는 더 나은 리더가 될 수 있었다"고 말한다.

4차 산업혁명의 선도기업 중 하나로 꼽히는 기업이 아마존이다. 아마존은 회사 차원에서 14개의 리더십 원칙을 가지고 있는 것으로 유명하다. 고객에 대한 집착(Customer Obsession), 주인의식(Ownership), 리더는 대부분 옳다(Are right, A lot), 크게 생각하라(Think Big) 등이다. 아마존 창업자이자 최고경영자(CEO)인 제프 베이조스는 CNBC와의 인터뷰에서 14개 원칙 중 최고 원칙으로 '리더는 대부분 옳다'를 꼽은 바 있다. 그러면서 "훌륭한 리더들은 대부분 옳게 행동한다. 우리가 항상 옳을 수는 없겠지만, 계속 연습하다 보면 더 자주 옳을 수 있다"고 강조했다. 베이조스는 옳게 행동하는 것을 어떻게 연습하느냐는 질문에 "우선 남의 말을 많이 듣고, 필요하다면 기꺼이 자신의 생각을 바꾸라"고 답했다. 자신의 믿음에 너무 얽매이지 않고 여러 가지 관점을 보고 더 큰 그림을 이해할 수 있는 능력을 기르는 것이 올바르게 생각하고 행동할 가능성을 높여준다는 설명이다. 소통과 경청, 공감의 리더십을 강조한 셈이다. 실제로 베이조스는 '그림자(Shadow)'라 불리는 조언자를 곁에 두고 중요한 결정 전에 의견을 듣는 것으로 유명하다.

● 이 시대의 공감 리더, 마이크로소프트 사티아 나델라

사티아 나델라, 그는 마이크로소프트(MS)를 시가총액 2조 달러 클럽에 가입시켰다. 수년간 슬럼프를 겪었던 MS의 중흥을 이끈 장본인이다. MS는 모바일 기반의 애플과 구글, 클라우드 기반의 아마존이 시장을 장악하는 동안 창업자인 빌 게이츠가 만든 '과거의 영광'인 PC OS 윈도에서 헤어나지 못했었다.

사티아 나델라는 '모바일 퍼스트' '클라우드 퍼스트'를 외치며 과거 PC에 머물렀던 폐쇄적 회사룰 개방했다. 사티아 나델라는 치열한 내부경쟁과 엘리트주의에 빠져 있다고 비난받아온 MS의 조직문화를 개방적이고, 융합적인 문화로 바꿨다. 발머가 CEO로 재임한 기간 43% 하락한 주가는 2014년 사티아 나델라 취임 이후 600% 이상 급등하는 반전을 했다.

사티아 나렐라는 경쟁 보다는 협력과 융화를 강조했다. 조직내 부서간 협력뿐만 아니라 경쟁업체와의 협업, 소비자 이해도 강조했다. 사티아 나델라는 취임하자마자 기존의 경쟁 중심 상대평가를 절대평가로 바꾸었다. 실적 중심의 평가 대신 자신이 다른 직원에게 어떠한 도움을 주었는지? 또 다른 사람으로부터 어떤 도움을 받는지? 등을 총체적으로 평가하는 '영향력' 중심의 평가를 도입했다. 마이크로소프트에는 상호 영향력, 상호호혜의 파트너십 문화가 있다. 누구나 언제 어디서든 성장할 수 있다는 '성장마인드셋(growth mindset)'을 기반으로 서로 서로의 일과 아이디어, 그리고 노력을 존중하고 활용한다 이를 기반으로 서로 서로의 성과를 올린다.

사티아 나델라는 조직 내 공감을 강조했다. 공감은 협력과 융화의 원천이다. 공감은 사티아 나델라의 경영철학을 대표하는 키워드이다. 2000년대 중반부터 10여 년간 침체기를 겪은 MS를 부활시킨 주역인 그는 뇌성마비 아들을 키우며 공감을 체득했고, "공감은 다양한 가치를 가진 직원들을 융화하도록 하면서 소비자를 잘 이해할 수 있도록 하는 요소"라고 강조한다. 언제부터인지 마이크로소프트의 모든 분들은 자신의 상처나 아픔을 동료 직원들과 나누는 것에 전혀 거리낌이 없다. 다른 사람의 보이지 않는 상처와 아픔에 대해 경청하고 공감하는 힘이 마이크로소프트의 상호 파트너십 문화를 만들었다.

사티아 나델라는 인도계 이민자 출신으로 다문화에 익숙한 배경을 가지고 있다. 이러한 개인 배경을 기반으로 장애와 성별 등 다양한 차별을 없애는 문화 역시 강조하는 것으로 알려지고 있다. MS에 개방성과 다양성 가치는 CEO인 사티아 나델라의 개인적 특성과도 일치한다. 이는 4차 산업혁명, AI 기반의 디지털 경영환경 변화에 조직을 혁신하고 부흥할 수 있는 밑바탕이 되었다.

임원 육성체계 및 방법

● **임원 육성의 목적**

대부분의 기업은 임원 육성의 중요성을 잘 인식하는 동시에 더 많은 투자와 노력을 기울이고 있다. 그러나 기대만큼 훌륭한 임원들을 배출해내는 경우는 드물다. 이러한 현상의 근본적인 이유는, 왜 기업에 임원 육성이 필요한지, 어떻게 육성해야 사업에 도움을 줄 수 있는 임원을 효과적으로 보유할 수 있는지를 제대로 알지 못하기 때문이다.

기업이 임원을 육성하는 근본 목적은 조직을 성공적으로 이끌기 위해서이다. 이를 위해 임원에게 필요한 지식과 스킬 등 리더십 역량을 개발하는 것이다. 미국의 저명한 경영학자인 로스웰(Rothwell)이 미국기업의 리더십개발 담당자에게 설문조사한 결과를 보면, 임원 육성의 목적은 매우 다양하게 나타난다.(표3 참조)

표3. **임원 육성 목적**

순위	임원 육성 목적
①	조직의 전략적 사업계획을 실행하는데 기여
②	관리나 통제 등과 관련된 정규적인 교육을 받지 못한 사람을 위한 인력관리 스킬 배양
③	승진 등으로 인해 더 많은 책임을 지게 된 사람 육성
④	환경적 변화에 대응할 수 있는 조직능력 향상
⑤	중간관리층의 생산성 향상
⑥	기술적 변화에 대응할 수 있는 조직능력 향상
⑦	승진대상 중간관리층 Pool 확보
⑧	조직구성원에 대한 일반적인 훈련기회 제공
⑨	잠재력이 풍부한 인력에 대해 더 많은 기회부여
⑩	조직구성원이 조직 내에서 경력개발계획을 마련하도록 도움 제공

자료출처·Rothwell, A Survey about Management and Leadership Development, The Pennsylvania State University

그 가운데 많은 기업이 가장 중요하다고 여기는 목적은 사업전략을 효과적으로 실행하기 위함이다. 전략의 본질은 현재를 비롯하여 미래의 경영환경 속에서 조직을 성공으로 이끌기 위해 갖춘 경쟁도구라는 점이다. 기업이 전략을 효과적으로 실행하기 위해서는 적절한 시기에 적절한 위치에서 지식과 스킬을 가진 임원이 기업을 경영하는 것이 필수요건이다.

결국 임원 육성의 가장 중요한 목적은 전략실행 과정에서 직면하게 될 도전적 상황 하에 미래의 잠재적 임원이 성공적으로 대처해 나갈 수 있는 지식과 스킬을 제공하는 것이다.

● 임원 육성방법 및 주요 프로그램

1) 직무부여 등을 통한 육성

리더십이 학습될 수 있는 것이라면 그 학습의 일차적 원천은 직무경험이다. 이는 결국 임원 개발의 핵심은 형식적 강의식 학습보다 직무경험이 되어야 함을 의미하는 것이다. 그럼에도 불구하고 이제까지 대부분의 기업에서는 어떻게 하면 직무경험을 경영능력 개발에 효과적으로 활용할 수 있을 것인지에 대해 상대적으로 무지하였다고 볼 수 있다. 개발에 유용하다고 알려진 직무경험들은, 예컨대 역경에 직면하게 하거나 새로운 미지의 영역, 낯선 것들과의 싸움 등이다.

전통적 강의식 형식학습에 대한 반성과 이를 타파할 대안이 2016년 ATD 국제 컨퍼런스에서 제시되었다. 즉 '70대 20대 10'의 원칙이다. '70대 20대 10'이란 학습의 70%는 '경험과 성찰을 통한 학습'이고, 20%는 '타인에 의한 의존학습(소셜러닝)'을 말한다. 그리고 학습의 10%는 '강사

주도의 형식학습'을 말한다.

　이와 같은 직무경험은 서로 다른 교훈을 주지만 그것들이 어떻게 개발에 영향을 미치고 개개인에게 무엇을 가르칠 수 있는지는 개인마다 다르게 나타난다. 이것은 같은 직무경험이 주어진다 하더라도 선험적 지식, 스타일이나 학습을 촉진하는 맥락 등에 따라 개인별로 다르게 학습될 수 있음을 시사해 준다.

　대부분의 사람은 경험으로부터 자동적으로 학습하지 않는다. 전혀 학습하지 못할 수 있고, 잘못된 교훈을 얻을 수도 있는가 하면 일부분만 학습할 수 있다. 이와 함께 유사한 경험의 반복은 학습을 저하시킨다. 유사한 직무나 기능부서 내에 장기간 근무케 하거나, 특정 제품에 대한 제한된 경험만을 쌓을 경우 폭이 좁은 경영자를 만들어 낼 수 있다.

　그러므로 바람직한 직무경험은 그 경험으로부터 제대로 배울 수 있는 사람에게 부여하고 그 직무경험이 줄 수 있는 내용을 올바로 학습하도록 지원하는 것이 당면과제가 된다.

　이러한 육성방식이 쉬운 것은 아니다. 어떤 직무경험이 임원 개발에 맞는지를 찾아내고 그 기회가 어디에 있는지, 바람직하게 학습할 수 있는 사람은 누구인지를 파악해야 한다. 또 적합한 사람에게, 적합한 직무경험을 하게 하여 효과적인 학습성과를 설정, 이를 촉진하기 위한 개입활동을 수행하는 것 등이 과제이다.

　임원을 특정한 장소에 일시 모아 놓고 일방적 강의로 지식이나 스킬 전달방식으로는 소기의 효과를 달성하는데 제한이 있다. 실제 직무경험을 중심으로 교육프로그램, 코칭 및 멘토링 등의 육성활동이 통합되어 있

는 육성 프로그램의 개발이 요구된다.(그림3 참조)

임원 육성을 위한 직무경험은 회사 전략에 근거하여 도출되어야 하며 활용될 수 있는 직무경험 유형에는 다음과 같은 것들이 있다.

① Job Assignment(직무배치)

사업전략과 연계되어 있고 전략목표 달성에 중요한 핵심직무 중심의 직무순환시키는 방식

② Special Project & TF Assignment(프로젝트 부여)

새로운 서비스, 제품 및 기술개발 등과 같은 단기적으로 달성해야 할 목표가 분명한 프로젝트 수행에 참여하게 하는 방식

③ Start-up(신규사업 임무부여)

신규 사업개발, 새로운 사업의 인수 및 합병 등 방향제시나 지시없이

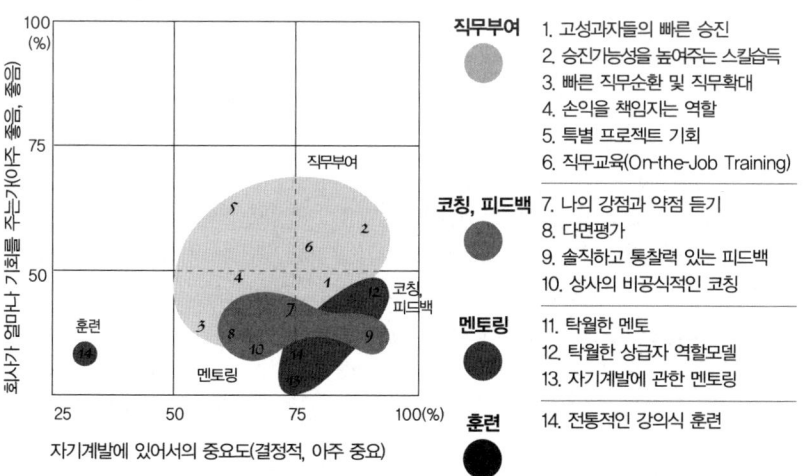

그림3. 인재개발 방법

자료출처: Michael, E., Hanfield-Jones, H., and Axelrod, B., 인재전쟁(최동석, 김성수 역), 세종서적

불확실성, 무경험을 극복하고 일을 완수해야 하는 능력을 육성하는 방식

④ Turnaround(사업전환책임 부여)

사업 및 조직을 Turnaround 시키는데 따르는 문제진단, 신뢰성 구축, 과감한 결단, 시스템 재설계 등과 같은 종합적인 경영관리 능력·리더십 육성기회 부여

● 사례 ● SK EMD 센터 개설

SK그룹이 글로벌 기업인 미국 GE의 최고경영자(CEO) 사관학교인 크로톤빌 연수원을 벤치마킹한 '한국판 크로톤빌'을 만든다. 즉 핵심임원 전문연수원인 'EMD센터'를 1994년부터 개관하고 본격 운영에 들어갔다.

1994년부터 국내 업계에서 임원 직급만을 대상으로 한 별도의 연수원이 설립된 것은 극히 이례적이다. 그룹 관계자는 "임원은 물론 전체 직원들을 대상으로 정기적·순환적 교육을 실시하는 다른 연수원과 달리 EMD센터는 미래의 CEO로 육성할 핵심임원을 선발해 각 분야의 경영역량을 개발토록 할 계획"이라며 "임원들의 경쟁력 극대화를 위해 EMD센터를 미국 GE의 '크로톤빌 연수원'에 필적할 만한 최고급 인재육성 기관으로 자리매김시킬 방침"이라고 밝혔다.

특히 "인사조직과 교육조직을 통합, 임원의 선발에서부터 역량개발, 교육 후 보직배치까지 EMD센터가 전담하게 된다"고 강조했다.

EMD(Executive Management Development) 센터는 그룹 전체 임원을 대상으로 역량진단과 개인별 역량개발 교육을 담당하게 된다. 임원들이 쉽게 교육받을 수 있도록 임직원 연수원인 SK아카데미연수원(경기 용인)과 떨어져 서울 을지로 영풍빌딩에 마련됐다. 프로그램 과정 중 크로톤빌의 EDC를 본 뜬 GEP(Global Executive Program : 글로벌 임원역량 개발과정)를 개설, 임원이 갖추어야 할 능력 및 자질요건을 집중적으로 양성하기 위하여 다양한 업무부여를 중심으로 체계적인 이동과 다양한 교육프로그램을 운영하고 있다. 또 강도높은 교육을 받은 뒤 역량개발 결과에 따라 보직을 받게 된다.

(한국경제신문, 2006년)

⑤ 직속상사·Role Model

스타일이나 어프로치가 서로 다른 상사에 노출되게 하거나 Role Model의 행동을 참고해 조직에서 가치를 두는 것이 무엇인가를 배우고 그러한 행동들의 결과를 관찰하는 방식

2) 교육훈련을 통한 육성

임원 육성에 있어 많은 회사가 도입하고 있는 방법이 교육훈련 프로그램이다. 임원 교육훈련 프로그램은 내부에서 진행하는 프로그램과 대학 등 외부 교육기관에 위탁하는 방식으로 구분된다. 내부 프로그램에는 신규 임원대상 교육훈련 프로그램과 기존 임원을 위한 프로그램이 있으며, 외부 교육프로그램은 각 대학이나 전문 교육기관에서 최고경영자 또는 임원 등 대상을 구분하여 진행되고 있다.

① 국내 주요 그룹의 임원 교육 프로그램

삼성을 비롯한 국내 주요 그룹의 임원 육성을 위한 교육프로그램은 세 가지 형태로 운영된다. 첫째, 신임임원을 위한 교육프로그램으로 임원의 자세나 태도를 중심으로 진행된다. 삼성그룹은 매년 1월 초에 5박6일 간 신임임원으로서 필요한 소양과 리더십을 교육한다.(표4 참조)

표4. 삼성그룹 임원교육

대상	시기	기간	주요내용
신임임원	1월 초	5박6일	임원으로서의 자세와 소양, 경영전략 공유
전체 임원	2월 초	1박2일	경영목표 공유, 경영혁신 강조('14년 마하경영 강조), 강연 및 분임조별 토의
사장	12월 말	1박2일	경영전략 수립
부사장(CEO 후보자)	연 2회	4주	미래 CEO 후보 양성을 위한 리더십 교육

LS그룹은 신임임원을 대상으로 3박4일 간 합숙교육을 진행하며, 대한항공은 신규임원을 대상으로 서울대 경영대와 공동개발한 '임원 경영능력 향상'MBA 과정을 이수하게 한다.

　둘째, 전체 임원 대상으로 매월 또는 분기별로 세미나 및 포럼을 진행하는 시기적으로 강조되는 이슈 혹은 주요 경영현안을 학습하게 하여 임원의 경쟁력을 지속적으로 향상시키고 있다. 현대그룹은 매월 첫째 주 화요일에 '비전포럼'을 시행하고 있다. 이 포럼은 2005년부터 시작하여 2014년까지 80회를 운영하였다. 비전포럼은 유명 교수나 강사의 초빙강연과 질의응답 형식으로 실시, 현대경제연구원이 주관하고 있다.

　LG그룹은 분기별 임원세미나를 개최하고 있다. 임원세미나에 사업전략 방향을 제시하고 조를 구분하여 토의를 진행한다.

표5. **경영자 교육프로그램**

교육기관		과정명
대학	국·공립대학교	서울대(바이오 최고경영자과정, 최고경영자과정(AMP)), 카이스트(최고경영자과정, 벤처 최고경영자과정, 지식최고경영자과정 등)
	시립대학교	연세대(최고경영자과정), 고려대(최고경영자과정(AMP), 서비스 최고경영자과정), 서강대(STEP), 성균관대(W-AMP), 한양대(최고경영자과정, e-CEO과정) 등
교육기관 및 협회	한국생산성본부	CEO 아카데미, 차세대 리더십, 글로벌 리더십
	한국능률협회	CEO 리더십과정, 경영자능력개발과정
	한국표준협회	상하이 CEO 포럼, 품질경영최고경영자과정, 최고경영자품질전략세미나, 하계 CEO 포럼, 골프리더십 등
	벤처협회	벤처 CEO 아카데미
	산업기술진흥회	일본기업기술경영, 벤치마킹연수단, 와세다 대학 비즈니스 스쿨, 최고경영자 연수과정
	대한상공회의소	최고경영자대학
	국제경영연구원	최고경영자 프로그램, 글로벌 CMO 스쿨, 글로벌 CFO 스쿨 등

선정된 대학은 10년 이상 경영자 교육을 실시, 인지도가 높은 경영자 교육임.
자료출처·정종태, 글로벌 경영자 역량모델, 한국생산성본부 CEO 혁신센터, 2007

셋째, 대학 등 외부 교육기관에서 개최되고 있는 경영자 교육프로그램에 경영자 혹은 임원을 보내는 형태이다.

② 대학 등 교육기관 경영자 프로그램

경영자 및 임원 육성을 위한 대학 등 주요 교육기관의 교육프로그램은 4개월 이상 1년 과정으로 계획되어 있으며, 경영과 관련된 전반적인 지식 향상을 목적으로 하고 있다.(표5 참조) 과정 중에 해외연수가 포함되어 있는 것이 일반적이다. 교육은 주 1회 진행, 주요 업무 후인 평일 야간에 이루어진다.

대학을 중심으로 진행되는 경영자 프로그램은 교육중심의 강의식 교육으로 이루어지며 이론의 초점을 두고 있다. 따라서 실제적인 현장경영에 직접적으로 도움을 제공하는데 다소 한계가 있다.

③ 해외 글로벌 기업의 임원 육성 프로그램

해외 글로벌 기업들은 임원 교육을 통해 리더십 역량 강화, 전략적 사고 개발, 그리고 조직문화와 가치 내재화를 목표로 다양한 프로그램을 운영하고 있다. 이를 통해 각 기업은 리더십 역량을 개발하고 비즈니스 혁신을 촉진한다.

해외 글로벌 기업들의 구체적인 임원 교육 사례를 상세히 소개하고 있다. 각 기업의 임원 육성 프로그램은 기업 전략과 목표에 부합하도록 설계되어 있음을 보여준다. 특히 실제 사례 기반 학습, 다문화 환경에서의 리더십 훈련, 첨단기술 활용 등이 공통적인 특징이다.(표6 참조)

표6. 해외 글로벌 기업의 임원 육성 프로그램

글로벌 기업의 임원 육성 프로그램	배경	주요 프로그램	임원 육성 사례
General Electric(GE)의 크로톤빌 리더십 센터	GE의 크로톤빌 (Crotonville Leadership Center)는 1956년 설립된 세계 최초의 기업 리더십 교육 센터로 GE의 모든 임원교육 프로그램이 이곳에서 설계 및 실행됨	Leadership, Innovation, and Growth(LIG): • 대상:상위20% 임원 • 목표:혁신 리더십 개발 및 조직내 변화주도 역량강화 • 내용:실질적인 비즈니스 문제를 해결하는 워크숍 진행, 팀 간 협업과 혁신주제로 한 시뮬레이션, 글로벌 시장 성공 및 실패사례 분석	제프리 이멜트 (前 GE CEO): LIG 프로그램에서 배운 변화관리 기술을 활용해 GE의 디지털 전환 주도, 크로톤빌에서의 학습경험 통해 GE의 의료기술 및 클라우드 사업 혁신 도입
Google의 g2g (Googler-to-Googler) Leadership Program	Google 리더십 프로그램 내부 전문가가 강사로 참여하여 실질적인 경험 공유, 기술리더십, 협업, 혁신적 문제해결에 초점을 맞춤	Leadership in a Digital World: • 대상:임원 및 고위 관리자 • 목표:디지털 환경에서 리더십 발휘 및 비즈니스 혁신 • 내용:AI 및 데이터 기반 의사결정 실습, 실시간 문제해결 워크숍, 팀내 갈등해결과 협업기술 강화	클라우드 서비스 총괄 임원: 데이터 분석 기술 활용 클라우드 비즈니스 매출을 30% 증가, 프로그램에서 배운 협업기술로 부서 간 갈등 효과적으로 해결
Amazon의 Leadership Principles Development	Amazon은 리더십 원칙 (Leadership Principles) 기반 맞춤형 교육프로그램 운영, 임원들에게 고객중심 사고, 실행력, 혁신 역량을 내재화하도록 설계	Ownership in Action: • 대상:신임 임원 및 승진후보 • 목표:고객 중심 리더십 개발 및 실행 중심 사고 강화 • 내용:고객데이터 분석하여 전략 제안, 팀과의 협업 통한 의사결정 훈련, 비즈니스 성공사례 및 실패사례 리뷰	배송 네트워크 책임자: 프로그램 참여 후 배송 효율성 높이기 위해 물류 네트워크 최적화, 결과적으로 배송시간 20% 단축과 비용절감 달성
IBM의 Think Academy	IBM의 Think Academy는 디지털 리더십과 첨단 기술에 대한 이해를 심화, 클라우드, AI, 블록체인과 같은 기술 중심의 교육을 제공	Digital Leadership Transformation: • 대상:디지털 전환 주도할 임원 • 목표:첨단기술 활용 비즈니스 혁신 촉진 • 내용:블록체인 기반 비즈니스 모델 설계 실습, 디지털 기술 활용 문제해결, 글로벌 디지털 트렌드 학습	글로벌 기술 사업부 임원: 블록체인 기술을 활용한 글로벌 공급망 혁신 프로젝트를 주도, 프로그램 이후 클라우드 매출 40% 증가에 기여
Microsoft의 Growth Mindset Leadership Program	Microsoft는 사티아 나델라의 리더십 아래 Growth Mindset 중심 교육프로그램 운영, 임원들이 조직내 문화와 변화를 주도하도록 설계	Transformational Leadership: • 대상:중간관리자 및 임원 • 목표:조직내 변화를 주도하는 리더십 강화 • 내용:직원의 성장 가능성을 높이는 코칭기술 훈련, 데이터 중심 의사결정 및 성과관리 방법, 조직문화 혁신사례 학습	Azure 사업부 임원: 프로그램 참여 후 Azure 클라우드 서비스의 글로벌 확장 주도, 내부 팀의 생산성 25% 향상시키는 조직문화 조성

Apple의 Executive Education at Apple University'	Apple University는 창의성, 혁신, 문제해결을 핵심주제로 내부 교육프로그램 운영, 스티브 잡스의 리더십 철학 중심 설계	Think Different Leadership Program: • 대상:창의적 리더십 발휘 임원 • 목표:혁신적 사고와 창의적 문제해결 기술 강화 • 내용:혁신적 제품개발 사례 분석, 창의적 사고 촉진 워크숍, 팀워크와 리더십 역량 강화	디자인 부문 임원: 프로그램 참여 후 iPad Pro 개발 프로젝트 성공적으로 이끌며 애플의 혁신적 이미지 강화

임원 육성을 위한 액션러닝(Action Learning)

급격한 경영환경 변화와 함께 인적자원 개발 및 양성 분야에도 패러다임 변화가 일어나고 있다. 외부 환경변화에 민첩하게 대응하면서 경쟁우위를 확보하기 위해 과거 어느 때보다도 '지속적인 합습'이 요구되고 있는 상황이다.

이러한 추세에 맞추어 최근 등장하고 있는 키워드는 '적시형 학습(Just in Time Learning)'과 '맞춤형 학습(On Demand Learning)'이며 이를 구현할 수 있는 구체적 학습방법으로 떠오르고 있는 것이 '액션러닝(Action Learning)'이다.

1990년대부터 해외 선진기업을 중심으로 조직이 당면한 문제를 해결하고 국제적 감각을 지닌 리더를 육성, 조직의 경쟁우위를 확보하기 위한 일환으로 액션러닝이 적극적으로 활용되고 있다.

액션러닝은 '실제 경영현장에서 성과와 직결되는 이슈 혹은 과제를 정해진 시점까지 해결하고 이를 통해 개인과 조직역량을 동시에 향상시키는 행동지향적 학습기법'이다.

액션러닝의 핵심 포인트는 개인, 팀 그리고 조직이 변화에 보다 효과적

이고 유연하게 대응할 수 있는 학습역량을 기르는데 있다. 액션러닝은
 전 세계 여러 기업에서 개인 및 팀, 나아가서는 기업의 핵심적인 접근 방법으로 또한 효과적인 비즈니스 문제해결 방법으로 시도되고 있다.
 특히 최근 들어 많은 기업이 유능한 인재발굴 및 육성을 최우선 과제로 선정하고 인재육성을 위한 여러 가지 방법을 시도하고 있으며 그 중 하나가 바로 액션러닝이라고 할 수 있다.
 여러 학자들이 제시한 정의를 토대로 종합적인 액션러닝 개념을 살펴보면 다음과 같다.
 "액션러닝이란 소규모로 구성된 한 집단이 조직, 그룹 또는 개인이 직면하고 있는 실질적인 비즈니스 이슈와 원인을 규명하고 이를 해결하기 위한 실행계획을 수립하여 현장에 적용, 그 실천과정에 대한 성찰을 통해 학습하는 방법이다. 즉 현장적용과 성찰을 통한 반복적이고 순환적인 학습과정을 말하며, 이를 통해 조직구성원은 물론 조직 전체의 요구를 충족하는 적시형 학습형태이다."

● 액션러닝의 필요성

 21세기는 디지털 시대와 지식기반 사회의 도래로 세계가 날로 급변하고 있으며 비즈니스 이슈 역시 점차 복잡하고 해결하기 어려워지고 있는 것이 사실이다.
 이러한 변화물결 속에서는 개인 및 조직에 영향을 미치는 트랜드를 예민하게 감지하고 비즈니스 이슈를 파악하여 이와 관련된 요소를 신속하고 효과적으로 학습해 나가는 개인 또는 조직 만이 경쟁력을 확보할 수

있을 것이다.

이와 같은 액션러닝은 일과 학습, 이론과 실제, 교육과 경영을 직결한 적시형 학습형태로 주목받고 있다. 액션러닝이 효과적인 기법으로 평가받는 몇 가지 이유 중 가장 중요한 것은 교육을 위해 업무현장을 떠나지 않아도 된다는 사실이다.

즉 업무와 교육이 함께 연계되어 이루어진다는 것이다.(업무따로 교육따로 지양) 그리고 실제 비즈니스 이슈해결 과정을 경험하면서 학습이 효과적으로 이루어진다는 것이다.(교육따로 업무따로 지양)

또 업무현장의 비즈니스 이슈나 문제해결책을 잘 아는 암묵지를 보유한 사람이 현장에 있으며(이론따로 현실따로 지양), 구상과 실행이 일원화되어 이루어지기(기획따로 실행따로 지양) 때문에 교육과 현실이 동떨어지지 않게 된다.

● **액션러닝의 특징**

액션러닝은 경영상 과제를 활용해서 학습이 이루어지므로 과제해결을 통해 개인과 조직 성장을 동시에 추구한다는 것이 기본이다. 경영상 과제를 토대로 학습하므로 교육이 실제적이고 학습자 스스로 학습의 주축이 되며, 그룹이 함께 학습하므로 그룹이 프로세스를 향상시킬 수 있다.

일반적으로 액션러닝 프로그램에서는 4~8명으로 구성된 학습팀이 교육기간 동안 소속부서 또는 전사 차원에서 반드시 해결해야 하거나 기업의 유지·발전을 위해 필요한 과제를 직접 해결하게 된다. 최종적으로 과제에 대한 대안을 개발하는 것을 목적으로 한다.

또한 액션러닝 프로그램에서는 학습팀원들이 과제해결을 위하여 정보를 수집하고 대안을 개발하며, 그 대안들에 대한 토론과정에서 각자 다양한 관점의 질문을 제기하고 문제해결 과정을 성찰하는 가운데 학습활동이 활발해짐으로써 종국에는 학습효과 제고에 기여하게 된다.

● **임원 액션러닝 프로그램의 핵심 구성요소**

액션러닝의 진정한 가치는 참가자들이 스스로 업무나 일상적인 경험에서 더 많은 것을 배울 수 있도록 '배우는 방법을 터득'하는데 있고 이러한 과정에서 통찰력이 향상된다고 할 수 있다.

액션러닝은 모든 교육과정에서 활용될 수 있지만, 특히 임원 교육 또는 경영자 교육에서 그 진가를 발휘할 수 있다. 우선 보편적으로 참가자들의 업무경험이 많아 서로에게서 배울 수 있는 기회가 상대적으로 풍부하다. 또한 많은 학습경험을 통하여 강의장에서의 지식전달 수업보다 과제해결에 더 관심을 갖고 적극 참여하기 때문이다.

임원 개발과정에서는 대개 전략마인드 함양, 새로운 경영 패러다임이나 기법 소개, 폭넓은 사고를 위한 강의 및 워크샵 등과 함께 액션러닝을 실행하면 효과적이다.

1) 일반적인 액션러닝 프로그램 6대 핵심구성 요소

액션러닝 분야의 대가인 조지 워싱턴 대학의 마이클 마쿼트(Michael J. Marquardt) 교수는 액션러닝 프로그램이 기존 학습프로그램과 차별화되기 위한 여섯가지 핵심구성 요소를 제시하고 있다.(그림4 참조)

무엇보다 액션러닝이 효과적으로 운영되기 위해서는 ① 기업이 당면한 실질적이고 핵심적인 문제선정 ② 다양성과 중복성이 고려된 조화로운 팀 구성 ③ 문제제기 ④ 문제에 대한 반복적 성찰과정 ⑤ 실행 및 학습의지 고취 ⑥ 액션러닝을 도울 수 있는 촉진자의 적절한 활용 등의 포인트를 보유해야 한다.

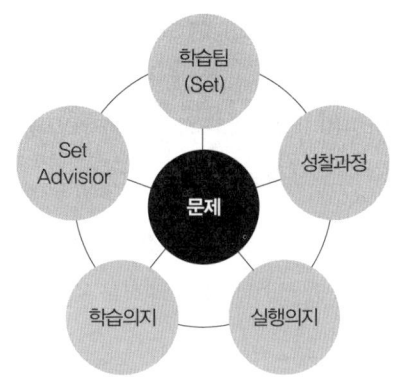

그림4. Action Learning의 6대 구성요소

이와 함께 액션러닝 프로그램 효과를 극대화하기 위해서는 이러한 구성요소가 유기적으로 상호 작용해야 한다. 이 중에서 특히 중요한 것은 해당 기업이 당면한 실질적인 문제나 도전과제를 선정하고 실천적 행동을 통한 학습유도이다. 이를 통하여 핵심인재 육성은 물론 기업의 성과향상이라는 두 마리 토끼를 잡을 수 있는 것이다.

2) 성과중심의 임원 액션러닝 프로그램 구성요소

기업의 전략적 기회 탐색과 임원 개개인의 리더십 개발 및 팀웍향상을 통합하는 방법으로써 비즈니스 성과중심의 임원 액션러닝 프로그램의 핵심요소를 살펴보면 <표6>과 같다.

● 효과적인 임원육성을 위한 액션러닝 구축 및 운영포인트

인재육성 첨병으로 각광받고 있는 액션러닝은 실제 프로그램 실행에 있어 각별한 주의를 기울여야 한다. 특히 임원 액션러닝 프로그램 구축

과 효과적인 운영포이트를 살펴보면 다음과 같다.

첫째, 적절한 문제를 선택해야 한다. 액션러닝 프로그램이 실패하는 가장 결정적인 원인 가운데 하나가 부적절한 문제나 사안의 선택이다. 액션러닝이 효과적이기 위해 무엇보다 중요한 점은 기업이 직면한 실질적 도전과제를 문제로 선정하는 것이다.

특히 임원교육에서의 액션러닝은 경영상 주요전략이나 비즈니스 이슈와 연계된 경영현안 과제를 사전에 선정, 부여하고 팀별로 과제수행을 통해 스스로 여러 가지를 경험하게 되며, 성찰과정을 통해 깊이있는 학습이 이루어지도록 하는 것이 중요하다.

둘째, 조직 차원의 지원이 뒷받침되어야 한다. 임원 교육에서는 최고경영층의 지원의지가 액션러닝 프로젝트 성패를 좌우할 정도로 중요하다.

표6. **임원 액션러닝의 구성요소**

구성요소	주요내용
가치 부가실적	• 고위직 임원 스폰서에게 보고 및 비즈니스 건의사항 전달 • 건의사항의 실행 • 6~9개월 후 실행, 학습의 전파, 개인적인 차원에서의 행동변화 및 조직적인 차원에서의 변화에 대한 추후 조사 회의소집
고위 임원의 스폰서	• 임원 학습책임자와 협력, 때로는 외부 자문과 함께 협력 • 비즈니스 이슈들, 결과물, 장소, 참가자 결정 • 전사적인 지원 – 관심이 있고, 잘 알며, 능력이 있는 사람들 동원
액션 리서치 및 학습의 조직화	• 국제적인 장소, 지역책임자 인터뷰, 코디네이터, 배경정보, 지식관리 Tool, 인트라넷 등 필요
내·외부적인 주제 인풋	• 주제전문가, 외부·내부 고객, 협력업체들과의 인터뷰, 베스트 프랙티스, 벤치마킹
팀웍 코칭 및 퍼실리테이션	• 코칭 및 팀웍을 통한 리더십 개발 • 팀 기반의 학습
개인 리더십 스킬	• 코칭 • 성찰 • 자기평가 • 자기관리

프로젝트를 통해 제안된 행동을 실행하는데 있어 기민하고 즉각적인 경영진 지원이 없다면 학습참가자들의 에너지와 열정은 쉽게 사라지게 될 것이다.

GE의 미래 리더육성을 위한 액션러닝 프로젝트 성공비결도 여기에 있다. 즉 사업상 실질적인 문제선택과 액션러닝에 대한 잭 웰치 전 회장의 열정이 없었다면 성공할 수 없었을 것이다.

셋째, 액션러닝의 질을 높이기 위해서는 적절한 시간배분의 적합성을 고려해야 한다. 액션러닝의 효과를 극대화하기 위해서는 구성원 간의 정보공유와 문제해결을 위해 충분한 성찰시간이 확보되어야 한다.

특히 임원과정의 경우 프로젝트 중요도와 난이도에 따라 적절한 프로젝트 수행기간을 고려할 뿐만 아니라 참가자들이 현업복귀에 앞서 프로젝트 수행기간 동안 경험한 다양한 지식을 공유하고 성찰할 수 있는 시간을 갖는 것이 중요하다.

넷째, 조화로운 팀 구성이 이루어져야 한다. 액션러닝 팀구성의 핵심은 다양성과 중복성에 있다. 기본적으로는 여러 부문에서 선발되는 것도 중요하지만 선발된 구성원들의 효과적인 의사소통을 위해 능력면에서 어느 정도 비슷한 수준이 유지될 수 있도록 주의를 기울여야 한다.

또한 프로젝트 팀 구성원의 참여 및 학습의지, 촉진자의 우수성 그리고 구체적인 행동계획 수립이 효과적으로 이루어질 수 있도록 해야 한다. 무엇보다 학습팀 구성에 있어서 임원 교육의 경우 학습팀 구성원이 각자 다른 분야 출신이고, 학습팀 전체가 주어진 하나의 경영상 과제를 일정 기간 동안 함께 해결해 나가는 것이 보편적이고 바람직하다고 여겨

져야 한다는 것이다.

다섯 째, 유능한 Set Adviser(학습팀 촉진자) 확보가 이루어져야 한다. 액션러닝 과정을 진행해 보면 역시 어려운 부분이 유능한 Set Adviser 의 확보이다. 임원과정 액션러닝의 참석자들은 과제해결에 너무 치중한 나머지 성찰과정을 소홀히 할 가능성이 있는데 이러한 성찰과정을 돕는 Set Adviser 역할이 중요하다.

여섯 째, 액션러닝 프로그램이 효과적으로 운영될 수 있게 하기 위해서는 정기적이고 체계적인 평가시스템이 갖추어져 있어야 한다. 그룹차원 및 조직차원의 지속적인 평가는 액션러닝 프로그램의 효과 자체를 검토하는 것뿐만 아니라 인재육성, 특히 임원 양성을 위한 첨병으로서의 역할을 위해서도 필수적이다.

하버드대학의 경영학 교수인 마이클 포터(Michael Porter)는 "학습이란 그것이 행동으로 연결되지 않으면 진정한 가치가 없다"고 말한다. 그의 말처럼 액션러닝의 진정한 가치는 구성원이 기업이 직면한 문제해결 과정에 직접 참여해 봄으로써 효과적인 학습을 이룰 수 있다는 점에 있다.

전 세계 선진기업에서는 가장 효과적인 비즈니스 이슈 해결방법으로 액션러닝을 활발하게 도입·활용하고 있으며, 액션러닝은 조직의 발전뿐만 아니라 개인, 팀 발전, 그리고 전략적 인재육성을 함께 추구하는 이상적인 학습방법으로 주목받고 있다.

임원 육성을 위한 코칭 프로그램

● **코칭의 정의**

교육만으로 생산성을 22% 향상시킬 수 있지만 교육과 코칭을 함께 활용할 때 생산성은 88% 제고된다. 교육훈련 프로그램은 참가자에게 교수 또는 강사가 답을 주고 그것을 외우고 따라하게 하는 것에 중점을 둔다. 코칭은 코치가 사람들이 스스로 문제의 답을 찾도록 자극하고 자신의 꿈과 목표를 향해 지속적으로 실행할 수 있도록 에너지를 공급하는 활동이다.(표7 참조)

이와 같이 코칭은 기본적으로 '이 세상에 무능력한 사람은 없다'는 원칙을 전제로 한다. 모든 사람은 창조적이며 스스로 풍부한 자원을 소유하고 있다고 생각한다. 때문에 사람은 스스로가 전략과 해결책을 찾을 수 있다는 것이다. 따라서 코치는 사람이 이미 소유한 기술과 자원, 창조성 등이 더욱 활용되도록 돕는 역할을 한다.

만약 기업의 임원들이 직원들의 기술과 자원을 가지고 있다는 믿음을 갖고 있다면, 그 기업의 임원들은 직원들이 자신의 자원을 잘 활용할 수 있도록 동기부여하고 이끌어준다고 할 수 있다.

표7. **코칭과 교육**

구분	코칭	교육
기본전제	• 학습자를 파트너로 인식 • 스스로 답을 찾을 수 있음	학습자는 무지함
주체	학습자	교수, 강사
학습·개발방법	대화(질문과 경영)	지식전달, 강의
학습자 태도	창의적·적극적	수동적

● 사례 ● 포스데이타(현 포스코ICT) 리더십 코칭 프로그램

2005년7월, '리더십코칭' 프로그램을 도입, 운영하고 있다. 이 프로그램은 대학교수 등 외부 전문가를 임원들의 멘토로 정해 1 대 1 코칭을 받게 함으로써 커뮤니케이션을 개선해 가는 교육과정이다. 현재 사장을 비롯한 12명의 임원이 4명의 전문가로부터 2주에 한 번 정도 조직 내 커뮤니케이션 등 리더십을 점검받고 있다.

조직이 발전하려면 임직원 모두 바람직한 리더십과 팔로우십을 갖추어야 한다는 취지에서 이 교육과정을 도입했다.

프로그램에 참여하는 임원은 멘토로부터 현장에 바로 적용할 수 있는 리더십 스킬과 조직을 활성화할 수 있는 아이디어를 얻는다. 예를 들어 멘토는 리더에게'업무성과가 저조한 팀장을 어떻게 대할 것인가'라는 숙제를 낸다. 리더는 팀장에게 동기를 부여하고 문제를 개선하기 위해 설득도 한다. 멘토는 이 과정에서 리더의 성향을 분석해 맞춤형 코칭을 한다. 그렇다고 정답을 손에 쥐어주는 것은 아니다. 멘토는 해결책을 바로 제시하지 않고 리더와 1 대 1 토론을 통해 당사자가 스스로 해결책을 찾아내도록 하는 역할을 한다.

(한국경제신문, 2006년 2월 14일)

● **임원 육성에 코칭 도입**

코칭은 주로 임원이나 매니저를 대상으로 실시되는 경우가 많다. 델 컴퓨터는 2000년에 400명의 임원을 대상으로 코칭을 실시하였다. 코칭을 받은 임원의 90% 이상이 무척 만족스러워했다.

미국경영협회(AMA:America Management Association)에 따르면 미국의 「FORTUNE」 500대 기업 1,000명의 임원과 매니저를 대상으로 조사한 결과, 52%가 이미 코칭을 받은 경험이 있다고 대답했다.

또한 영국의 기업 62%가 코칭을 실시한 적이 있는 것으로 밝혀졌다. 이들 중 77%는 코칭이 성과향상을 돕는 핵심도구라고 대답했고, 93%는 임원 코칭이 임원의 리더십 개발을 이끄는 중요한 도구라고 대답했다.

우리나라 일부 기업에서도 코칭식 교육을 시도하고 있다. 이러한 기업은 코칭을 통해 리더의 역할을 향상시키고 조직의 다양한 이슈를 해결하며 성장동력을 경험한 것으로 알려지고 있다. 이러한 영향으로 LG전자, SK텔레콤 등의 기업은 자체 전문코치를 영입하거나 직접 양성하는 사례도 생겨나고 있다. LG전자는 우리나라에 근무하는 임원을 포함하여 해외에 파견된 임원들까지 1대1 개인 코칭을 실시한 바 있다.(표8 참조)

● 진성 리더십과 임원 코칭

리더십에 대한 새로운 흐름은 리더십 이론의 대상이 리더십 스타일이나 스킬에서 리더의 진정성, 즉 인간 본연의 품성으로 바뀌었다는 것에 있다. 21세기 들어오면서 리더의 품성이 그 어느 때보다 중요해졌다.

그러면 '어떻게 진정성 있는 품성을 갖춘 리더를 육성할 것인지'가 기업 교육담당자가 해결해야 할 과제이다. 코칭은 이러한 고민에 대한 답을 제공한다. 만약 임원이 코칭철학이나 코칭프로세스, 코칭기술을 익히고 코치로서 직원들과 대화하고 격려한다면 직원의 자긍심 향상, 이를 통한 업무몰입 및 성과향상을 가져올 것이다.

표8. 임원 코칭 프로세스(3개월, 1대1 코칭)

구분	1단계	2단계	3단계	4단계
	사전평가	개별코칭	사후평가	피드백·보고
주요 내용	• 자가 및 다면평가 　- 성격 및 감성지능 조사 • 관계형성 • 코칭 목표설정	• 1시간 1대1 대면코칭 • 주1회, 총 12회(3개월)	• 자가 및 다면평가 • 코칭 성과점검	• 코칭보고서 제출 • 사후 셀프코칭 목표제공

코칭은 1990년대부터 등장하여 2000년대 이후 실제 조직에 적용된 인적자원개발 방법이다. 기본적으로 인간에 대한 완전성을 인식하고 창의적으로 문제를 해결할 수 있는 존재인식에서 출발했다. 이러한 코칭의 철학은 2004년 네브래스카 컨퍼런스에서 강조된 '진성 리더십' 등장배경이나 전체와도 일맥상통한다.

이러한 관점에서 코칭은 현재 임원 육성을 위한 핵심 프로그램이 되기에 필요하고도 충분한 조건을 갖추고 있다. 일부에서는 코칭을 단순 대화기법으로 말하는 사람이 있다. 하지만 그것은 코끼리의 전체 모습을 보지 못한 사람이 코끼리의 한쪽 다리를 만져보고 전체 모습을 표현하는 것과 같은 이치다.

사실 코칭은 대화보다도 훨씬 더 깊은 인적자원개발 방법이며 과학이다. 이를 위하여 대화기술뿐만 아니라 의식체계를 이해할 수 있어야 한다. 코칭은 문제해결을 위하여 대화기술은 물론 의식을 변화시킴으로써 근본적으로 인간의 품성 변화를 이끌어내는 과정이다. 이런 의미에서 진성 리더십의 대상이나 구성요소가 코칭의 대상이나 구성요소와 매우 일치함을 알 수 있다.(표9 참조)

표9. 진성 리더십과 코칭의 비교

구분	진성 리더십	코칭 프로그램
등장배경	긍정심리, 긍정조직학	인본주의 심리학, 의식연구
주요대상	조직내 인지 및 인식공유	개인의 존재인식
주요과정	긍정적 역할모델 → 정신모형 공유 → 인지전이	긍정적 기대 → 창의적 해결책 도출 → 실천지원 및 격려
구성요소 및 전제	자아인식, 자기규제	대화스킬, 의식
등장시기	2004년 네브래스카 컨퍼런스	• 1994년 국제코치연맹(ICF) 설립 • 1997년 국제코치협회(ICA) 설립

임원 육성을 위한 DC

● DC란 무엇인가?

임원들은 평소 교육, 독서, 그리고 코칭 등 다른 여러 가지 방법을 활용해 역량을 개발한다. 그러나 효과적인 방법이 무엇이냐에 대해서는 명확한 답이 없는 것도

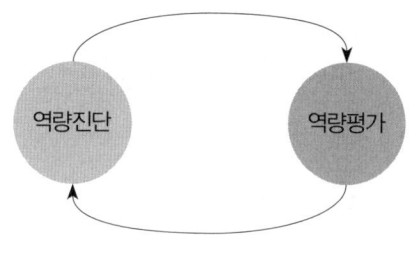

현실이다. 임원 역량향상을 고민하는 경영자는 물론 인사 및 교육담당자들도 임원 역량향상 방법에 대해서 고민이 많다.

그래서 고안된 프로그램이 역량진단(Development Center : DC) 프로그램이라는 것이다. 이 프로그램은 역량평가(Assessment Center : AC) 방법을 응용하여 교육과정으로 개발한 프로그램이다.

보통 DC는 20명 내지 24명을 한 Class로 편성한다. Class는 동일직급으로 편성한다. 프로그램은 강의가 없다. 실습 및 체험으로 이루어진다. 부여하는 과제를 수행하고, 과제수행이 끝나면 곧바로 피드백이 주어진다. 피드백은 수행한 성과에 대해서 잘한 점과 보완할 점으로 이루어진다. 서로 토론도 하고, 발표도 하고, 현안업무 처리도 하면서 옆에 있는 동료의 역량발휘정도를 관찰하면서 자신과 동료의 수준을 비교하게 된다.

이렇게 2~3일 동안 몸소 체험하면서 그 동안 회사생활을 뒤돌아보게 된다. 특이한 점은 우수한 사람일수록 더 많은 위기의식을 느낀다. 역량개발의 필요성을 절실히 느낀다는 것은 신비스럽다. 이것이 DC프로그램

의 도입목적이다.

인사 및 교육담당자들은 임원들에게 역량진단의 기회를 제공해줘야 할 의무가 있다. 역량을 개발하기 위해서는 자기 자신을 정확히 아는 것이 중요하다. 몸에 이상 유무를 알기 위해서 건강검진을 하는 것처럼 역량에 대한 현 수준을 알게 하는 것은 아무리 강조해도 지나치지 않는다.(표10 참조)

표10. **DC 도입 필요성 및 목적**

- **DC 도입 필요성**
  ❶ 현재 강의방식의 리더십 교육의 효과성 의문
  ❷ 교육대상자의 리더십 역량에 대한 인식 및 관심 미흡
  ❸ 리더십 역량과 리더십 교육 콘텐츠의 연계성 부족
  ❹ 리더십 역량개발에 대한 교육대상자의 노력 부족

- **DC 도입 목적**
  ❶ 리더십 역량 및 세부 행동지표에 대한 이해
  ❷ 리더십 역량 및 행동지표를 숙지하고 모의과제 수행을 통해 실천 및 적용방법 체득
  ❸ 교육대상자 개인의 리더십 스킬(성격·특성)에 적합한 리더십 역량강화 방법 이해
  ❹ 피드백 코칭을 통해 역량진단 결과를 명확히 인식하고, 셀프역량강화계획(IDP) 수립 및 실천

● DC 도입 사례

K공사는 2012년 DC를 부장 및 부서장의 리더십 역량개발 필수교육으로 운영하고 있다. 각 과정(신규부서장 리더십 DC 과정, 기존부서장 리더십 DC 과정)별 교육목표에 적합한 시뮬레이션 사례를 개발하고 진행하였다. 주요 시뮬레이션으로는 IB(서류함 기법), PT(발표 및 인터뷰), Role Play(역할연기), GD(그룹토의) 등이 있다. 시뮬레이션 운영을 위하여 외부전무가 및 내부 임원으로 평가자를 확정하였다.(표11·12 참조)

표11. **K공사 부장(2급갑, 2급을) 리더십 DC 운영 과정**

학습대상 / 기간
부서장(2급갑) / 본과정 2일(16시간)

학습역량
부서장의 3대 핵심역량 : 전략적 민첩성, 임파워먼트, 신뢰문화 구축

교육프로세스		
사전학습	본과정	피드백 코칭
• 역량 및 행동지표 사전학습 숙지 • 주요 교육기법 이해	• 모의과제(3개) 수행 및 역량진단 • 개인 리더십 스타일 파악	• 진단결과 피드백 • IDP 구체화 • 리더십 스타일 상담

모의과제 특징과 개요

부서장들이 직면하게 되는 세 가지 모의과제 수행 과정을 관찰하여 역량을 진단하게 됩니다.

1. **'서류함 처리' 과제**

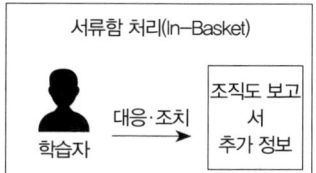

서류함 처리 과제는 아직 해결되지 않은 현안과 이슈에 대해 의사결정하여 구체적인 조치사항을 기술(답변)하는 과제입니다. 대개 가상의 국가에 있는 기업에서 일하는 부서장이 결정하고 조치해야 하는 4~5개의 전략적 문제들이 주어집니다. 문제들은 전사적 사업이슈에서 부서운영 현안과 조직관리 이슈에 이르기까지 매우 다양한 내용으로 제시됩니다.

2. '발표·인터뷰' 과제

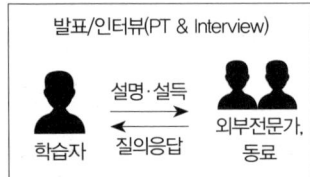

발표·인터뷰 과제에서는 회사나 조직의 입장과 방안을 외부 이해관계자들에게 설명하고 질의사항에 대응하는 상황이 주어집니다. 학습자들은 제시된 발표주제를 살펴 본 후에 자신의 대안과 조치사항을 정리하여 발표합니다. 외부전문가와 동료들은 발표주제와 관련하여 제공된 자료나 질문 리스트를 참고하여 질의하고 비평하는 역할을 수행합니다.

3. '협력토의' 과제

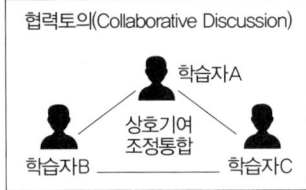

협력토의 과제에서는 부서장급 관계자들이 함께 모여 협력하고 토론하여 공동의 대안을 수립해야 하는 상황이 주어집니다. 학습자들은 2개의 분임조로 나누어 토의자와 관찰자 역할을 번갈아 수행하게 됩니다. 토의주제를 파악한 후에는 일정 시간 내에 각자의 아이디어를 수렴하고 조정하여 합의한 대안을 공동으로 작성하여 제출해야 합니다.

학습대상 / 기간
부장(2급을) / 본과정 2일(16시간)

학습역량
부장의 3대 핵심역량 : 조직적 상황인식, 프로세스 구축 및 개선, 팀워크 창출

교육프로세스

사전학습	본 과정	피드백 코칭
• 역량 및 행동지표 사전학습 숙지 • 주요 교육기법 이해	• 모의과제(4개) 수행 및 역량진단 • 셀프 역량계획(IDP) 수립	• 진단결과 피드백 • IDP 구체화 • 리더십 스타일 상담

모의과제 특징과 개요
부장들이 직면하게 되는 네 가지 모의과제 수행 과정을 관찰하여 역량을 진단하게 됩니다.

1. '역할연기' 과제

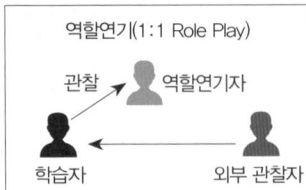

역할연기 과제에서는 부하직원이나 업무관계자를 만나서 본인의 논리를 상대방에게 설득하거나 적절하게 동기부여하는 역할을 수행하게 됩니다.
예를 들어 업무수행에 애로를 겪고 있는 직원을 코칭하는 과제, 민원을 제기한 고객을 만나 면담을 하는 과제 등이 제시될 수 있습니다.

2. '서류함 처리' 과제

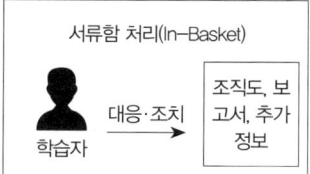

서류함 처리 과제는 주어진 5~6가지 현안문제를 분석한 후에 본인이 결정하여 조치한 사항들을 서면으로 정리하여 제출하는 것입니다.
예를 들어 신기술이나 신사업을 개발하는 TF팀장에게 주어진 비전수립, 업무분장, 반대부서 설득 등의 다양한 현안문제들과 그에 관한 세부 이슈들을 해결해야 합니다.

3. '그룹토의' 과제

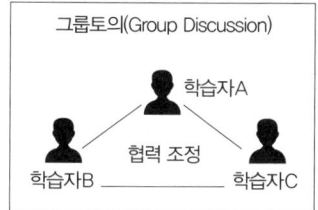

그룹토의 과제는 여러 학습자들이 분임조를 이루어 주어진 토론주제에 대해 각자의 의견을 주장하고 상대방을 설득하여 의견 차이를 조정하고 협의하여 결론을 도출하는 과제입니다. 예를 들어 예산조정, 인원배분, 신규 팀원 선정 등의 토론주제가 과제로 주어지게 됩니다.

4. '인터뷰' 과제

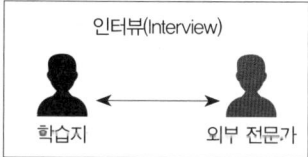

인터뷰 과제에서는 회사나 부서의 현안에 대한 언론 기자들의 긴급한 취재요청에 직접 응대해야 하는 상황이 제시됩니다. 예를 들어 댐 재개발이나 용수증대 사업에 관련된 현황과 이슈를 파악하여 기자들이 역동적으로 제기하는 인터뷰 질문들에 적절하게 대응해야 하는 과제가 부여될 수 있습니다.

시뮬레이션 결과를 기초로 한 교육대상자 개인별 리더십 역량진단 결과보고서를 작성하였다. 결과보고서는 약 10페이지 내외로 제공되며 '리더십 역량 및 행동지표별 점수' 등을 제공하며, 필요시 동영상 자료도 제공하였다.

DC 프로그램이 종료되면 역량향상계획서를 작성하여 현업으로 돌아간다. 역량향상계획서대로 약 1년 동안 꾸준히 실천하면 자기도 모르게 역량이 향상됨을 알 수 있다. 조직의 경쟁력을 끌어올리기 위해서 가장 먼저 해야 할 일은 역량개발이다.(표13 참조)

표12. K공사 부장 리더십 DC 과정 계획

구분	내용
교육대상자 확정 및 교육목표 설정	• 신규 부서장, 기존 부서장 구분 • 리더의 필요역량 및 행동지표 구체화 및 교육목표 설정

시뮬레이션 사례개발 및
과정운영 설계(교수설계)
	• 각 과정(신규 부서장, 기존 부서장 과정)별 교육목표에 적합한 시뮬레이션 사례개발
	  – IB(서류함 기법), PT(발표 및 인터뷰), Role Play(역할연기), GD(그룹토의) 등
	• 시뮬레이션 운영 및 관찰자·평가자 확정
	  – 평가자는 외부전문가 및 내부 임원으로 함

리더십 역량진단
결과보고서 개발
	• 시뮬레이션 결과를 기초로 한 교육대상자 개인별 리더십 역량진단 결과보고서 작성
	  – 리더십 역량 및 행동지표별 점수 제공
	  – 필요시 동영상 자료 제공
	• 결과보고서는 약 10페이지 내외로 제공됨

리더십 역량 실천계획 수립 (IDP)	• 리더십 역량진단 결과보고서를 토대로 자발적으로 역량향상계획(IDP) 작성 • IDP 이행여부는 인사평가(역량평가) 시 반영함

표13. 리더십 역량진단 결과보고서 및 IDP 작성 사례

**리더십 역량
진단결과 보고서**

ㅇㅇㅇ 부장님

[진단결과 보고서 활용안내]
본 보고서는 K공사 부장의 업무수행에 필요한 리더십 역량을
사외 전문가가 진단하여 본인의 역량을 수준, 강점 및 약점 등을 종합적으로
제시한 개인별 리더십 역량진단 결과 보고서입니다.
보고서의 역량강화 Tips을 바탕으로 해당 직위 수행역량 향상을 위한
노력에 힘써주시기를 부탁드립니다. 보고서에는 역량등급, 점수와 같은
개인적인 정보가 포함되어 있습니다. 보관에 각별히 신경 써 주시기 바랍니다.

1. 조직적 상황인식	1- ① 현안이슈 파악	보완필요 여부	O
개발포인트	현안이슈 파악에서 중요한 것은 발생현안 및 잠재적 이슈를 가능한 세부적으로 파악하는 것입니다.		
부서 업무적용	우선 공사 그룹웨어 게재된 임원 결재사항, 사내 공시 등을 주기적으로 체크하고 주요 회의결과에서 담당업무와 연관될 수 있는 사항을 확인하는 것이 중요합니다. 또한 업무하는 방식으로 다음과 같은 사항을 연습해 보시기 바랍니다. ① 부서 내에서 올해의 현안이슈를 3가지만 적어보기 ② 그 현안이슈 안에서 발생한 현상 및 발생 가능한 문제 등을 정리하여 분석하기 ③ 3가지 현안이슈 중 중요도를 구분한 후, 이유 적기 이러한 활동이 업무에 필요한 자원을 파악하고, 운영계획을 세우는데 도움이 될 것입니다.		
인재개발원 관련 교육	① 조직적 상황인식 역량 심화 과정 ② E-MBA(스마트 경영학, 전략경영) 과정 ③ 계략적 사고능력, 효과적 목표설정 과정		
자기계발 추천도서	① K 공사 리더십 가이드 – 제1장 성과창출 등의 내용이해 ② 틀 안에서 생각하기 / 결과로 증명된 창의적 사고의 공식 ③ 생각정리 프레임워크 50 / 문제해결 기획력 분석을 높여 주는		

차원	부장 3대 역량	점수	수준	핵심키워드(하위요소)	점수	수준
사고	조직적 상황인식	3.11	보통	현안이슈 파악	2.72	보통
				해결대안 모색	3.50	높음

종합의견	조직적 상황인식 측면에서는 사안의 중요성과 의미를 명확하게 파악하고 새로운 해결대안을 고려하여 이를 내·외부 구성원들과 공유하는 측면이 우수합니다. 다만, 단기적인 대책과 함께 중장기적인 대안을 모색할 필요가 있으며, 부장으로서 주도적으로 추진할 수 있는 과제를 발굴하는 측면은 보완이 필요합니다.
역량별 진단결과	○○○ 부장님의 조직적 상황인식 역량은 보통수준입니다. 다양하게 주어진 자료를 연결하여 사안의 중요성과 의미를 명확하게 파악하는 역량이 있습니다. 핵심적인 갈등요소와 파급효과에 대해서도 파악하고 있지만 중장기적인 측면에서의 고려는 다소 부족하였습니다. 주어진 상황에서 갈등의 핵심을 인식하여 당면현안에 대한 새로운 대안을 고려하는 측면은 긍정적이었습니다. 또한 내·외부 구성원들의 의견을 수용하여 다양하고 새로운 해결대안을 적극 모색하며 이를 구성원과 공유하는 측면도 우수합니다. 다만 대안들이 주로 단기적인 성과에 집중하고 있는 점은 다소 보완이 필요한 요소입니다. 업무성과를 도출하기 위해 리더로서 자기 솔선과 주도적인 추진이 좀 더 필요할 수 있다는 점도 고려하시어 사안을 상하 간에 더욱 적극적으로 공유하여 대안을 마련하는 측면도 강화할 필요가 있겠습니다.

셀프역량강화계획 (Individual Development Plan)					학습자명		○ ○ ○
(현재) 나의 리더像	현재의 리더로서 나의 모습				(미래) 나의 리더像	미래 변화된 나의 리더 모습	
역량	강점과 약점		현재 수준	목표 수준	향상 방식	실천목표	
	강점	보완점				실천행동계획	
조직적 상황인식					업무적용		
					교육		
					협력		
프로세스 구축					업무적용		
					교육		
					협력		
팀워크 창출					업무적용		
					교육		
					협력		

참고문헌

- 조대연, 2017 ATD Trend, KPC / 한국생산성본부, 2017. 7
- 이주인, 해외기업들의 경영자 육성 Trend, LG주간경제, 2002. 6. 12
- 이진구, Global HR Trend Forum, KMA / 한국능률협회, 2016. 6
- 이찬, 기업교육의 새로운 렌즈 '70대 20대 10', 「월간 인사관리」(2016. 4), 한국인사관리협회, 2016. 4
- 정진우, 코칭설명서, 아시아코치센터
- 정종태, 글로벌 경영자 역량모델, 한국생산성본부 CEO 혁신센터, 2007
- 최병권, 경영자 육성의 출발점 : 리더십 역량평가, LG주간경제, 2001. 6. 20
- 허진, 효과적인 경영자 육성 프로세스, LG주간경제, 2001. 12. 26
- 이대희, 감성 시대의 리더십, 행정포커스, Vol. 148, 2020.11
- 최우재 외, 제4차 산업혁명 시대가 요구하는 리더십은 무엇인가, KBR, 제22권 제3호(2018년 8)
- 노현, 아마존 · 마이크로소프트 · 애플 리더도 소통 · 공감 말하다, 매일경제, 2019.12.2
- Andrew W. Talking, Business Magazine Chemistry Section, 2002
- Bureau of Labor Statistics, Business and Professional Women's Foundation
- Conger. J.A., Developing Leadership Capability : What's Inside The Blackbox?, Academy of Management Executives, Vol. 18, No.3, p.136~139
- Effron, M. Greenslade, S. Salob, M., Growing Great Leaders : Does It Really Matters?, Human Resource Planning 28. 3, p.18~23
- McCall, Jr., M. W., High Fliers, Harvard Business School Press,1998
- McCall, Jr., M. W., Leadership Development Through Experience, Academy of Management Executive, Vol. 18, No. 3, p.127~130
- Michael, E., Hanfield-Jones, H., and Axelrod, B., 인재전쟁(최동석, 김성수 역), 세종서적
- Minzberg, H., Leadership and Management Development : An Afterword, Academy of Management Executive, 2004, Vol. 18, No. 3, p.104~143
- Olian, J.D., Durham, C.L., Kristof, M.A., Brown, K.G., Pierce, R.M., & Kunder, L., Designing Management Training and Development for Competitive Advantage : Lessons From The Best, Human Resource Planning, p.20~31.

| 제5장 | 임원 평가

임원 평가의 필요성 및 중요성
임원 평가의 기본요소
임원 평가의 목적
임원 평가내용 및 항목
평가자
평가절차 및 방법
CEO 평가와 관련된 기타 사항
참고자료 평가양식서

STEP 05

CEO나 임원을 평가하는 과정은 정교하게 수행되어야 한다. 첫째, CEO 평가의 목적을 구체화하여야 한다. 둘째, 평가내용을 구체화하여야 한다. 셋째, 누가 평가를 하며 평가자는 어떻게 구성하는 것이 효과적인지의 결정이 필요하다. 끝으로 평가절차·시기·횟수를 결정하여야 한다.

임원 평가의 필요성 및 중요성

　글로벌 기업들은 주주에 대한 경영투명성을 제고하는 차원에서 CEO를 포함한 전 임원에 대하여 철저한 평가를 실시하고 있다. 특히 CEO를 포함한 최고경영층에 대해서는 장기적인 관점에서 회사 내부의 '회계적 성과'와 너불어 '주가'도 중요한 평가항목으로 반영하고 있다.

　또한 CEO와 임원 평가의 공정성을 확보하기 위하여 이사회나 별도의 보상위원회(이사회 산하 CEO 및 임원들의 평가와 보상을 결정하는 전문 소위원회)를 구성하여 임원의 목표설정에서부터 평가 및 피드백에 이르기까지 많은 시간과 노력을 투입하고 있다.

　이는 CEO와 임원 평가가 회사 내부적으로만 이루어질 경우 공정성에 대한 주주들의 의문을 해소하기 어려우므로 대부분 사외이사들로 구성된 이사회나 보상위원회에서 평가하거나 평가결과를 재검토함으로써 공정성 확보에 노력하고 있다.

　최근에는 이사회의 독립성과 권한이 강화됨에 따라 CEO에 대한 평가도 한층 강화되어 가는 추세이다. 즉 CEO가 직무를 잘 수행할 수 없을 것 같다고 판단되면 CEO를 교체하는 결정이 그 어느 때보다 빠르게 진행된다. 이런 가혹하고 냉정한 환경은 기업 경쟁이 치열해지고 투자자들의 요청이 한층 강화되었기 때문이다.

우리나라의 경우 미국과 달리 CEO를 포함한 임원 평가의 역사가 길지 않다. 이는 소유와 경영의 분리가 확실하게 이루어지지 않았고 전문경영자의 역사가 짧기 때문이다.

그러나 우리나라도 이제 기업규모가 커지고 소유가 분산되고 있으며 임원의 수도 급속하게 증가하면서 임원 평가 문제가 중요한 사안으로 제기되고 있다. 물론 아직까지 이사회의 독립성이 문제가 되기 때문에 평가의 독립성과 공정성 확보가 우선되어야 하는 과제를 안고 있다. 이제 CEO의 성과를 평가하는 것은 더 이상 '하면 좋다(nice to do)'가 아니라 '반드시 해야 한다(must have)'가 되고 있다.

임원 평가의 기본요소

CEO와 임원을 평가하는 과정은 조심스러우면서 정교하게 수행되어야 한다. 즉 기업마다 역사와 문화, 시장환경, 이사회와 CEO 및 임원의관계 그리고 회사가 선택한 전략이 서로 상이하므로 CEO 및 임원 평가 역시 각 회사에 맞게 설계되어야 한다. 기존의 CEO 평가를 개선하거나 새롭게 설계할 경우 네 가지 사항이 공통적으로 고려되어야 한다.

첫째, CEO 평가목적을 구체화하여야 한다. CEO를 평가하는 목적은 보상결정과 역량개발에 대한 피드백을 제공하는 것이다. CEO 보상결정은 주로 CEO의 과거 성과에 따라 결정된다. 개발목적을 달성하기 위해서는 CEO의 행동이 이사회의 기대나 회사 전략적 목적에 적합한가를 평가하여 이에 대한 피드백을 제공하는 것이다.

둘째, 평가내용을 구체화하여야 한다. 회사의 기본이 되는 재무적 성과가 CEO 영향의 깊이와 넓이를 파악하기 위해서 충분한가? 그리고 성과의 다른 측면을 어느 정도까지 CEO 평가에 포함할 것인가? 즉 영향력(Personal Impact), 전략적 판단력(Quality of Strategic thought), 각 분야에 대한 방향제시(Operational Leadership) 등을 평가에 반영할 것인가? 등을 구체적으로 고민해야 한다.

셋째, 누가 평가하며 평가자는 어떻게 구성하는 것이 효과적인지 결정이 필요하다. 일반적으로 CEO와 보상위원회로 제한한다. 그러나 일부회사는 CEO를 둘러싼 다양한 이해관계자 집단까지 포함하기도 한다. 즉 다른 임원, 사외이사, 주요 고객 등을 평가자에 포함하는 경우도 있다.

넷째, 평가절차·시기·횟수를 구체적으로 결정하여야 한다.

이처럼 CEO 평가는 반드시 앞의 네 가지 관점을 고려하여 설계되어야 한다. 회사와 CEO 간의 지속적인 협력, 피드백에 대한 CEO의 수용성이 없다면 훌륭한 평가프로세스는 만들어질 수 없을 것이다.

최근 연구에 따르면 규모가 큰 기업 중 약 4분의 3은 공식적으로 CEO를 매년(1년 1회) 평가하고 있는 것으로 나타났다. 이 수는 점차 증가하는 추세이다.

임원 평가의 목적

CEO 및 임원 평가프로세스 설계의 첫 단계는 평가목적을 명확히 하는 것이다.(그림 참조) CEO와 임원의 보상결정을 위한 장·단기적 성과평가와 임원의 승진 또는 유임, 능력개발 및 후계자 육성을 위한 리더십과 조직가치 수용도를 중심으로 한 역량평가를 구분, 실시하여야 한다.

CEO와 임원에 대해서는 특히 회사의 비전형성과 추진에 얼마나 몰입하고 있는가에 대한 능력을 단기적인 재무적 성과보다 더 높이 평가하는 경우도 있다. 이는 잭 웰치의 주장에서도 검증되고 있다. 잭 웰치는 목표달성에 실패한 임원은 용서할 수 있어도 회사의 가치에 어긋나는 행동은 절대로 용서할 수 없다고 단언했다. CEO 및 임원 평가과정을 설계할 때는 세 가지 요건이 고려되어야 한다.

첫째, 이사회가 CEO 및 임원의 과거 성과를 판단하는데 요구되는 자료를 수집하고 해석할 수있어야 한다. 과거 성과는 CEO 및 임원의 보상과 연임 여부 결정에 기본적으로 고려되는 사항이다.

그림. CEO 평가의 목적 및 측정 특성

자료출처·Carlos Rivero, CEO Evaluation, The Corporate Board, 2004. Sep/Oct

둘째, 과거 재무적 성과측정 이외 기업의 미래 성과에 영향을 미치는 지적자본 등의 자료도 CEO 및 임원 업적평가를 위하여 수집되어야 한다.

지식이나 지적자본 등 비재무적 성과에 대한 자료가 반영되지 않은 CEO 및 임원 평가모델은 지적자본이 기업의 가장 중요한 경쟁역량인 IT 기업 등 신 경제산업에서의 임원 평가제도로서는 적합하지 않을 것이다. 즉 CEO 및 임원의 업적평가에는 비재무적 성과를 포함한 다양한 측정지표가 반영되어야 한다.

기업들이 다양한 재무·비재무적 측정지표를 사용하는 것이 경영자로 하여금 미래 성과의 중요성을 간과하는 부문 최적화의 문제를 막을 수 있으며, 다른 분야의 손실에도 불구하고 특정 성과지표를 좋게 보이도록 하는 폐단을 방지할 수 있다.

물론 이러한 다양한 성과지표는 반드시 기업 전략이나 가치동인들과 연계되어야 할 것이다. 경영환경 변화로 기업은 비전과 전략을 기업 내적·외적 요인의 관점에서 구체적 목표와 측정지표로 전환시킬 수 있다.

셋째, 목표설정 시점에서 기업 전략적 목표와 연계하여 이사회가 CEO와 임원의 리더십 개발방향을 제시하도록 하여야 한다.

이에 따라 CEO와 임원 평가는 과거 및 미래 성과에 따른 보상과 책임에 초점을 두는 '성과관리'측면과 CEO와 임원이 기업의 미래 목표를 달성하는데 요구되는 비전·전략 그리고 개인적 역량을 가지고 있는가에 초점을 두는 '역량개발'측면을 동시에 고려하여야 한다.

미래 성과창출에 중요성을 부가하는 것은 평가에 재무 성과측정 외에 미래 성과창출의 원동력인 비재무적 성과도 포함시키기 위한 의도이다.

사실 CEO와 임원에 대한 평가목적이 명확하게 구분되어도 실제로 이 세 가지 목적은 같은 프로세스로 혼합된다. 그러나 CEO와 임원 평가에서 이러한 목적을 명확하게 구분하지 않거나, 이를 위한 절차가 분리되지 않으면 평가가 지향하는 목적을 달성하기 어렵다. 그렇게 될 경우 보통 보상결정을 목적으로 과거 성과만 검토하는 경우가 많다.

 그 이유는 그것이 구체적이고 이미 결정된 계량적 평가이기 때문이다. 많은 경우 CEO와 임원의 과거 성과에만 초점을 둠에 따라 미래 CEO의 개발니즈(요구되는 행동이나 성취에 대한 기대)에 대한 부분은 간과된다. 이에 최근 들어 CEO를 포함한 임원 평가방법 및 절차에 대한 구체적인 연구가 부분적으로 진행되고 있다.(표1 참조)

 하니웰(Honeywell)에서는 과거 성과에 대한 검토 미팅과 미래 요구에 초점을 맞춘 미팅을 구분하여 실시함에 따라 각각의 평가목적에 충분한 관심과 주의를 기울이게 한다.

표1. 글로벌기업의 임원 평가목적 및 평가방법 사례

회사	평가목적	평가방법
Citi Bank	• 연봉 및 보너스, 스톡옵션 지급 결정 • 승진과 승계계획에 반영	• Individual Scorecard • Talent Inventory Review
Pepsico	• 연봉 및 보너스 인상 • 역량 관련 피드백	• IPM (Integrated Performance Management)
IBM	• 급여·상여, 승진, 배치 • 후계승계에 반영	• Personal Business Commitments • Leadership Competency
Allied Signal	• 연봉, 보너스, 스톡옵션 • 승진	• Business Evaluation • Management Development Evaluation
Prudential	• 기본급과 인센티브 지급 결정 • 승진과 승계계획에 반영	• Business Evaluation • Potential Evaluation

1월 중순에 CEO는 올해 계획과 과거 성과에 대한 자신의 평가(리더십 개발 목표를 포함하여)를 이사회에 보낸다. 그러면 먼저 1월 이사회 미팅에서는 올해 목표에 관한 논의가 진행된다. 아울러 2월 미팅에서는 작년의 CEO 성과에만 초점을 맞춘다.

CEO와 임원 평가는 다음과 같은 효과를 제공한다.

첫째, 회사와 CEO의 장단기 성과목표와 결과에 대한 이사회 및 CEO 간의 의사소통을 원활하게 한다.

둘째, 개인의 강점과 약점을 확인시키고 발전방향을 제시한다.

셋째, 잠재적 문제에 대한 조기 경고신호를 제공한다.

넷째, 보상에 대한 명확한 가이드라인을 제공한다.

끝으로 이사회가 CEO와 고위경영층 활동에 대한 평가를 수행하고 있음을 주주와 기타 외부 관련자들에게 명확하게 제공하여 경영의 투명성을 높일 수 있다.

임원 평가내용 및 항목

● 평가내용

평가과정은 성과의 여러 요소로 구성된다. 이 요소들은 모두 임원 평가에서 고려되는 평가내용이다. 최종적으로 성과는 평가의 여러 요소의 상호 작용에 의해 결정된다.

이러한 평가내용은 크게는 임원이 리더로서 효과적으로 행동하는가와 그의 행동이 미치는 영향으로 구분된다. 임원 행동의 영향은 운영효과성과 조직의 재무성과를 말한다. 이렇게 보면 CEO를 포함한 임원 성과의 세 차원은 리더십 효과성, 운영의 효율, 재무적 성과이다.(표2 참조)

1) 재무적 성과(Bottom-Line Impact)

CEO 및 임원 평가와 보상(Pay for Performance)의 기본전제는 CEO와 임원이 기업 성과에 직접적이면서 중요한 영향을 미친다는 것이다. 따라서 CEO와 임원은 회사의 전반적 재무적 상태에 책임이 있다.

재무적 성과는 CEO와 임원이 기업의 재무적 성공에 초점을 두고 노력하도록 하는데 중요한 역할을 한다. 그러나 이는 성과에 관한 단지 하나의 지표로써 고려되어야 하는 것이지 전체는 아니다. 다분히 결과적인

표2. 글로벌 기업의 임원 평가내용

회사	스코어카드(Balanced Scorecard) 항목	리더십 역량평가 항목
Citi Bank	• 사람관리(People Management) • 고객(Customer/Franchise Performance) • 위험(Risk) • 통제(Control) • 지역사회(the Community) • 재무성과(Financial Performance)	• 사업성과 • 리더십 : 책임감, 팀웍, 비전, 의사소통, 존경과 균형 등 • 관리·실행 : 추진력·결단력 등 • 기술적·전문적 능력 • 고객집중, 혁신적 사고 • 회사의 가치관
Pepsico	• 재무적 목표 : 현금흐름, 매출액, 이익, 주당수익률	• 잠재능력 : 성과책임, 부하육성, 장기적 공헌, 자기계발, 리더십
IBM	• 고객에 몰입(Commitment to Win Objectives) : 고객만족, 재무성과, 품질, 서비스 등 • 목표실행 몰입(Commitment to Execute Objectives) : 기술개발, 증진 및 활용 • 팀 목표에 몰입(Commitment to Team Objectives) : 고객문제 해결을 위한 팀 구성, 다양성 등	• Focus to Win 고객통찰력, 돌파적 사고, 목표달성 추진력 • Mobilize to Execute 팀 리더십, 직접적 대화, 팀웍, 결단력 • Sustain Momentum 조직력 배양, 지도, 개인적 헌신 • The Core : 경영에 대한 열정

차원이라 할 수 있다.

2) 운영성과(Operational Impact)

운영성과란 기업의 효과성에 관한 CEO와 임원의 영향을 말한다. 조직에서 어떤 변화와 개선이 이루어지는가? 이 영역에 대한 측정은 유지율·종업원 만족도와 같은 조직기능에 관한 측정, 제품의 품질, 시장에 대한 스피디한 대응 등 조직효과성에 관한 측정, 흡수기업 수, 총 인원감소 등 전략에 관한 측정을 포함한다. 이러한 내용이 CEO와 임원 평가에 중요한 요인이 된다.

운영성과는 CEO 및 임원의 행동과 직접 관련되어 있다. 동시에 직접적인 주식가격보다 잠재적인 기업 가치평가의 중요한 지표이다.

3) 리더십(Leadership Effectiveness)

이 카테고리는 앞의 두 영역과는 다르다. 여기서는 CEO와 임원의 행동과 인적 영향력을 강조한다. CEO와 임원이 얼마나 자신의 책임을 효과적으로 수행하는가를 평가한다.

결국 CEO와 임원의 전체적 평가를 잘 하기 위해서는 역할수행, 후계자 선정에 대한 열정, 주요 고객과의 만남, 투자자 미팅, 장기전략 개발 등 리더십 행동과 관련된 목표를 포함하여야 한다.

● 평가항목 및 척도

CEO와 임원 평가에서 고려되어야 하는 항목의 수는 5~10개가 일반적이다. 각 평가항목은 구체적으로 정의되고 측정기준이 설정되어야 한다. 즉 구체적인 척도로 정의되어야 한다.

예) 0 ~10% 수익의 증가 : Poor

11~ 21% 수익의 증가 : Acceptable

21% Above : Outstanding

평가기준은 회계년도 초에 피평가자(CEO와 고위임원)와 이사회가 당해년도 및 장기 경영목표를 검토, 합의하여 설정한다. 경영전략과 일치하도록 개인별 10개에서 15개 이내의 목표를 설정하는 것이 바람직하다.

평가기준에는 질적요소와 양적요소를 모두 포함하도록 해야 한다. 예를 들면 다음과 같은 질적요소를 평가에 포함시켜야 한다. ① 성실·정직 ② 비전 ③ 리더십 ④ 회사의 성과목표 달성능력 ⑤ 후계승계계획 ⑥ 주주와의 관계 ⑦ 이해관계자와의 관계 ⑧ 이사회와의 관계

평가자

CEO와 임원 평가는 이사회의 주요 책무이다. 특히 사외이사로 구성되는 보상위원회에서 CEO와 임원의 평가 및 보상을 결정한다. 그러나 CEO와 임원 평가에는 여러 가지 상황 및 요소를 고려한 의사결정이 필요하기 때문에 많은 사람의 참여가 필요하다.

최근 증가하는 CEO와 임원의 평가형태는 다양한 관계자로부터의 피드백을 받는 방법(Multi-Source Feedback)이다. 즉 이사회, 경영진(Executive Team), 고객 등 다양한 계층의 이해관계자가 CEO의 행동을 폭넓게 평가한다. 이것이 효과적으로 진행되면 여러 계층으로부터의 평

가(Multi-Source Evaluation)가 CEO와 임원의 행동이나 리더십에 관한 타당성과 효과성에 대한 구체적인 평가기준을 제공할 수 있다.

또한 중요한 것이 이사회의 CEO와 고위임원 계층에 대한 성과평가이다. 이사회는 경영층의 실수를 책임져야 하므로 경영층의 성과평가에도 책임을 져야 한다. 하지만 일부 이사회는 회사 성과에 대한 이사회와 경영층 간의 지속적인 의사소통이 공식적인 평가를 대체할 수 있다고 보거나 성과평가가 이사회의 의무와 책임으로는 부적절하다고 여겨 평가를 실시하지 않는 경우도 있다. CEO 및 고위 경영층을 제외한 각 부문을 담당하는 임원은 CEO 또는 고위 경영층이 평가를 담당한다.

평가절차 및 방법

CEO 및 임원의 평가는 철저한 성과관리 프로세스에 따라 시행되어야 한다. 명확한 목표설정, 중간점검, 그리고 평가의 절차를 준수하여야 한다. CEO 및 임원의 목표는 회사의 사업계획 및 각 부문이나 본부의 계획과 연계되어 설정되어야 한다. 경영환경의 변화를 감안한 중간점검이나 실적에 근거한 평가도 구체적으로 진행되어야 한다. 뿐만 아니라 평가결과에 따른 보상과의 연계도 명확하여야 할 것이다.

CEO의 목표설정 및 평가는 이사회에서 주관하도록 하여야 하며, CEO를 제외한 임원의 목표설정과 평가는 CEO가 주관하도록 하여야 한다.

● CEO 평가

• 제 1단계–성과목표 설정

　1단계에서는 CEO의 역할을 정의한다. 회계기간 시작 전 각 부문을 맡고있는 경영진들은 이사회와 같이 전략계획을 검토하고 수정하여 장단기 사업목표를 설정한다. 동시에 CEO는 개인의 성과목표를 설정하고 그 실천계획과 측정방법을 구체화한다.

　또한 이 내용을 이사회, 특히 보상위원회에 제시하고 구체적인 목표를 설명한다. 보상위원회에서 목표를 검토하고 필요하면 수정한 후 최종 목표는 승인을 위하여 이사회에 제출된다.

• 제 2단계–중간점검

　이사회와 CEO는 주기적(분기 또는 반기 단위)으로 목표의 진행상황을 중간 점검해야 한다. 실제로 기타 임원들의 경우 비공식적으로 목표를 간략하게 점검한다. 두 가지 이유에서 가치가 있다.

　먼저 중간점검은 이사회가 목표의 진행상황을 모니터링하는데 도움을 준다. 이사회는 중간점검을 통하여 CEO가 목표를 얼마나 충족시키고 있는가를 알 수 있고 또 세밀한 주의가 요구되는 분야를 확인할 수 있다.

　다음으로 중간점검은 예상하지 못한 경영환경으로 인한 목표수정 기회를 제공하며 이는 시장환경이 급격한 산업에서 특히 필요하다.

• 제 3단계–최종평가

　마지막 단계는 CEO의 성과가 연초 설정된 목표와 대비하여 달성되었는가를 측정하는 단계다. 이는 회계기간 종료 이후에 실시된다. 최종 평가에는 CEO의 자기평가(Self-Evaluation)와 달성되지 못한 분야에 대한 설명할 기회가 포함되어야 한다. 자기평가는 CEO의 평가자인 사외이사 (External Director)들에게 제공된다. 사외이사들은 CEO의 자기평가를 참고하여 각자 CEO에 대한 평가를 하게 된다.

● 임원 평가

• 제 1단계 – 성과목표 설정

임원은 기본적으로 회사의 경영목표를 이해하는 것으로부터 시작하여 각 임원이 담당하는 영역(부문이나 본부)에 대해서 목표를 설정해야 한다. 구체적으로 해당 부문이나 본부의 성과지표(KPI: Key Performance Indicator) 결정하고, 각 성과지표별 연간 목표치(Target)를 결정해야 한다. 이를 기초로 스코어카드를 작성해야 한다.(표3 참조)

표3. 임원의 목표설정 및 CEO 최종 승인

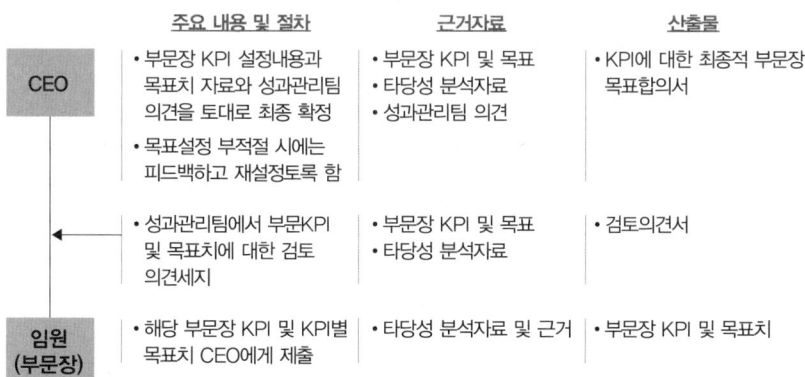

• 조직의 성과관리팀에서 해당 임원 KPI 및 목표치에 대한 검토의견을 CEO에게 제출하고, 이를 기초로 CEO가 최종적으로 부문목표를 확정함.

임원은 연간 성과목표가 기재된 스코어카드를 상급자인 CEO에게 제출하고 승인을 받는다. 〈표4〉는 2017년 기준 국내 대형 H시멘트회사의 임원 스코어카드의 예시이다.

• 제2단계- 중간점검

CEO와 각 임원은 주기적(분기 또는 반기 단위)으로 목표의 진행상황을 중간 점검해야 한다. 중간점검은 해당 임원의 성과목표의 달성 정도를 점검하기 위함이며, 뿐만 아니라 예상하지 못한 경영환경으로 인하여 목표수정이나 변경이 필요한가를 검토하기 위함이다.

• 제3단계- 최종평가

마지막으로 회계기간의 종료시점에서 해당 임원이 연초에 설정한 목표를 달성하였는지를 측정해야 한다. 최종평가에는 해당 임원의 자기평가를 기초로 하여 진행되어야 하며, 기본적으로 평가면담을 통하여 이

표4. **임원 스코어카드 예시(H시멘트)**

관점	KPI	비중	목표수준	평가산식
재무	출하량 극대화	20%	목표대비 5% 이상 달성	(실적-목표) / 목표
	한계이익 개선	10%	목표 한계이익(30,900원/톤) 달성	(실적-목표) / 목표
	부실채권 발생률	15%	매출액 대비 부실채권 '0'	부실채권 / 매출액
고객	단독거래처 확대	20%	전체 벌크출하량 대비 비중 5% 확대	실적비율 - 전년비율
개선	유통구조 개선	10%	운반비 7억원 이상 절감	절감금액
	유통시스템 개발	5%	BCT 대기시간 단축	Σ(대기시간) / Σ(전년도 대기시간)
학습	K시멘트 인수	10%	인수시기 준수(2017년 1분기)	달성시기 준수
	영업사원 평가 개정	10%	평가기준 수정(모델수립, 월 평가)	평가횟수 (3월 시작)
	계	100%		

루어져야 한다. 임원 평가는 임원의 보상에 중요한 요인으로 작용되기에 성과목표의 달성과 제반 경영상황 등을 고려하여 진행되어야 할 것이다.

또한 사외이사의 평가는 수집되어 보상위원회에 제공되며 이를 기초로 보상위원회는 CEO의 보상내용을 결정한다. CEO에게 평가결과를 피드백하기 전 평가과정 결과와 의견이 우선적으로 이사회에서 논의되어야 한다. 이때 CEO는 참석하지 않으며 이사회에서 평가결과가 충분히 논의된 후에 피드백을 받게 된다.

CEO 평가와 관련된 기타 사항

● **다면평가**

다면평가(Multi-Rater)는 360도 피드백(360-Degree Feedback)으로 잘 알려진 평가방법이다. 다면평가 시스템은 평가에 있어서 공정성과 적절성을 가지므로 최근 지지를 받고 있다.

특히 이사회가 리더십과 같은 중요하지만 파악이 어려운 영역을 다루는데 도움이 된다. 이사회는 CEO의 리더십을 평가할 때 CEO가 이사회와 이사회 활동을 얼마나 잘 이끄는지를 기준으로 파악한다.

그러나 CEO의 리더십은 이사회에 국한되기보다 조직 전체에 영향을 주는 것이다. 피터 드러커(Peter Drucker)에 따르면 "CEO의 리더십을 평가하는 효과적인 방법은 부하직원들에게 CEO를 평가하도록 요청하는 것"이라고 하였다.

● 평가자료의 원천

CEO를 비롯한 임원 평가를 공정하게 하기 위해서는 다양한 측면으로부터 자료를 수집하여야 한다. 즉 CEO나 임원의 자기평가 결과, 투자은행 등 재무관련 유관기관, 주요 주주나 종업원, 이사회 구성원, 계열회사의 성과, 나아가 경영컨설턴트, 외부 감사 등으로부터도 CEO 평가에 관련된 자료를 수집하여야 한다.

● 스코어 카드(Scorecard)

CEO를 포함한 임원의 업적평가에 가장 많이 사용되는 또 다른 방법으로는 하버드 경영대학의 로버트 캐플런(R. Kaplan) 교수와 Renaissance Solutions사의 데이비드 노턴(D. Norton) 박사의 균형성과표(Balanced Scorecard)가 있다.

선진기업이나 국내 대기업의 경우 임원 업적평가에 스코어 카드를 활용한다. 스코어 카드는 회사의 업종 따라 다소 차이는 있지만 보통 재무지표, 고객지표, 내부 프로세스지표, 학습지표로 구성되는 성과평가 기준을 포함하고 있다.

예를 들어 Glaxo Wellcom Inc., Whirpool, Hewitt Associatie LLC는 주주가치, 고객가치, 종업원가치의 3개 측면에서 장단기 성과창출 요소를 관리하기 위하여 임원의 업적평가에 스코어카드를 반영하고 있다.

주주가치 증대를 평가하기 위해서는 순이익, 신상품 매출, 주당순이익, 현금흐름, 생산성, EVA(Economic Value Added) 등의 지표를 사용한다. 고객가치 증대를 위한 임원 평가항목으로는 고객만족도, 시장점유율, 품질을 사용하고 있다. 종업원 가치향상을 평가하기 위해서는 핵심가치, 종업원 만족, 성과보상, 교육 등을 측정한다.

National Insurance는 재무, 고객, 내부개선, 학습의 네 가지 영역을 기준으로 주당이익률, 사업포트폴리오, 재해손실, 시장확보율, 사업믹스, 품질, 인력이동, 직원 생산성과 능력개발 등을 평가항목으로 활용하고 있다.

<표5>는 NCR의 BSC 평가항목이다. NCR은 재무·고객·내부 프로세스·학습 및 혁신의 네 가지 영역으로 평가항목을 구분하고 각 영역별로 2~4개의 목표를 설정하고 있다.

표5. NCR의 BSC 평가항목

NCR의 경영이 건전하게 이루어지고 있는가를 측정하는 지표

	Strategic Objectives (전략적 목표영역)		Metrics (측정지표)	Result			
				Q1	Q2	Q3	Q4
Financial (재무적 영역)	F1	Financial Health	매출달성도, 수익(GM)달성도 등				
	F2	Management Asset	재고수준, 외상매출액 수준				
	F3	Organization Efficiency	간접경비 비율 등				
	F4	Expand installed base	전년대비 매출액 신장률				
Customer (고객영역)	C1	Solve customer high value business problem	고객 서베이 결과, 고객가치평가 등				
	C2	Build stable and brand equity	브랜드이미지 평가				
	C3	Exceed customer quality expectation	시스템 장애율, 시스템복구시간				
Process Internal (내부 프로세스영역)	P1	Improve Account Planning and consultative Selling	1인당 수주금액				
	P2	Provide World Class Support	최초 장애복구 요청시 Visut로의 복구율, 원격조정에 의한 복구율				
Learning & Innovation (학습 및 혁신 영역)	L1	Customer Focused Innovation	직원만족도조사 결과				
	L2	Build Skill and Competencies	교육참가 인원수				
	L3	Enhance Performance Management	목표를 달성한 영업사원 비율				

Calibration Meeting(캘리브레이션 미팅)

캘리브레이션 미팅은 임원 평가 과정에서 평가의 공정성과 일관성을 확보하기 위해 매우 중요한 과정이다. 캘리브레이션 미팅에서 평가대상 임원의 상사인 고위관리직 또는 차상위자인 평가자가 모여서 평가대상 임원의 평가결과를 조정하고 평가등급을 확인한다. 즉, 캘리브레이션 미팅을 통하여 기업의 전략적 목표와 리더십 기준을 반영하여 공정한 평가의 결정을 내리도록 한다.

● **캘리브레이션 미팅의 주요 목적**

캘리브레이션 미팅의 주요 목적은 '평가 일관성 확보', '편견의 최소화', '임원 리더십 기준 반영', 그리고 '성과관리 강화'이다. 평가 일관성 확보는 서로 다른 평가자들이 각기 다른 기준으로 평가한 결과를 조정하여 공통된 기준을 적용하고자 하는 것이다. 편견의 최소화는 개인적인 선호, 편견 또는 평가자 간의 차이를 줄이고 객관적인 결과를 도출하는데 목적을 둔다. 임원 리더십 기준 반영은 회사의 핵심 리더십 원칙과 전략적 목표에 부합하는 리더십을 강조하고 이를 평가기준으로 명확히 하는 것이다. 그리고 성과관리 강화는 회사 생존의 기본인 성과도출을 위하여 임원의 강점·약점, 그리고 발전기회를 명확히 도출하도록 하고 이를 평가에 반영하고자 하는 것이다.

● 캘리브레이션 미팅의 진행방식 및 절차

캘리브레이션 미팅은 다음 단계로 진행하는 것이 효과적이다. 첫째, 사전준비 단계로 평가자는 사전평가를 완료하고 캘리브레이션 미팅에 필요한 자료를 준비하여야 한다. 둘째, 캐릴브레이션 미팅에서는 평가자가 평가대상 임원의 성과를 리뷰하고, 미팅 참석자들은 회사의 입장에서 평가

표6. 캘리브레이션 단계별 주요 내용

구분	단계별 주요 내용
사전 준비	• 각 평가자는 사전평가를 완료하고, 성과와 리더십에 대한 데이터를 준비 – 필수자료 ① 성과지표(KPI) 결과 ② 리더십 평가(예: 360도 피드백, 상사평가, 팀원 피드백) ③ 기타 정량적·정성적 데이터 – HR팀 평가기준, 가이드라인, 등급분포(예: Bell Curve(정규분포) 적용여부) 제공
미팅 진행	• 참석자 구성 – CEO 또는 최고경영진 – HR 부서장 및 임원평가 관리자 – 평가를 담당한 직속 상사 및 관련 부서장 • 평가결과 검토 – 임원별 성과리뷰 ① 주요성과, 목표달성여부, 팀관리 결과 발표 ② 예: "이 임원은 신시장 개척 목표를 초과 달성했으나, 팀의 이직률이 상승한 문제를 겪음" – 리더십 역량 분석 ① 360도 피드백, 행동사례를 기반으로 리더십 스타일과 영향력 평가 ② 예: "이 임원은 강력한 전략적 사고를 보여줬지만, 협업 부족으로 팀 갈등을 초래" • 평가결과 조정 참석자들이 각 임원의 평가등급(예: A, B, C)을 논의하고, 필요시 조정 – 조정기준 ① 성과지표 달성률 ② 조직영향력 ③ 회사 리더십 원칙과의 일치 여부
결론 도출	• 최종등급 확정 – 예: A 등급은 10%, B 등급은 70%, C 등급은 20%로 분배 • 후속 조치계획 – A 등급: 보상패키지 증대, 승진 고려 – B 등급: 개선 영역에 대한 코칭 제공 – C 등급: 성과개선계획 작성요청

결과자 공정하고 편협되지 않았는가에 대한 의견을 제시한다. 그리고 평가결과를 조정한다. 셋째, 미팅에서 충분한 의사소통을 기초로 최종 평가등급을 결정한다.(표6 참조)

● **캘리브레이션 미팅의 성공요인**

캘리브레이션 미팅의 성공요인은 첫 번째가 평가의 객관적 기준이 명확한가에 있다. 객관적 기준으로는 정량적 데이터(성과·목표달성률)가 중요하다. 또한 임원평가에서는 리더십 실천 등과 관련된 정성적 피드백(리더십·문화적합성)도 포함되어야 한다. 두 번째는 다양한 관점을 반영하도록 해야 한다. 즉, 최고경영자·타부문장 등 다수의 평가자와 HR전문가가 참석해 다양한 의견을 반영하도록 해야 한다. 세 번째는 평가결

● **사례** ● **구글의 임원 캘리브레이션 미팅 사례**

구글은 임원평가에 성과 중심 접근법과 문화적합성을 결합하였다. 글로벌 사업부서의 임원 성과평가 미팅에서 발생한 사례를 보면 다음과 같다. 실제 평가자의 평가결과는 A 임원은 클라우드 사업매출 30% 성장을 성장시켰다. 그래서 'A+' 등급을 받았다. B 임원은 검색광고의 기존 매출 유지했다. 그래서 'B' 등급을 받았다. C 임원은 신사업 프로젝트를 실패해서 'C' 등급을 받았다.

임원의 리더십은 다음과 같았다. A 임원은 팀과의 협력이 부족하다는 피드백을 받고 있다. B 임원은 팀원들에게 높은 신뢰를 얻고 있다. C 임원은 목표 미달성에도 혁신적 아이디어를 지속적으로 제안했다.

이들 임원에 대한 캘리브레이션 미팅 결과는 다음과 같다. A 임원의 성과는 우수했지만 리더십 부족으로 평가등급이 'A'로 하향 조정되었다. 반면 B 임원은 중간 성과지만 리더십의 발현으로 평가등급이 'B+'로 상향되었다. C 임원은 발전적인 개선 가능성을 고려하여 'C+'로 평가되었다.

과를 바탕으로 맞춤형 개발계획을 수립하고 개선과 성장을 촉진하도록 지원해야 한다.

캘리브레이션 미팅은 임원 평가에서 공정성과 일관성을 확보하기 위한 필수적인 과정이며 미팅 결과를 바탕으로 임원의 육성과 개발을 지원하도록 해야 한다.

임원 평가에 ESG 성적 반영해야

기업이 ESG 성과를 창출하는 방안이 무엇인지에 대해 논의가 불붙었다. 런던증권거래소 100대 기업(FTSE 100) 중 절반 정도가 이미 CEO 이하 임원 보상 패키지에 ESG 지표를 포함한다. 3분의 1은 평균적으로 성과급 15%가량을 ESG 목표를 달성하는 데 연동하고 있다. 최근 일부 국내 기업도 기존 KPI에 ESG 요소를 포함하는 분위기다. 향후 ESG 평가 모범 규준에도 임원 보상을 ESG 성과에 연동하느냐가 주요 체크포인트로 고려될 전망이다. 기업 조직 정점에 임원이 있고, 이들이 어떤 생각과 행동을 보이느냐에 따라 ESG 성과가 달라질 수 있다. 따라서 ESG를 보상에 연동하는 것은 매우 당연하고 효과적인 방향으로 보인다. 이에 앞서 중요하게 고려해야 할 것은 ESG 지표가 각 기업 전략에 얼마나 '녹아들었느냐'다. ESG 지표가 전략에 충분히 통합돼 있지 않다면, '회사 전략 따로, ESG 경영 따로' 움직여 인센티브 체계가 왜곡되는 문제가 발생한다. 예를 들어 철강 회사에서 탄소 배출량 감축 총량을 임원 보상과 연계한다면, ESG 성과를 위해서는 철강 생산이 감소할 수밖에 없다. 이사회는 탄소 배출을 장기적으로 줄이는 방향으로 혁신 기술을 개발하고 친환경 철을 생산하는 쪽으로 전략을 수립해야 한다. 물론 이에 따라 임원 보상이 이뤄져야 한다. 관련해 최근 발표된 PwC와 런던비즈니스스쿨 연구는 몇 가지 시사점을 던진다. 우선, 장기적인 주주가치에 도움을 줄 수 있는 ESG 성과가 임원 평가와 보상에 영향을 줘야 한다는 점이다. 연구에 따르면 FTSE 100 기업 절반 이상은 지속 가능성 보고서에 제시한 '중대성 평가'에 언급되지 않은 항목들이 CEO 보상에 영향을 줬다.

연구자는 '중대성 평가'에 포함된 항목 중심으로 보상에 영향을 미쳐야 한다고 지적한다. 앞서 언급한 회사 전략 우선순위에 ESG가 충분히 통합돼야 한다는 주장과 맥을 함께한다. 이를 위해서는 전략 기획, 지속 가능성, 생산, 마케팅 부서 등이 전사적으로 협업해 ESG를 본업 프로세스에 녹여내야 한다. ESG 트렌드 관점으로 회사 미래의 다양한 시나리오를 상정한 뒤, 전략 방향에 대한 공감대를 이뤄내야 한다. 물론 최종적으로 이사회가 명확하게 전략 방향을 세우는 게 중요하다. 기업에 따라서는 한두 가지 결정적인 ESG 이슈들이 영향을 미칠 수 있다. 하지만 대부분 기업은 다양한 이슈들이 다차원적으로 ESG 성과에 영향을 미친다는 점을 기억해야 한다. 유니레버가 '지속 가능한 삶 계획(Sustainable Living Plan)'을 만들어, ESG 이슈별 우선순위를 일관성 있게 유지한다는 점은 참고할 만하다. ESG 성과를 임원 단기 보너스에 반영할지 장기 인센티브에 반영할지도 이슈다. ESG 목표 중 안전, 양성 평등은 조기 달성이 중요해 1년 단기 보너스에 적용하고, 환경 목표는 장기 보상이 적절하다. 2021년 1월 세계 시총 1위 기업인 애플은 주요 임원 성과급을 '애플 가치(Apple Value)' 달성 여부에 따라 위아래로 10%까지 조정할 수 있다고 발표했다. ESG 경영을 중시하는 기업이라면 회사가 표방하는 '가치'가 무엇인지 숙고해보고 임원 보상에 효과적으로 연계할 방안을 고민해야 한다.

(매경이코노미, 2021. 10. 28)

참고문헌

- 김순기 외, 성과측정치의 다양성과 측정치와 전략과의 연계가 기업성과에 미치는 영향, 경영논초, 제 15-1집, 2005
- 최동득·정형철·정종태, 알기 쉬운 BSC, 2006, 코미트출판부
- J. Larry Tyler & E. L. Biggs, Practical Governance : CEO Performance Appraisal, Trustee, 2001. May.
- Carlos Rivero, CEO Evaluation, The Corporate Board, 2004. Sep/Oct
- Steven Firev & S. Mitchell williams, Intellectual Capital and traditional measures of cooporate performance, Journal of Intellectual Capital, 2003. Vol4, No.3

● 참고자료 ●

평가양식서

1. 국내 외자계 대기업 임원 업적평가서 양식(사례 1)
2. BSC 관점의 임원 업적평가표 양식(사례 2)
3. 국내 대기업 임원 업적평가서 양식(사례 3)
   ① 임원 성과평가표
   ② 임원 성과에 대한 본인기술서
   ③ 임원 역량평가표

국내 외자계 대기업 임원 업적평가서 양식(사례 1)

1. Performance ○○○ Review Form

Name : _____ Manager's Name : _____
Role/Job Title : _____ Business Unit : _____
Function : _____ Career Band/ Grade : _____
Date of This Review _____ Date of Last Review : _____

Objectives for next year (at least one of these must be a team ○○○ objectives and all of these must be aligned with your BU's strategic objectives)

Description (please include success criteria)	Weighting(%)	Actual Achievement

Employee Signature : _____ Date : _____
Manager Signature : _____ Date : _____

2. Quality Delivery : Leadership Competencies

Leadership Competencies	Is the competency critical to this job? (√ or ×)	Examples where competency clearly demonstrated	Examples of areas for development
Leading Change	☐		
Leading Others	☐		
Providing Direction	☐		
Developing Others	☐		
Seeking Business Knowledge	☐		
Thinking Analytically or Thinking Strategically	☐		
Thinking Conceptually and Creatively	☐		
Ensuring Quality	☐		
Showing Commitment	☐		
Building Partnerships	☐		
Influencing Others	☐		
Working Cultures	☐		

3. Quality Delivery : Values

Values	Examples where values cleary demonstrated/action taken	Examples of areas for development/action needed
Respect		
Integrity		
Teamwork		
Innovation		
Consumer and Customer Focus		
Quality		

4. Quality Delivery : Daily Delivery

Baseline Accountabilities	Examples of outstanding performance	Examples of areas for development

Overall Rating : _____

Does Not Meet Expectations	Meet Expectations	Exceeds Expectations	Significantly Exceeds Expectations

5. Development Plan

Key Development Area	Development Action Plan	Timing	Priority
Within Job :			
Beyond Job :			

6. Career

Aspirations : **How would you like to see your career progress?**

Mobility :
Would you be interested in moving to a different functions?   No ☐ Yes ☐   *If yes, indicate which you would consider*

Marketing ☐ Sales ☐ Finance ☐ Manufacturing ☐ MIS ☐   Other ☐ _____

Would you be interested in moving to a different country?   No ☐ Yes ☐   *If yes, indicate the regions you would consider*

South East Asia ☐ Rest of Asia inc. Australia ☐ North America ☐ South America ☐ Western Europe ☐ Eastern Europe ☐ Africa ☐

Approval Signatures

Reviewee :   Manager :

자료출처 • 「임금연구」, 2000. 9, 경총 임금연구센터

BSC 관점의 임원 성과평가 양식(사례 2)

BSC 4가지 관점별로 KPI를 도출하고 KPI별로 성과달성 목표를 설정한다.

담당 실/본부장	직 급	성 명	재직기간	서 명

지표관점	KPI	가중치	목표	추진계획	일정	기대효과
재무	KPI 1					
	KPI 2					
고객	KPI 3					
	KPI 4					
프로세스	KPI 5					
	KPI 6					
학습	KPI 7					
	KPI 8					

검토자(CEO)	직 급	성 명	서 명

KPI별 상세 목표설정 양식

KPI별로 다음과 같은 평가등급별 목표치 설정이 이루어지며, 세부실행은 월·분기별 기재한다.

KPI					
KPI 설명					
목표	S	A	B	C	D
실행계획					
평가관점					
평가산식					
목표설정 사유					
추진일정					
기대효과					
예상문제점 및 해결방안					

국내 건설 대기업 임원 스코어카드 양식(사례 3)

구 분		KPI (성과지표)	비 중	목표 수준	평가 산식	평가기준					달성 방안
공통 KPI						S:	A:	B:	C:	D:	
						S:	A:	B:	C:	D:	
						S:	A:	B:	C:	D:	
						S:	A:	B:	C:	D:	
		소계									
개별 KPI						S:	A:	B:	C:	D:	
						S:	A:	B:	C:	D:	
						S:	A:	B:	C:	D:	
						S:	A:	B:	C:	D:	
		소계									
전략 과제	단기					S:	A:	B:	C:	D:	
						S:	A:	B:	C:	D:	
	장기					S:	A:	B:	C:	D:	
						S:	A:	B:	C:	D:	
	계										

* KPI(성과지표)는 계량지표를 활용하도록 함
  ⇨ 공통 KPI는 임원이 소속된 본부가 공통적으로 달성해야 하는 KPI를 말함
    (예, 시멘트 부문에 속한 임원은 시멘트 매출목표, 시멘트 부문 영업이익목표 등이 공통 KPI가 됨)
  ⇨ 개별 KPI는 각 임원의 역할에 따라 구분되는 KPI를 말함
    (예, 시멘트 부문 공장장인 경우, 단위 공장 생산량, 설비가동개선율, 고정비 절감률,
    사고발생감소율 등이 개별 KPI가 됨)
* 전략과제는 산업의 경영환경변화(환경관련 각종 법률 기준 변화 포함)에 준비, 인프라 구축 등을
  위한 제도개선, 신기술 개발 및 확보, M&A 등을 말하며 정성지표(예, 일정 등)로도 가능함
* 평가기준에는 목표수준을 기준으로 실적달성도를 감안하여 평가등급별 기준을 수립하도록 함
  (예, 매출목표가 5,000억원인 경우, S 등급 부여는 목표 110% 초과 달성,
  A 등급의 부여는 목표 100% 달성 등으로 구체적으로 기술함)

국내 대기업 임원 업적평가서 양식(사례 4)

1. 임원 성과표

_____ 부터
_____ 까지

성 명		(서명)	직 위		직 책	

평가항목	가중치	목표	실적	평점		비고
				자기평가	CEO평가	
1. 당기 계수적 경영성과						
2. 당기 질적 경영성과						
3. 중장기 성장기반 구축 　1) 경영혁신 성과 　2) 중장기 수익지표 등						
4. 기타						
계						

자료출처 • 이명환, 시스템경영, 한국기업문화연구소, 2005

2. 임원 성과에 대한 본인기술서

성 명		(서명)	직 위		직 책	

1. 금기에 이룬 경영성과

2. 금기 부진사항 및 주요실책
[금기 주요부진사항 및
  실패사례를 구체적으로 기술]

3. 중장기 성장기반 구축 실적
[경영혁신 성과 평가항목을
  포함하여 기술]

3. 임원성과에 대한 본인기술서(계속)

성 명	(서명)	직 위		직 책	

4. 경영상 주요현안 및 대책
   〈관장부문〉

   〈전 사〉

5. CEO·종합평가 :

4. 임원역량평가표

_____ 부터
_____ 까지

피평가자	회 사		직 위		성 명	

평가항목	매우 뛰어남	뛰어남	무난함	계발이 필요함	많은 계발이 필요함
1. 변화와 혁신의 자세 　(1) 위기의식 　(2) 변화의 자세 　(3) 창의적 사고					
2. 추진력과 긍정적 사고 　(1) 높은 성과를 위한 열정 　(2) 주도적·도전적 자세 　(3) 긍정적·건설적 자세					
3. 책임경영 의식 　(1) 주인의식·프로정신 　(2) 일관된 자세 　(3) 애사심 및 솔선수범(조직에 대한 태도)					
4. 품성 　(1) 인간성·도덕성 　(2) 사회성					
5. 전략적 경영능력 　(1) 분석적 사고 　(2) 담당사업에 대한 지식 　(3) 국제적 감각					
6. 리더십 　(1) 이론무장 및 설득력 　(2) 조직화·시스템화 능력 　(3) 팀웍유지 및 리더십					
7. 인력운용 능력 　(1) 우수인재 확보 및 양성 　(2) 권한위양 및 성장기회 부여 　(3) 인재활용 및 평가					
8. 커뮤니케이션 능력 외 　(1) 정보 및 의견교류 　(2) 대외섭외 능력 　(3) 체력·기력					

본인 자기평가용 및 다면평가용으로 평가항목별로 해당평가란에 v표 함.

자료출처 • 이명환, 시스템경영, 한국기업문화연구소, 2005

제6장 임원 보상

임원 보상체계

임원 보상체계의 변화추세

최고경영자 급여수준과 직원 등의 급여수준

임원 보상의 결정요인과 절차(임원보상위원회)

임원 및 경영자 보상의 이론적 배경

임원 보상제도의 설계 : 적절한 보상패키지 구성

STEP 06

경영자 보상체계는 일반적으로 기본급여, 현금 보너스, 장기 인센티브, 비금전적 부가급 등 네 가지 요소로 구성된다. 임원 보상체계의 특징은 기본급여보다는 장기 또는 단기 인센티브에 역점을 두는데 있다. 특히 최고경영자의 보상체계에서 장기 인센티브는 더욱 중요해 지고 있다.

임원 보상체계

최고경영자를 포함한 임원의 보상체계 및 보상구성은 일반적으로 잘 알려져 있지 않다. 그러나 임원 보상체계를 어떻게 구성하느냐는 기업의 매우 중요한 과제이며 관심영역이다. 이는 우수한 경영자를 확보, 유지하는 수단일 뿐만 아니라 동기부여 요인이 되기 때문이다.

경영자 보상체계는 보통 기본급여(Base Salary), 현금 보너스(단기 인센티브), 장기 인센티브, 비금전적 부가급(Perquisites) 등 네 가지의 요소로 구성된다.(표1 참조)

임원 보상체계의 특징은 기본급여보다 장기 또는 단기 인센티브에 역점을 두는데 있다. 특히 최고경영자의 보상체계에서 장기 인센티브는 더욱 중요해 지고 있다.

미국의 경영학자인 밀코비치와 뉴만(Milkovich & Newman)은 미국 기업 경영자를 대상으로 한 분석에서 1990년의 총보상은 기본급여 27%, 단기 인센티브 43%, 장기 인센티브 23%, 부가급 7%로 구성되며 이는

1970년의 기본급여 60%, 단기 인센티브 25%, 장기 인센티브 15%에 비해 기본급여의 비중이 크게 저하되고, 단기 인센티브와 장기 인센티브의 비중은 높아졌다고 분석했다.

또한 타워스페린(현 윌리스 타워스왓슨)의 1999년 조사에 의하면 임원에 대한 총보상은 기본급 38%, 연간 인센티브 15%, 스톡옵션 36%, 복리후생 11% 순으로 나타나 장기 인센티브의 비중이 높게 나타났다.

2004년 월스트리트 저널(Wallstreet Journal) 조사에서는 미국 CEO들의 보수 중 스톡옵션 등 장기 보상금이 47.6%였고, 이밖에 기본급여(27.8%), 성과급 보너스(14.1%), 보험급여(5.6%)의 비중으로 나타났다.

2011년 윌리스 타워스왓슨이 2008년부터 2010년까지 미국기업 임원 보상의 구성내용을 분석한 자료에 의하면 2000년대 초반보다 기본급의 비중이 줄어들었으며, 현금 보너스나 장기 인센티브 비중은 증가하였다. 특징적인 점은 장기 인센티브 가운데 스톡옵션은 줄고 대신 제한부주식(Restricted Stock)과 주식성과급(Performance Plans)이 증가하였다.(그림1 참조)

2017년 미국기업의 경영자 보상구조를 분서한 자료에 따르면 하위 10% 수준의 경영자의 보상구조는 기본급 중심이며, 하위 25~50% 수준

표1. **임원 보상체계**

	보상형태 및 속성		기간특성
금전적 보상	고정급적 보상	기본급여(Salary)	단기(1년)
	변동급적 보상	현금 보너스(Bonus) 장기 인센티브	단기(1년) 장기(3~5년)
비금전적 부가급(복리후생 및 특권)			단기(1년)

의 경영자 보상구조는 기본급과 보너스 중심이다. 물론 약간의 복리후생이나 비금전부가급이 있다.(표2 참조) 반면 보상이 상위 수준인 경영자의 경우 경영자의 보상구조는 기본급·보너스·주식(스톡옵션·현물주식)으로 구성되어 있으며 주식의 비중이 50% 이상이다.

우리나라의 경우 총보상은 기본급 53%, 연간 인센티브 14%, 스톡옵션 0%, 복리후생 33% 순이고, 일본의 경우 기본급 63%, 연간 인센티브

표2. 2017년 미국기업 경영자 보상구조 현황
(단위 : $)

구분	하위 10%	하위 25%	중위	상위 25%	상위 10%	평균
비금전부가급	1,000	3,000	10,000	20,000	50,000	40,580
복리후생	5,000	10,900	19,600	40,000	66,000	38,000
스톡옵션	0	0	0	180,000	1,000,000	855,994
주식	0	0	0	0	150,000	463,652
보너스	0	10,000	71,022	200,000	450,000	397,360
기본급	120,000	180,000	250,000	350,000	500,000	410,003
계	126,000	203,900	350,622	790,000	2,216,000	2,213,679

자료출처·JWNENERGY.com

그림1. 미국 임원 보상구조의 변화

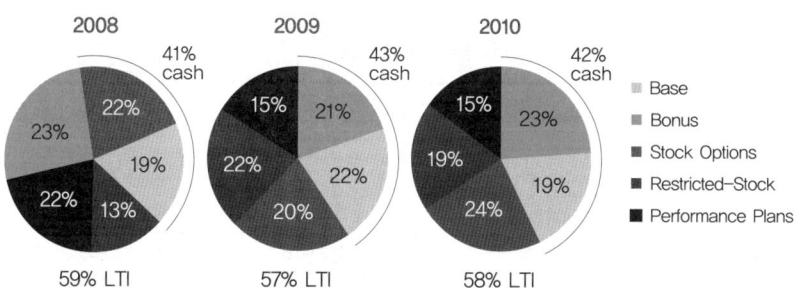

자료출처·경영계, 임원 평가보상 트렌드와 대응방향, 한국경영자총협회, 2011

10%, 스톡옵션 0%, 복리후생 27% 순으로 나타났다.

일본과 한국에서 스톡옵션이 거의 나타나지 않는 것은 실제로 우리나라는 1996년 증권거래법 개정을 통해, 일본은 1997년 상법 개정을 통해 많은 기업이 스톡옵션제도를 도입했지만 아직도 일부 기업, 경영자를 대상으로 제한적으로 운영하고 있기 때문이다.

2016년 5월 중소기업청 발표 자료에 따르면 2015년 기준 벤처기업 중에서 과거 스톡옵션을 실시한 경험이 있는 기업은 2.0%, 현재 실시 중인 기업은 2.4%, 향후 활용계획이 있는 기업은 11.1%로 나타났다. 우리나라 기업들의 스톡옵션 도입 사례는 다음과 같다. 2017년 6월 코스닥협회 보도자료에서 2016년 12월 기준 코스닥 상장법인 중 116개 기업(10.4%)에서 2,337명(기업당 평균 20명)에게 스톡옵션을 부여한 것으로 발표했다.

타워스왓슨의 2000년 '세계 각 국의 보상 보고서'에서도 한국 CEO들의 인센티브 비중은 기본급의 25%로 미국(기본급의 155%), 싱가포르(기본급의 102%), 홍콩(기본급의 87%) 등에 비해 매우 낮게 나타났다.

〈표3〉은 미국 Oil & Gas 산업 상위 50대 기업의 경영자 보상 패키지

표3. 미국 Oil & Gas 상위 50대 기업 경영자 보상(평균)

보상항목	2015년	2016년
기본급(base pay)	$ 574,307	$ 561,108
단기인센티브(annual incentive plan)	$ 693,170	$ 806,372
주식보상(share-based rewards)	$ 1,739,947	$ 1,640,934
스톡옵션(option-based rewards)	$ 1,259,678	$ 1,113,034
계	$ 4,267,102	$ 4,121,448

자료출처·JWNENERGY.COM, August 2017, 'Shrinking Pay Packets Continue', pp. 35~37

의 예시이다. 미국 Oil & Gas 산업 상위 50대 기업의 경영자 보상 구조에서 살펴보면 단기 인센티브가 기본급보다 높은 것으로 나타났다. 2015년은 단기 인센티브가 기본급의 1.2배이며, 2016년은 단기 인센티브가 기본급의 1.4배이다.

스톡옵션을 포함한 주식보상은 기본급의 4~5배로 나타났다. 2015년 미국 Oil & Gas 상위 50대 기업의 경영자 보상 가운데 주식관련 보상(주식보상 1,739,947달러, 스톡옵션 1,259,678달러)은 2,999,625달러로 기본급 574,307달러의 5.2배이다. 2016년 미국 Oil & Gas 상위 50대 기업의 경영자 보상 가운데 주식관련 보상(주식보상 1,640,934달러, 스톡옵션 1,113,034달러)은 2,753,986달러로 기본급 561,108달러의 4.9배이다.

● 고정급여

고정급은 기업에 소속되었기에 받는 보상이다. 경영자의 보상 중 경영성과와 관계없이 경영자가 받을 수 있는 최소한의 보상수준이다. 이는 동기부여 이론에서 위생요인(Hygiene Factor)에 해당되는 보상이라고 할 수 있다. 보통 기본급 또는 기본급여(Annual Salaries)를 말한다.

기본급여는 경영성과에 관계없이 고정적으로 지급되는 임금이다. 기본급여는 수행한 근로에 대해 지급하는 현금보상을 의미한다. 기본급여 결정은 직무가치 또는 기능을 반영하고, 일반적으로 개인 간 성과의 차이를 고려하지 않는다. 따라서 지급액은 직무가치와 기능 등 일정 기준에 의해 미리 정해진다.

또한 직무가치는 직무평가를 통하여 결정된다. 기본급여는 근무경력,

외부 경쟁적 조건, 물가 등에 의해 장기적으로 조정될 수 있다. 특히 경영자 기본급여 결정에 있어서 매우 중요한 요인은 경영자가 기업 경쟁력 향상에 미치는 영향이다.

공식적인 직무평가가 여전히 경영자 기본급여를 결정하는데 때때로 중요한 역할을 하지만 경영자의 인지도나 영향력 등 기업 경쟁력 향상에 영향을 가져올 다른 요인이 보다 더 중요하다.

● 변동급여

변동급여는 단기 인센티브인 현금 보너스와 장기 인센티브로 구성된다. 현금 보너스나 장기 인센티브는 소유자(주주)가 대리인인 경영자로 하여금 그들의 기대나 희망인 특정한 목표 및 결과를 추구하도록 하기 위한 수단으로 사용된다.

이러한 변동급은 조직에서 상위계층인 경영자그룹에 경쟁적인 행동을 유발하게 하는데 효과적이다. 그러므로 변동급은 CEO와 최고경영자팀에게는 중요한 동기부여 수단이다.

1) 보너스(Bonus)

보너스는 변동급의 일종으로 통상 일정 기간의 성과에 근거하여 1년 단위로 지급된다. 보너스는 경영자 보상에서 보다 좋은 성과를 유인하는 중요한 역할을 한다. 이와 같은 형태의 보상에 대한 선호도가 높아 미국 대부분의 기업은 보너스 제도를 도입하고 있다.

미국기업에서 보너스는 산업에 따라 매우 다양하게 나타난다. 금융업의 경우 기본급여 2.5배에 이르지만 공익기업은 기본급여의 평균 0.5배수준이다. 산업이나 기업 간의 차이는 있으나 보너스는 대체로 기본급의 2.5배 이내에서 결정된다.

CEO 보너스는 EBITDA(Earning Before Interest, Tax, Depreci-ation, Amortization), EVA, 매출액 등 전사 재무적 경영성과 지표와 비재무적 경쟁력 강화지수(Non- Financial)에 따라 결정된다. CEO를 제외한 임원들의 보너스는 각 기업의 사업이나 책임영역 성과에 의해 결정된다.

미국에서는 이미 1920년대에 이같은 보너스 제도를 대거 도입하였다. 한 가지 유의해야 할 점은 우리나라의 기존 상여제도는 고정급 성격이 강하므로 여기서 말하는 보너스의 개념과 다르다는 것이다.

보너스는 주로 재무적 성과에 의해 결정되기 때문에 쉽게 조작될 수 있다는 단점도 있다. 또한 장기적인 기업의 발전에 대한 관점이 부족하다는 문제점도 지니고 있다.

2) 장기 인센티브

경영자의 장기적 보상제도는 기업의 장기적이고 전략적 측면의 성과에 중점을 둔 보상제도이다. 보상형태는 현금보다 주식이나 스톡옵션 등으로 구성된다.

성과측정은 장기적 경영성과와 연계되므로 1년 이상의 기간을 설정하는 것이 일반적이다. 성과척도는 경영자의 이해를 주주의 이해와 직접적으로 연결시키기 위해 주가의 변화와 연계되어 있는 것이 보통이다. 또는 여러 해에 걸친 영업이익 성장률 등을 사용하기도 한다.

이 제도는 단기적 경영자 보상제도의 여러 가지 문제점을 해소해 준다는 점에서 미국을 중심으로 1980년대 들어 전 세계적으로 널리 확대되었다. 1970년대에는 장기적인 경영자 보상제도를 사용하는 기업이 전체 기업 중 15% 정도에 머물렀으나, 1988년의 통계에 의하면 60% 이상의 기업이 장기 경영자 보상제도를 채택하는 것으로 나타났다.

미국의 경영자 보상체계는 고정급인 기본급 중심에서 성과에 따른 변동보수 중심인 주식 기반의 장기보상(Stock-based Long-term Pay)으로 변화했다. 〈그림3〉을 보면 1992년 S&P 500 회사들에서 CEO의 기본급 비중은 총보수 대비 42%였으나 2014년에는 13%로 크게 감소했으며 주식, 스톡옵션, 장기 인센티브 등 변동성 장기 성과급의 비중은 52%에서 83%로 증가하였다.

〈표4〉는 미국 상장 보험회사 임원의 총보수 및 보수체계를 보여준다. 기본급, 현금보너스, 스톡옵션, 양도제한부 주식, 성과연동형 비주식 보상, 연금 및 기타 비금전적 보상으로 이루어져 있다. 2008년에서 2018년

그림3. 미국 S&P 500 기업의 CEO 보상체계 구성 변동

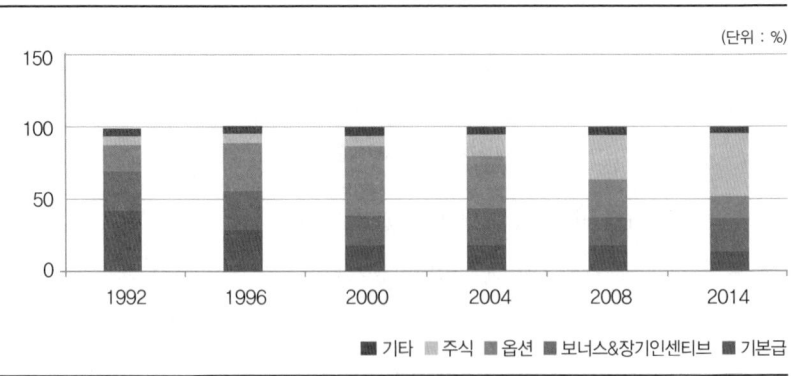

자료출처·Edman et al.(2017)

미국 상장 보험회사들의 경우 임원의 총보상에서 성과보수(스톡옵션·주식보상·성과연동형 비주식 보상의 합)가 차지하는 비중은 68%로 경영자 보상체계가 주로 성과와 직접 연계된 보상으로 구성되어 있다는 사실을 알 수 있다. 기본급이나 현금보너스가 차지하는 비중은 불과 16%와 5% 정도이다.

① 스톡옵션(Stock Options)

경영자에게 고용계약상 규정된 기간 동안 정해진 주식을 미리 약정한 가격에 매입할 수 있는 권리를 부여한다. 규정된 기간은 보통 10년 이상이 적합하다. 그 이유는 경영자가 보다 장기적 관점에서 기업경영을 할 수 있도록 하기 위한 것이다.

표4. 미국 상장 보험회사 임원 평균 보상 구성비율 (단위 · $1,000)

연도	총보수	기본급/총보수	보너스/총보수	주식/총보수	옵션/총보수	비주식 인센티브/총보수	연금 등/총보수	기타/총보수
2008	15,079.9	0.17	0.05	0.28	0.23	0.11	0.06	0.09
2009	13,513.9	0.19	0.08	0.25	0.14	0.20	0.06	0.07
2010	14,698.0	0.17	0.07	0.34	0.11	0.20	0.06	0.06
2011	14,111.0	0.18	0.05	0.33	0.10	0.20	0.08	0.06
2012	15,791.9	0.16	0.05	0.35	0.10	0.20	0.08	0.06
2013	15,931.1	0.17	0.05	0.34	0.09	0.26	0.02	0.06
2014	18,149.8	0.15	0.04	0.36	0.09	0.25	0.08	0.04
2015	14,748.2	0.17	0.04	0.34	0.11	0.26	0.03	0.04
2016	16,403.8	0.16	0.04	0.36	0.10	0.23	0.04	0.07
2017	17,072.5	0.14	0.03	0.35	0.09	0.27	0.04	0.03
2018	15,273.8	0.15	0.02	0.37	0.07	0.28	0.03	0.07
평균		0.16	0.05	0.34	0.11	0.23	0.05	0.06

자료출처·ExeuComp Database

이는 미래의 일정 기간 내에 약정된 가격으로 일정 수의 자사 주식을 매입할 수 있는 권리를 부여하는 제도로 이 경우 몇 가지 제한조건을 충족시키면 세금혜택을 받을 수 있는 동기부여 스톡옵션(Incentive Stock Options)과 세제상의 혜택이 없는 비적격 스톡옵션(Non-Qualified Stock Option)이 있다.

② 단기 주식구매제도(Stock Purchase Plan)

한 두 달 정도의 단기간에 경영자로 하여금 시장가치와 동등하거나 그 이하 가격으로 주식을 매수할 수 있는 기회를 제공하는 방법이다.

③ 제한부 주식제도(Restricted Stock Plans)

경영자가 회사에 재직하고 있는 기간동안 경영자에게 거의 무상으로 일정량의 주식을 제공한다. 고용계약이 종료되면 주식을 시장에서 매매할 수 있다. 그러나 경영자가 계약된 고용기간을 마치기 전에 회사를 떠나면 주식에 관련된 모든 권리는 상실된다.

④ 주식증여(Stock Awards)

경영자에게 회사의 주식을 조건없이 자유롭게 제공한다. 보통 경영자

표5. 장기적 보상의 효율성

구분	주식옵션	주식평가 보상권	가상주식	제한주식	제한주식	실적지급 방식
주주와 경영자의 이해 일치	○	○	○	○	○	○
경영자 유지	△	△	△	○	○	○
장기적 성과·장기적 계획 강화	△	△	△	△	△	△
장기적 자산축적의 수단제공	○	○	○	○	○	○
경쟁적 보상의 제공	△	△	○	○	○	○

• 주 · ○(매우 효율적임), △(약간 효율적임)
자료출처 · 김환일, 전략적 경영자 보상제도의 설계방안, 인사관리연구, 제27집 1권(2003), p.129

채용시 유인책으로 사용되기 때문에 한 번의 제공으로 종료된다.

⑤ 자산가치 기준 주식제(Formula-Based Stock)

경영자에게 싼 가격으로 주식을 제공하거나 무상으로 제공한다. 그러나 경영자가 주식을 상환하려고 할 때 소유한 주식가치는 시장가격으로 반영되지 않는다. 주식가치는 사전에 규정된 공식(장부상 자산 - 부채/특별 주식량)에 의해서 가격이 계산된다.

이 방법은 주식의 시장가치가 최고경영자의 통제할 수 없는 다른 요소들에 의해서 반영되는 것을 방지하고 경영자의 실질적인 자산가치를 주식으로 환산할 수 있다.

⑥ 하급주식(Junior Stock)

시장의 일반적 주식가격에 비해 낮게 설정하여 경영자가 일정 기간 동안 임의로 주식을 현금화할 수 없게 하는 방법이다. 따라서 규정된 기간 동안 경영자가 주식을 매매하거나 배당받을 수 있는 권리는 없다. 하지만 어떤 특별한 성과목표가 달성되면 주주총회를 통해 일반 주식으로 전환할 수 있게 하는 것이 특징이다.

⑦ 주식인정권(Stock Appreciation Rights : SARs)

경영자에게 제공되는 주식을 현금과 동등하게 인정하는 것이다. 이에 주식가격이 증가하면 경영자 주식가격도 증가되며 매매도 가능하다. 주식을 매매할 수 있는 권리를 부여한 것이므로 스톡옵션을 통한 주식구매와 혼합해서 사용할 수 있다.

⑧ 단위성과급제(Performance Plan Units)

경영자가 소유한 주식가치를 주당순익과 같은 재무적 성과측정에 따라 측정한다. 예컨대 주식 한 주당 수익이 5% 증가하여 조직이 경영자의 한 주당 10만 원을 제공한다고 할 경우 전년도 대비 한 해 동안 주당 수익이 15% 증가했다면, 경영자는 주당 30만 원을 받는다.

보통 주당 수익으로 할 경우 경영자에게 일정량의 주식이 제공된 상태에서 이루어지며, 투자수익률(ROI)이나 조직성장률 등의 다른 재무적 성과지표를 통해서도 가능하다. 보상형태는 현금이나 주식으로 한다.

⑨ 주식배당 성과급제(Performance Share Plans)

경영자에게 조직수익률에 기초해 주식을 배분하는 것이다. 주식배분은 조직마다 사전에 규정된 배분율에 의해서 산출된다. 예컨대 조직수익률 1%당 주식 1만주를 제공할 수 있다. 보상은 성과평가 기간에 실제 시장의 주식가치에 의해서 보상된다.

⑩ 가상 주식제(Phantom Stock)

조직수익률 변화에 의해서 보너스를 지급하는 것이 아니라 조직의 주식가격 변화에 비례해서 보너스를 지급하는 형태이다. 특징적인 것은 경영자에게 제공된 주식은 조직의 회계장부에 기입되지만 경영자가 조직으로부터 실제로 주식을 제공받지는 않는다. 따라서 가상 혹은 허상주식이라고 한다.

경영자는 조직 성과목표 달성에 의해서 받게 될 다량의 가상주식을 받는다. 가상주식에 대한 보상은 주식가치에 대한 평가와 동등하게 이루어지고 보상된다.

● **비금전적 부가급(복리후생 및 기타)**

주식과 같이 현재와 미래에 현금화하여 금전적인 보상을 받을 수 있게 하는 것과 더불어 비금전적인 부가급(Perquisites or Perks)도 경영자 보상의 구성이 될 수 있다.

비금전적 보상은 일반 종업원에게 제공되는 것과 같이 경영자의 직업생활 및 삶의 질을 향상시켜 일과 생활을 조화시킬 수 있는 방법이다.

비금전적인 부가급은 경영자 및 그 가족들의 생활수준을 향상시키기 위한 임금, 제수당 그리고 상여금 이외에 제공되는 간접적인 제급부, 시설 및 제도 등을 말한다.

경영자는 일반적으로 대부분 다른 관리직 종업원(Exempt Employees) 보다 훨씬 더 많은 부가급(생명보험, 장애보험, 연금 등)을 지급받는다. 또한 부가급(Perquisites)은 '직위는 그에 상응한 권리를 갖는다'는 의미로 정의할 수 있다. 실제로 기업 최고경영자의 생활에서 제기된 다양한 욕구를 만족시킬 수 있도록 보상을 부여하고 있다.

경영자의 비금전적 부가급 요건들은 국내에서는 구체적으로 소개되고 있지 않다. 미국의 경우 신체적 건강에 관한 것이 첫 번째로 제공되며, 재무상담, 차량, 클럽멤버십, 항공기의 일등석, 회사의 전용항공기 등의 순으로 제공되고 있다. 쉘하트(Schellhardt, 1994)의 조사에 따르면 건강검진(85%), 재정적 상담(70%), 회사 자동차(63%), 컨트리클럽 회원권과 점심클럽 회원권(62%), 일등석 비행기 여행(57%), 회사 비행기(53%), 개인책임보험(47%), 휴대폰(45%), 운전기사 서비스(35%), 항공기 VIP클럽(30%), 전용 주차장(29%), 가정안전시스템(26%), 경영자 응접실(20%), 가

정용 컴퓨터(9%), 저리 또는 무이자 대출(6%) 등 다양한 형태의 내재적 및 외재적 보상이 비금전적 부가급으로 주어진다.

한편 경영자에게 최상의 비금전적 부가급을 제공하는 것에 대해 일부에서는 조직의 목표달성과는 직접적인 관련성이 없고 이미 금전적인 보상만으로도 과대 평가되었다고 비판하기도 한다.

그렇지만 경영자에 대한 비금전적인 혜택은 복잡한 업무 및 의사결정의 스트레스와 이로부터 야기될 수 있는 건강의 위협을 예방하고 자신감을 고취하며 이직의도를 감소시키는데 긍정적인 기여를 하고 있다.

임원 보상체계의 변화추세

1990년대 미국에서 시작된 주식시장의 호황과 더불어 '장기 인센티브=스톡옵션'이라는 등식이 성립할 정도로 대부분의 기업이 스톡옵션을 채택하였다. 우리나라에서도 1990년대 중반부터 장기 인센티브 제도가 도

표6. **임원 보상구조의 변화**

설문항목	전체	500명 이하 기업	500명 이상 기업
임원 보상구조를 개편했다.	32.6%	16.7%	46.8%
장기 인센티브를 수정했다 (스톡옵션에서 제한부 주식과 주식배당 성과제로 전환)	28.1%	4.8%	48.9%
아직 변화하지 않았으나 1년 내에 바꿀 계획이다.	15.75%	23.8%	8.5%
현재 임원 보상구조를 바꾸지 않을 것이다.	46.1%	64.3%	29.8%
기타	7.9%	2.4%	12.8%

자료출처·HR Focus, Performance Leads Today's Executive Rewards Programs, October 2005, p.1~4

입되기 시작하였다.

　우리나라에서는 1996년 말부터 증권거래법 개정을 통하여 스톡옵션 제도가 도입되기 시작하였으며, 오늘날 외국과 마찬가지로 도입기업의 수(數)뿐만 아니라 경영자 보상 중에서 차지하는 비중도 증가하는 추세이다.

　장기 인센티브가 곧 스톡옵션이라는 인식은 스톡옵션이 주주이익과도 일치한다는 이유뿐만 아니라 세금 및 회계상의 이점 때문에 전 세계적으로 경영자 장기 보상의 대부분을(미국의 경우 90% 이상) 이루고 있기 때문이다.

　하지만 2000년대 들어 미국 주식시장의 폭락과 함께 많은 기업에 선 금액을 비용으로 처리하기 때문에 기업이 굳이 스톡옵션을 제공할 유인이 없어졌다는 이유이다. 셋째, 임원 성과에 대한 측정이 더욱 가능하게 되었고 넷째, 각종 규제가 강화되었기 때문이다.

　미국의 경우 2004년도에 S&P 250 주요 기업 가운데 보잉(Boeing)과 마이크로소프트가 스톡옵션을 전면적으로 폐지하였다. 싱가포르 기업

표7. **임원 보상구조의 개편이유**

개편 이유	전체	500명 이하 기업	500명 이상 기업
성과와 급여 보상의 연계	37.1%	35.7%	38.3%
스톡옵션 비용(Mandatory Stock Option Expensing)	28.1%	4.85%	48.9%
임원 성과에 대한 계량측정 가능	14.6%	11.9%	17.0%
관련 법규 및 규제(Regulatory Concerns)	12.4%	4.8%	19.1%
공개요구 증가	6.7%	0.0%	12.8%
주주압력	0.0%	6.7%	12.8%
기타	19.1%	16.7%	21.3%

자료출처·HR Focus, Performance Leads Today's Executive Rewards Programs, October 2005, p.1~4

도 스톡옵션 대신 다른 형태의 장기 보상을 구상하고 있다. 특히 싱가포르의 SingTel과 DBS는 스톡옵션 대신 성과배분 주식제도를 도입하였다. 2005년에는 우리나라의 삼성그룹이 스톡옵션을 폐지한다는 내용이 보도된 바 있다.

이러한 임원 보상 변화의 시발점은 미국 엔론(Enron), 월드컴(WorldCom) 등 대기업들의 분식회계 문제에서도 기인한다. 이로 인하여 2002년 미국정부는 기업에 대한 감독요건을 강화하고자 하는 기업개혁법인 Sarbanes-Oxlely Act를 제정하였다.

이 법의 시행으로 감사위원회 역할이 강화되었고 감사의 독립성이 확보되었으며 임원에 대한 대출이 금지되었고 회계법인에 대한 감독위원회가 증설되었다. 더불어 미국의 NYSE, NASDAQ과 American Stock Exchange는 사외이사 선임, 이사회의 독립성 보장, 이사회 멤버의 적격성 확보, 보상 및 감사위원회의 절차 등을 포함한 상장기업에 대한 요구사항을 강화하였다. 특히 NYSE와 NASDAQ은 주식관련 제도를 채택, 수정할 경우 주주 동의를 구하는 절차를 요구하였다.

SEC(Securities and Exchange Commission)에서는 이사회 구성의 중요성을 강조하면서 이사 선발과정을 공개할 것을 요구하고 있으며, 미국 회계기준인 FASB와 국제회계기준인 IASB에 근거하여 2005년 7월부터는 상장기업, 12월에는 비 상장기업에 대한 주식관련 재무사항을 보고하도록 규정화하였다.

이러한 일련의 외부 환경변화 및 규제가 스톡옵션 위주였던 임원보상을 원점에서 재고하는 동인이 되었다.

장기 인센티브 수단으로서 스톡옵션이 가장 많이 사용된 이유는 여러 가지가 있겠지만 그중 가장 큰 것은 비용 대비 효과, 성과와의 연계(Lineof-Sight) 그리고 고용-유지(Retention) 측면이다.

그러나 최근 연구결과에 의하면 스톡옵션은 부여할 당시의 비용은 크게 줄일 수 있지만 차후 희석화 효과(Dilution)를 방지하기 위해 주식을 재매입하는 과정에서 기업의 현금흐름에 크게 악영향을 줄 수 있으며, 하위직급의 직원들에게 부여된 경우에는 그 이전보다 '비효율성'이라는 비용을 발생시킬 수 있다고 한다. 또한 희석화 효과가 극에 달한 경우에는 더 이상 스톡옵션을 부여할 수 없는 경우가 발생할 수도 있다.

성과와의 연계 측면에서는 최근 빈번하게 발생하고 있는 M&A로 인하여 주주와 직원의 Line-of-Sight(성과와의 연계)를 더 취약하게 만들고 있으며 현재처럼 전체 주식시장이 폭락하거나 급등하는 장세에서는 주가가 기업이 통제할 수 있는 변인에만 있는 것이 아니기 때문에 더 이상의 Line-of-Sight를 기대하기가 힘들다.

이와 같은 현상은 스톡옵션의 고용-유지 기능을 퇴색하게 만들었다. 이에 역기능 치유를 위한 다양한 방법이 제시되어 있으나 인력유출 방지 측면에서는 잠정적인 효과만을 거두는 경우가 대부분이다.

여러 가지 장기 인센티브 중 현재 스톡옵션 대안이라고 제시할 수 있는 것은 제한부 주식제(Restricted Stock), 할인 스톡옵션(Discounted Stock Option), 주식배당 성과급제(Performance Share Plans) 그리고 현금성 장기 인센티브 등이 있다.

제한부 주식제는 회사가 임직원에게 주식을 지급하되 일정 기간 처분을 제한하고 매각 시 회사가 주식을 회수하는 등의 제한요건이 따른다.

할인 스톡옵션은 공정 시장가격(Fair Market Value)보다 낮은 조건으로 권리를 부여하는 것으로 스톡옵션의 성과 인센티브로서 기능과 제한부 주식의 고용유지 기능 균형을 유지할 수 있는 대표적인 방법이다.

주식배당 성과급제는 사전에 정해진 재무적 목표를 달성하면 주식을 부여받는 제도이다. 현금성 장기 인센티브는 말 그대로 몇 년간에 걸친 성과에 대해 주식이 아닌 현금으로 그 성과를 보상하는 것이다.

하지만 이러한 제도들도 스톡옵션과 마찬가지로 모두 장단점을 지니고 있으며, 아울러 독자적으로 쓰이기보다 다른 프로그램과 함께 활용되는 경향이 있다.

앞에서 언급한 스톡옵션의 문제점에도 불구하고 스톡옵션이 당분간은 장기 인센티브의 주요 수단으로 활용될 것이라는 점은 누구도 부인할 수 없을 것이다. 반드시 염두에 두어야 할 것은 스톡옵션만이 장기 인센티브는 아니며 스톡옵션의 대안 또는 보완제도로써 많은 프로그램이 있다는 사실이다.

최고경영자 급여수준과 직원 등의 급여수준

● 최고경영자 급여와 직원의 급여

BBC World Service 통계자료에 따르면 2020년 기준으로 각 국 경영자의 임금을 분석하여 발표한 자료에 의하면, 최고경영자와 임금근로자 간의 평균 보수 배율의 경우 미국이 265배로 가장 높은 것으로 나타났다. 즉, 미국 CEO의 임금이 근로자 임금의 265배라는 것이다.

분석결과 미국 265배, 인도 229배, 영국 201배, 남아공화국 180배, 네덜란드 171배, 스위스 152배, 캐나다 149배, 독일 136배, 중국 127배로 조사되었다.(그림4 참조)

이처럼 최고경영자가 고임금을 받는 이유는 <표8>과 같다. AFL-CIO(미국 노동조합 연합체)는 미국 S&P 500에 편입된 기업 CEO의 2023년 평균 보수가 1,770만 달러(약 240억원)라고 조사결과를 발표했다. 이는 전년 대비 6% 증가한 수치이다.

AFL-CIO의 보고서는 액손모빌·존슨앤존슨·스타벅스 등 여러 업종의 기업이 CEO의 급여인상을 지속적으로 단행했다고 주장한다. 예를

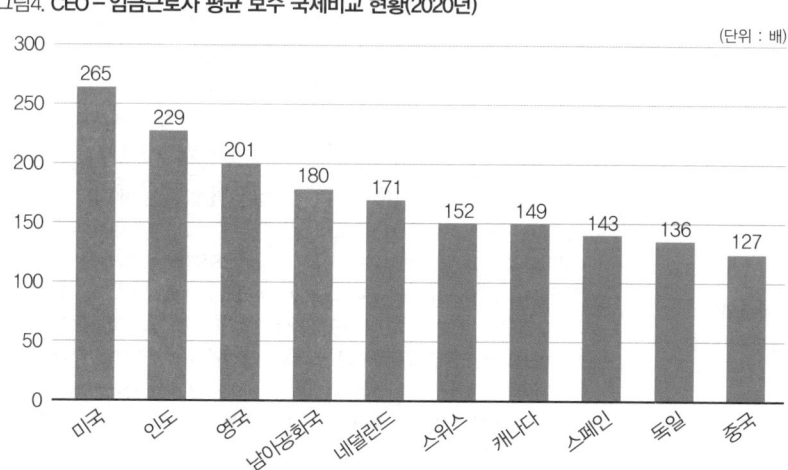

그림4. CEO – 임금근로자 평균 보수 국제비교 현황(2020년)

자료출처·BBC World Service; Bloomberg, 2020

들어 액손모빌 CEO 대런 우즈(Darren Woods)의 총보수는 2021년 2360만 달러(약 321억원)에서 2022년 3,590만 달러(약 488억원), 2023년 3,690만 달러(약 501억원)로 2년 동안 57% 인상되었다. 따라서 조사대상 기업의 CEO 평균 급여비율은 직원 급여의 268배로 나타났다.

표8. 경영자가 고임금을 받는 이유

이유	내용
조직성과와 효과적 의사결정 능력	조직성과는 종업원들의 업무성과를 토대로 달성되지만 경영자의 효과적인 전략에 따라 성과는 달라진다. 다시 말해 경영자가 조직전략에 대해 효과적인 의사결정을 하지 못하면 하부기능들이 아무리 효율적 생산활동을 하더라도 효과적인 조직성과를 산출할 수 없다. 소위 조직경영의 효과성과 효율성의 원리에서 경영자의 효과성, 즉 장기적인 목표수립과 달성능력을 높이 평가하고 보상으로 반영되는 것이다.
인력공급의 희소성	경영자의 의사결정 능력은 경영환경에 대한 분석력과 통찰력 그리고 추진력을 수반한다. 결정된 조직전략을 실행하는데 있어서도 종업원들을 동기부여시킨다. 조직경영에 관련된 이해관계자들과의 호의적 유대관계를 통하여 효과적 경영활동을 할 수 있다. 현재와 미래 조직수익성을 높일 수 있는 예측력 또한 중요하다. 이러한 조직경영에 필요한 다양한 능력을 소지한 사람은 흔치 않다. 노동시장의 수요와 공급의 원칙에 의해서 희소한 공급량에 대한 공급가격인 최고경영자의 임금은 높아질 수밖에 없다.
주주들의 경제적 합리성	주주들의 최대 관심은 조직수익성 증가로 높은 배당을 받는 것이다. 그렇다면 어떻게 조직의 수익을 높일 것인가. 주주는 조직의 지분투자를 하는 사람이지 결코 조직을 경영하는 사람이 아니다. 조직경영을 위해서는 대리인(Agent)이 필요하게 된다. 그리고 자신들이 투자한 돈을 가장 많이 되돌려 받을 수 있는 대리인이 누구인가에 관심을 갖게 된다. 과거 혁혁한 조직성과를 보여 준 전문경영자나 그러할 가능성이 있는 경영자는 주주들에게 투자수익을 극대화시킬 수 있을 것이라는 기대신호를 갖게 한다. 따라서 주주들은 조직수익을 통해 자신의 투자수익을 높여 줄 대리 경영자에게 높은 비용을 지불하면서까지 영입코자 한다.

자료출처 • 이진규, 인사관리, 박영사, 2002. p.443

● **최고경영자 급여와 기타 임원의 급여**

대리인 이론 ('제6장 임원 및 경영자 보상의 이론적 배경'에서 설명)에 따르면 장기 보상구조(Stock, Stock Option 등)는 경영자의 이해관계를 주주의 이해관계와 연계하는 중요한 수단이 된다. 따라서 CEO의 경우 장기 보상구조 중심으로 전체 보상수준을 결정하는 것이 일반적이다. 하지만 임원의 경우 CEO의 보상구조나 비중과 유사한 면도 있지만 반드시 그렇지는 않다.

오늘날 기업규모가 대형화되고 조직관리 또한 복잡하기에 CEO는 각 부문 책임자인 임원들에게 중요한 역할을 위임한다. 즉 각 부문 책임자인 임원들의 역할이 과거 어느 때보다 증대되고 있기 때문이다. 이런 면에서 볼 때 CEO와 임원은 동일하게 기업의 경영성과에 대하여 책임을 지며, 따라서 보상수준과 구조가 유사해야 할 것이다.

그러나 CEO와 임원의 보상 차이를 나타내는 여러 요인이 있다. CEO를 제외한 임원들은 각 담당조직이나 해당 사업에 한하여 성과를 향상시켜야 하는 중요한 책임을 진다. 그런 의미에서 CEO와 다른 임원들은 책임범위나 역할에 있어 차이가 있다.

따라서 CEO와 임원과의 보상 차이가 보통 30.50% 이상 발생하게 되는 것이다. 100% 이상인 기업도 있다. CEO가 조직내 여러 임원과의 경쟁에서 승리하여 보다 빠르게 승진한 사람이기 때문에 보상차등을 갖는 것은 타당성을 지닐 수 있다. 다른 임원과 능력 면에서 차이가 있기 때문이다. 이러한 견해는 경쟁에서 이겼으므로 높은 보상을 받아야한다는 토너먼트 이론에 기초한다.

● 미국기업의 임원 보수

FW Cook*이 조사한 2016년 미국기업의 임원 보상 보고서에 따르면 미국기업의 임원 보상수준이 $144,627에서 $260,000인 것으로 나타났다.(CEO나 이사회 구성원은 제외) 임원 보상수준은 기업의 규모나 업종에 따라 차이가 있는 것으로 조사되었다.

> **인텔 현물주식 부여/스톡옵션 대신**
>
> 미국의 간판 기업들이 스톡옵션(주식매입선택권)제도를 속속 포기하고 있다. 일본 니혼게이자이신문(日本經濟新聞)은 인텔(Intel)이 스톡옵션을 비용으로 처리해야 하는 미국의 새로운 회계기준 시행에 맞춰 직원들의 사기를 높이는 방법으로 활용해 온 스톡옵션 대신 현물주식을 지급키로 했다고 보도한 바 있다. 마이크로소프트는 이에 앞서 2003년 스톡옵션을 폐지했다.
>
> 인텔은 매년 봄 직원들의 개인별 성과를 평가해 지급할 현물주식의 수를 결정하고 이를 4년에 걸쳐 나눠주기로 했다. 일반직원을 중심으로 한 전체 직원의 절반에게는 현물주식 만을 부여하고 관리자 등 간부급에겐 현물주식과 스톡옵션을 함께 지급할 계획이다.
>
> 인텔이 스톡옵션제도를 손질한 것은 새로운 회계기준에 따를 경우 스톡옵션의 회계상 이점이 사라지기 때문이다. 직원들에게 부여한 스톡옵션 금액을 비용으로 처리하면 그만큼 회사 전체 순이익이 줄어든다. 비용처리 대상인 현물주식과 별도의 비용부담 없이 우수한 인력을 확보하는 방안이었던 스톡옵션의 차이가 없어지는 것이다. 앞으로 인텔은 자사 주식을 주식시장에서 매입해 직원들에게 지급한다. 이 방식은 직원들이 스톡옵션을 행사해 발행주식 수가 늘어나고 이에 따라 주당가치가 떨어져 주주들이 불만을 제기하는 부작용을 막을 수 있는 효과가 있다. 그만큼 주가에 영향을 주지 않으면서 우수한 인력을 붙잡아두는데 유리하다는 얘기다.
>
> 스톡옵션은 주가가 떨어지면 주식매수 권리를 행사할 수 없는 단점이 있는 것과 달리 현물주식은 기업이 파산하지 않는 한 언제든지 손쉽게 현금화할 수 있는 장점을 갖고 있다. 인텔은 1997년부터 전 직원에게 스톡옵션을 부여하기 시작했다.
>
> (한국경제신문, 2006년 1월)

시장가치가 50억 달러 이상인 기업의 임원 보수는 $226,000에서 $300,000으로 조사되었으며 시장가치가 10억 달러에서 50억 달러 미만인 기업의 임원 보수는 $166,000에서 $229,000으로 조사되었다. 또한 시장가치가 10억 달러 미만인 기업의 임원 보수는 $105,000에서 $174,000으로 조사되었다.(표9 참조)

업종별로 임원 보수가 차이가 나는 것으로 조사되었다. 기술관련 기업의 임원 보수가 가장 높게 나났으며, 에너지 관련 기업, 제조·산업관련 기업, 리테일 산업관련 기업, 그리고 금융서비스관련 기업의 순으로 나타났다. 기술관련 기업의 임원 평균 보수는 $238,000이며, 에너지 관련 기업의 임원 평균 보수는 $210,000으로 조사되었다. 그리고 제조·산업관련 기업, 리테일 산업관련 기업, 그리고 금융서비스관련 기업의 임원 평균 보수는 $198,000, $197,000, $149,000으로 조사되었다.(표10 참조)

미국기업의 임원 보수는 현금보상, 주식, 스탁옵션으로 구성되어 있었다. 임원 보수의 구조는 기업 규모별·업종별로 차이가 있으나 주식과 현금 보상이 90% 이상 차지하는 것으로 조사되었으며, 스톡옵션은 10% 미만으로 조사되었다.

기업규모별로 보면 규모가 큰 기업일수록 주식의 비중이 높았다. 구체적으로 시장가치가 50억 달러 이상인 기업은 주식비중이 59%, 현금 38%, 스톡옵션 3%로 나타났으며, 시장가치가 10억 달러 이상 50억 달러 미만인 기업은 주식 52%, 현금 42%, 스톡옵션 6%로 나타났다. 기업규모가 적은 기업의 임원 보수 비중은 주식 49%, 현금 47%, 스톡옵션 4%로 나타났다.(표11 참조)

표9. 기업규모별 임원 보수

(단위 : 1,000$)

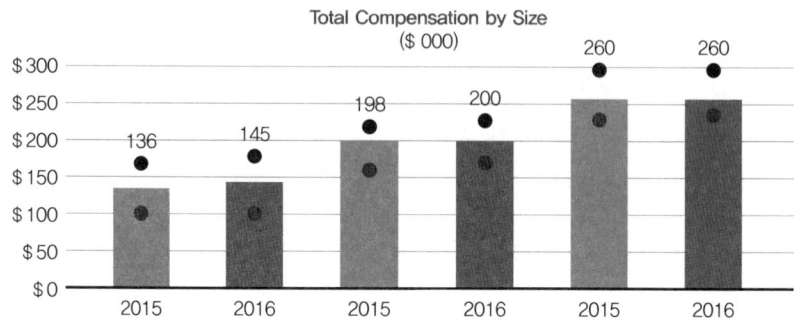

	Small-size	Middle-size	Large-size
● 75th Percentile	$ 174	$ 229	$ 300
Median	$ 145	$ 200	$ 260
● 25th Percentile	$ 105	$ 166	$ 226

자료출처·FW Cook, 2016

표10. 업종별 임원 보수

(단위 : 1,000$)

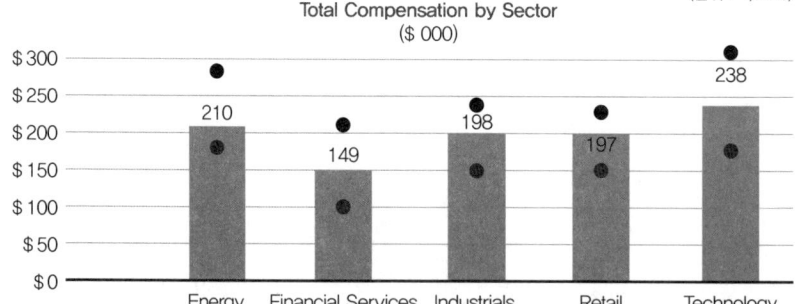

	Energy	Financial Services	Industrials	Retail	Technology
● 75th Percentile	$ 284	$ 212	$ 243	$ 225	$ 307
Median	$ 210	$ 149	$ 198	$ 197	$ 238
● 25th Percentile	$ 172	$ 97	$ 145	$ 149	$ 176

자료출처·FW Cook, 2016

업종별 임원 보수의 구조는 차이가 큰 것으로 조사되었다. 기술관련 기업의 임원 보수는 주식과 스톡옵션이 높게 조사되었다. 즉 기술 관련 기업의 임원은 현금이 30%, 주식이 62%, 스톡옵션이 8%로 나타났 것에 비하여 금융서비스 관련 기업의 임원 보수는 타 업종보다 현금 비중이 높은 것으로 조사되었다.(표12 참조)

● **주요 기업 최고경영자 총 보상(total compensation) 수준(미국·한국)**

미국 S&P 500 기업에서 최고경영자 보상이 많은 상위 50대 기업의 CEO 총보수는 다음과 같다. AI 반도체 관련 회사인 Broadcom의 CEO 혹 탄(Hock Tan)의 2023년 총보수는 161,826,161 달러(약 2,3200억원)이다. 그리고 IT 보안 솔루션 회사 팔로알토(Palo Alto) 네트웍스 CEO 니케르쉬 아로라(Nikersh Arora)는 2023년 총보수가 151,425,203 달러(약 2,200억원)로 S&P 500 기업에서 2위이나. 두사회사 블랙스톤(Blackstone) CEO 스티븐 슈워츠먼(Stephen Schwarzman)의 총보수는 119,784,375 달러(약 1,700억원)이다.

또한 애플 CEO 팀쿡(Tim Cook)의 총보수는 63,209,845 달러(약 880억원), 마이크로소프트의 사티아 나델라(Satya Nadella)의 총보수는 48,512,537 달러(약 680억원), 크라우딩 컴퓨팅 서비스를 제공하는 세일즈포스(Salesforce) CEO 미크 베니오프(Marc Benioft)의 총보수는

---

* FW Cook은 경영자 및 임원 보상관련 전문컨설팅 회사이다. 1973년에 설립되어 현재 New York, Chicago, Los Angeles, San Francisco, Attalanta, Houston and Boston에 사무소를 운영하고 있다.

39,642,173 달러(약 560억원), 엑손모빌(Exxon Mobil) CEO 대런 우즈(Darren Woods)의 총보수는 36,919,898 달러(약 520억원), 그리고 아메리칸 익스프레스(American Express) 스티브 스케리(S.J. Squerl)의 총보수는 35,679,905 달러(약 500억원)로 S&P 500 기업 중에서 상위권이다.(표 13 참조)

우리나라 자산 상위 20대 그룹 소속 162개 상장사의 2023회계연도 사업보고서에 기재된 사내 등기임원 보수는 <표14>에서 보는 것과 같다.

표11. 기업규모별 임원 보수 비중(구성비율)

표12. 업종별 임원 보수 비중(구성비율)

표13. 미국 S&P500 연봉 상위 50 CEO 총보수(Total Compensation)

회사명	CEO	연도	총보수
Broadcom Inc.	Hock Tan	2023	$161,826,161
Palo Alto Networks Inc.	Nikersh Arora	2023	$151,425,203
Blackstone Inc.	Stephen Schwarzman	2023	$119,784,375
Chart Communications Inc.	Christopher Winfrey	2023	$89,077,078
Fair Isaac Corp.	William Lansing	2023	$66,349,962
Apple Inc.	Tim Cook	2023	$63,209,845
Protogis Inc.	Hamid Moghadam	2023	$50,891,597
Netflix Inc.	Ted Sarandos	2023	$49,834,936
Warner Bros. Discovery Inc.	David M. Zaslav	2023	$49,702,546
Microsoft Corp.	Satya Nadella	2023	$48,512,537
Booking Holdings Inc.	Glenn Foget	2023	$46,720,734
Adobe Inc.	Shantanu Narayen	2023	$44,932,578
Paypat Holdings, Inc.	Akex Chriss	2023	$41,916,755
Roper Technologies Inc.	Neil Hunn	2023	$41,295,585
Salesforce, Inc.	Marc Benioft	2024	$39,642,173
Servicenow, Inc.	William McDermott	2023	$37,606,244
T-Mobile US, Inc.	Michael Slevent	2023	$37,488,851
Exxon Mobil Corp.	D.W. Woods	2023	$36,919,898
American Express Co.	S.J. Squeri	2023	$35,676,905
Comcost Corp.	Brton Roberts	2023	$35,473,666
J.P. Morgan Chase & Co.	James Dimon	2023	$35,093,780
Raynond James Financhal Inc.	Paul Relly	2023	$34,912,956
Lennar Corp	Stuart Miller	2023	$34,284,913
Delta Air Lines, Inc.	Edward Bastina	2023	$34,214,328
Nvidia Corp.	Jen-Hsun Huang	2023	$34,167,902
Pepsico Inc.	Pamon Laguarta	2023	$33,906,212
Morgan Stanley	James Gorman	2023	$32,951,606
Nike, Inc.	John Donaho ll	2023	$32,789,885
Boeing Co.	David Calhoun	2023	$32,770,519
Cisco Systems, Inc.	Charles Robbins	2023	$32,843,708
Walt Disney Co.	Robert A.Iger	2023	$31,587,166
Accenture PLC	Julle Sweet	2023	$31,550,906
American Airlines Group Inc.	Robert Isom	2023	$31,438,162

회사명	CEO	연도	총보수
Paramount Global	Robert Bakich	2023	$31,257,129
Bio-Techne Corp.	Charles Kummeth	2023	$30,584,644
Advanced Micro Devices Inc.	Lisa T. Su	2023	$30,348,281
Valero Energy Corp.	Josehp Gorde	2023	$30,037,638
Costar Group, Inc.	Andrew Florance	2023	$29,176,180
Iqvia Holdin gs Inc.	Ari Bousbib	2023	$29,151,752
Align Technology Inc.	Joeph Hogan	2023	$28,952,411
Capital One Financial Corp.	Richard Fairbank	2023	$28,589,573
Bank of America Corp.	Brian Moynihan	2023	$28,571,192
Johnson & Johnson	Joaquin Duato	2023	$28,397,240
Ameriprise Financial Inc.	James Cracchiolo	2023	$28,378,031
Motorola Solutions, Inc.	Gregory Brown	2023	$28,178,498
C. H. Roinson Worldwide, Inc.	David Boweman	2023	$27,966,653
Fiserv Inc.	Frank Bisignano	2023	$27,943,757
General Motors Co	Mary Barra	2023	$27,847,405
Chubb Ltd.	Evan Greenberg	2023	$27,661,317
Intercontinental Exchange, Inc.	Jeffrey Sprecher	2023	$27,550,872

자료출처·AFC-CIO(미국노동총연맹), CEO 총보수 사이트

등기임원의 평균보수는 10억9천110만원으로 조사되었다. 임원 평균보수가 가장 많은 곳은 삼성그룹으로 22억1천500만원에 달했다. LG그룹(15억7천720만원), 현대차그룹(14억8천570만원), 두산그룹(11억9천210만원), HD현대그룹(11억6천110만원), SK그룹(11억2천650만원)이 뒤를 이었다. 농협그룹은 임원 평균보수가 2억2천200만원으로 가장 적었다. KT그룹은 2억9천170만원, 카카오그룹은 3억2천830만원으로 조사됐다.

반면 직원 평균연봉은 농협그룹이 1억2천400만원으로 가장 많았다. 뒤 이어 HMM(1억2천330만원), SK그룹(1억1천750만원), 삼성그룹(1억1천

740만원), 현대차그룹(1억1천530만원) 등 순이었다. 신세계그룹의 직원 평균연봉은 5천440만원으로 가장 적었으며 CJ그룹(5천530만원), 롯데그룹(6천330만원), GS그룹(6천760만원), KT그룹(7천17만원)등이 뒤를 이었다.

그룹 중 신세계그룹의 임원과 직원 간 연봉 격차가 가장 큰 것으로 나타났다. 신세계그룹의 임원 평균 보수는 10억5천20만원, 직원 평균연봉

표14. 20대 그룹 등기임원 보수현황(2023년 회계연도 사업보고서 기준)

그룹	임원보수(십만원)	직원보수(십만원)	격차(배)
삼성	22,150	1,174	18.9
SK	11,265	1,175	9.6
현대차	14,857	1,153	12.9
LG	15,772	990	15.9
포스코	9,407	1,017	9.2
롯데	10,088	633	15.9
한화	10,321	883	11.7
GS	9,453	676	14.0
HD현대	11,611	925	12.6
농협	2,202	1,240	1.8
신세계	10,502	544	19.3
KT	2,917	717	4.1
CJ	9,446	553	17.1
한진	10,078	867	11.6
카카오	3,283	936	3.5
LS	9,719	894	10.9
두산	11,921	865	13.8
DL	4,488	904	5.0
HMM	6,513	1,233	5.3
중흥건설	5,060	1,000	5.1

자료출처 · 2023회계연도 사업보고서 기준(자료제공=재벌닷컴)

표15. **2022년 상반기 금융계 및 지주사 미등기임원 1인당 평균보수**

(단위 : 백만원, 명)

회사명	인건비 총액(반기)	미등기 임원수	평균 보수(반기)
메리츠증권	45,187	40	1,129.5
미래에셋증권	40,322	103	391.0
SK	39,193	96	485.0
NH투자증권	22,991	52	450.0
SK증권	20,828	97	215.0
메리츠화재	19,675	37	532.1
이베스트투자증권	18,008	24	750.0
다올투자증권	13,136	43	316.0
한양증권	11,991	18	666.0
부국증권	11,834	46	257.3
카카오뱅크	11,618	14	829.0
유안타증권	11,549	33	350.0
DB금융투자	11,145	32	348.0
두산	11,140	44	321.0
DB손해보험	10,027	55	182.3
LG	9,879	19	520.0
한화생명	9,709	50	194.0
교보증권	9,647	21	459.0
키움증권	9,467	39	242.7
삼성생명	8,706	55	152.0
현대해상	7,633	46	166.0
현대차증권	7,407	31	239.0
한화투자증권	7,184	24	299.0

자료출처·녹색경제신문, 2022. 9. 28

은 5천440만원으로 격차는 19.3배에 달했다. 이어 삼성그룹(18.9배), CJ그룹(17.1배), LG그룹·롯데그룹(15.9배), GS그룹(14배), 두산그룹(13.8배),

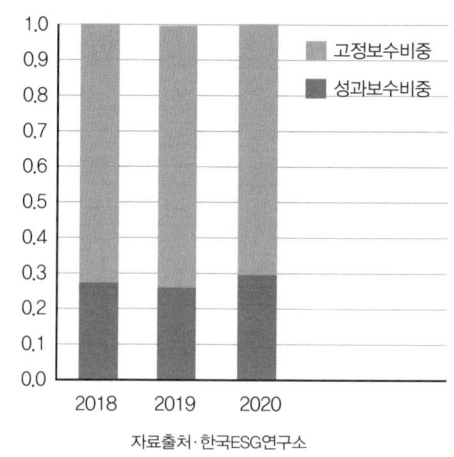

그림5. 한국 상장기업 임원의 성과보수(인센티브) 비중

자료출처·한국ESG연구소

현대차그룹(12.9배), HD현대그룹(12.6배) 등 순이었다. 농협그룹은 임원 보수와 직원 연봉 간 격차가 1.8배로 가장 작았다. 농협의 임원 평균 보수는 2억2천200만원, 직원 평균 연봉은 1억2천400만원이었다. 이어 카카오그룹(3.5배), KT그룹(4.1배), DL그룹(5배), 중흥건설그룹(5.1배), HMM그룹(5.3배) 등 순으로 격차가 작았다.

● 우리나라 기업의 임원 보수 구성 비중

우리나라 기업의 임원 보상구조는 기본연봉, 현금보너스(단기 인센티브), 장기 인센티브로 구성되어 있다. 최근 들어서는 장기 인센티브의 중요한 수단인 스톡옵션은 회계부정 등에 따른 미국기업의 스톡옵션 폐지 등의 영향으로 폐지되거나 축소되고 있다.

우리나라 상장기업의 임원 성과보수에 관한 한국ESG연구소 보고에 따르면 2018년, 2019년, 2020년 3년간 국내 상장기업 임원의 전체 보수 중 성과보수(인센티브)의 평균 비중은 2018년 25.8%, 2019년 25.0%, 2020년 28.5%인 것으로 나타났다.(그림5 참조) 2020년 사업보고서를 기준으로 국내 10대 그룹의 임원 성과보수 비중은 삼성그룹이 57.4%로 가장

표16. 2022년 상반기 식품업계 미등기임원 1인당 평균 보수
(단위 : 백만원, 명)

회사명	인건비 총액(반기)	미등기 임원수	평균 보수(반기)
CJ제일제당	17,930	111	163.0
대상	5,251	40	137.0
롯데제과	4,720	36	131.1
농심	3,745	31	120.8
삼양사	2,833	19	149.0
오리온	2,675	15	178.0
동원F&B	2,348	11	213.0
매일유업	2,093	24	87.2
SPC삼립	1,523	15	101.5
풀무원	1,247	16	78.0
이지홀딩스	1,188	16	74.0
대한제분	1,112	8	139.0
팜스토리	898	15	60.0
팜스코	869	15	58.0
선진	858	12	71.5
코스맥스엔비티	842	12	70.0
노바렉스	842	12	70.1
삼양식품	793	16	49.6
해태제과식품	781	6	130.0
뉴트리	682	10	68.2
빙그레	667	8	83.4
프롬바이오	602	7	78.0
오뚜기	577	5	115.0

자료출처·녹색경제신문. 2022. 10. 19

높게 나타났고, CJ그룹(43.8%), SK그룹(40.2%), 신세계그룹(33.4%), GS그룹(29.1%)이 뒤를 이었다. 그 다음은 LG그룹(23.3%), 현대중공업그룹

(21.2%), 한화그룹(9.7%), 현대차그룹(9.2%) 순이었고, 롯데그룹이 6.5%로 가장 낮은 것으로 나타났다.

● **우리나라 금융계 및 지주사(금융) 미등기임원 평균 보수**

국내 주요 금융 및 지주사(금융) 업체 2022년 상반기 6개월 간 미등기임원 평균 보수가 억대 이상 되는 곳은 44곳이나 되는 것으로 파악됐다.(표15 참조) 이 중에서도 메리츠증권은 2022년 상반기에만 임원 보수만 10억원을 상회했다. 이외 카카오뱅크, 이베스트투자증권, 한양증권, 메리츠화재 등은 5억원을 넘긴 것으로 나타났다.

녹색경제신문 조사 결과에 의하면 2022년 상반기 국내 주요 금융 업체 50곳에서 미등기임원에게 지급한 총 인건비 금액은 4472억원이었다. 이들 50곳의 전체 미등기임원 1520명의 반기 평균 연봉은 2억9420만 원인 것으로 나타났다.

2022년 상반기 기준 금융 업체 임원 1인당 반기 평균 보수가 가장 높은 곳은 '메리츠증권'인 것으로 확인됐다. 이 회사는 미등기임원 40명 내외에게 450억원이 넘는 인건비를 지출해 1인당 반기 평균 연봉이 11억2950만원 수준인 것으로 파악됐다. 넘버2는 '카카오뱅크'인 것으로 나타났다. 이 회사는 2022년 상반기에 116억 원 상당의 인건비를 14명 내외 임원에게 지급해 1인당 반기 급여 수준이 8억2900만 원이었다.

메리츠증권, 카카오뱅크 외 반기 연봉 상위 TOP 10에는 이베스트투자증권 7억5000만원, 한양증권 6억6600만원, 메리츠화재 5억3210만원, LG 5억2000만원, SK 4억8500만원, 교보증권 4억5940만원, NH투자증권 4억

5000만원, 미래에셋증권 3억9100만원 등이 포함됐다. SK·삼성 등 국내 주요 기업도 스톡옵션을 중단하였고, 또 일부 등기이사에 한하여 지급된다는 점을 감안하면 임원 보상은 기본연봉과 현금 보너스 그리고 부가 급여로 구성되어 있다고 할 수 있다.

● **우리나라 식품업계 미등기임원 평균 보수**

　국내 주요 식품 업체 2022년 상반기 6개월 간 미등기임원 평균 보수가 억대 이상 되는 곳은 12곳인 것으로 파악됐다. 이 중에서도 동원F&B는 2022년 상반기 임원 보수가 2억 원을 상회하며 업계에서 가장 높은 것으로 나타났다. 이외 오리온, CJ제일제당, 삼양사, 대한제분 등도 상대적으로 동종 업계에서 2022년 상반기 급여가 상위권에 포함된 것으로 조사되었다.(표16 참조)

　녹색경제신문 조사 결과에 의하면 2022년 상반기에 국내 주요 식품 업체에서 임원에게 지급한 총 인건비 금액은 634억 원이었다. 조사 기업 전체 미등기임원 631명에게 지급해 임원 평균 연봉은 1억60만 원인 것으로 나타났다.

　2022년 상반기 기준 식품 업체 임원 1인당 평균 보수가 가장 높은 곳은 '동원F&B'인 것으로 확인됐다. 이 회사는 미등기임원 10여 명에게 20억 원이 넘는 인건비를 지출해 1인당 평균 반기 급여가 2억1300만원 수준인 것으로 파악됐다. 넘버2는 '오리온'인 것으로 나타났다. 이 회사는 2022년 상반기에 26억원 상당의 인건비를 15명내외 임원에게 지급해 1인당 반기 급여 수준이 1억7800만 원이었다.

동원F&B, 오리온 외 반기 연봉 상위 TOP 10에는 CJ제일제당 1억6300만원, 삼양사 1억4900만원, 대한제분 1억3900만원, 대상 1억3700만원, 롯데제과 1억3110만원, 해태제과식품 1억3000만원, 농심 1억2080만원, 오뚜기 1억1500만원 순으로 임원 급여가 높았다.

● 우리나라 개별 기업 임원 보상구조 및 수준(사례)

표17. S전자의 임원 연봉 및 인센티브　　　　　　　　　　　　　　　　　(단위: 천원, 연)

직위	기본급 (70%)	능력급 (30%)	연봉합계 (100%)	Profit Sharing
사장급	504,000	216,000	720,000	개인연봉 100% 지급 (사업부별 차등폭 확대)
부사장급	420,000	180,000	600,000	
상무급	210,000	90,000	300,000	

* PS · 달달하는 사업부부별 EVA와 담당업무의 성과달성도에 따라 연봉의 0~100% 범위에서 결정

표18. L전자의 임원 기본연봉 및 성과급　　　　　　　　　　　　　　　　(단위: 천원, 연)

직위	기본연봉	경영성과급
사장급	-	사업부 EVE 기준 및 임원 개인성과 평가에 따라 결정됨
부사장급	-	
상무급	300,000~400,000	

표19. P철강회사의 임원 연봉　　　　　　　　　　　　　　　　　　　　(단위: 천원, 연)

직위	연봉(+ 성과급 포함)	인상률
사장급	500,000~800,000	성과급의 개인별 차등은 크게 없으며, 개인의 연봉에 따라 일정 비율 적용받음
부사장급	400,000~600,000	
전무급	300,000~400,000	
상무급	200,000~300,000	

S전자의 임원 보상구조는 <표17>와 같이 연봉과 인센티브인 PS(Profit Sharing)으로 구성되며, 연봉은 기본급과 능력급으로 구성된다. 기본급은 매년 증가는 없고 승진시 변화된다. 최근 외부 전문가의 임원 영입이 증가하면서 임원 개인 간의 연봉차이가 점차 커지고 있는 추세이다.

능력급은 임원 직위별 기준금액이 정해져 있고, 임원의 성과평가에 따라 차등 지급된다. PS는 담당하는 사업부분별 EVA 및 담당 업무의 성과 달성도에 따라 연봉의 0~100% 범위 내에서 결정된다.

L전자의 임원 보상구조는 <표18>과 같이 기본연봉과 경영성과급으로 구성된다. 상무급의 기본연봉은 3억원에서 4억원 수준이며, 전무급의 기본연봉은 4억원에서 5억원 수준이다. 부사장 이상인 사장급은 개인별 역량을 기준으로 책정된다.

P철강회사의 임원 보상수준은 <표19>과 같다. 성과급은 개인별 차등이 크게 없으며 개인의 기본연봉의 일정비율이 지급된다.

표20. **기업규모별(종업원수) 임원 연봉 비교**

(단위 : 만원)

종업원수	사장	부사장	전무이사	상무이사	이사(상무보)
평균연봉	29,625	22,683	18,753	15,224	12,632
1 ~ 99인	26,259	18,796	16,444	12,813	10,823
100 ~ 299인	27,851	20,515	17,873	13,700	11,997
300 ~ 499인	29,012	21,659	18,427	14,288	12,234
500 ~ 999인	30,720	23,881	19,890	15,308	13,678
1,000~2,999인	32,108	24,742	20,997	16,121	14,543
3,000인 이상	32,935	26,449	22,231	17,552	15,332

주) 기본급 외 추가 성과급으로 사장 8,606, 부사장 5,442, 전무이사 5,132, 상무이사 3,899, 이사(상무보) 2,902가 있음
자료출처·한국인사관리협회, 2023년 연봉실태조사

2023년 한국인사관리협회(KPI)에서 조사한 기업규모(종업원수)별 임원의 연봉수준은 <표20>과 같다. 조사대상 기업의 규모에 따라 임원연봉 수준의 차가 있는 것으로 나타났다. 규모가 큰 기업은 작은 기업보다 임원의 연봉이 높은 것으로 조사되었으며, 평균적으로 보면 사장 2억9,625만원, 부사장 2억2,683만원, 전무이사 1억8,753만원, 상무이사 1억5,224만원, 그리고 이사(상무보) 1억2,632만원으로 나타났다. 반면 규모가 큰 종업원 3,000명 이상 기업의 임원 연봉은 종업원 100명 미만 기업의 임원 연봉보다 5~7천만원 이상 높은 것으로 나타났다.

우리나라 보험회사 임원보수는 연도별로 차이는 있지만 평균 약 3억원 수준이다. 보험회사 연차보고서에 따르면 2013년 3억2천7백만원, 2014년 3억6천7백만원, 2015년 3억6천만원, 2016년 3억5천5백만원, 2017년 3억3천2백만원, 그리고 2018년 2억9천1백만원이다. 임원보상의 구조는 기본

표21. 국내 보험회사의 임원 보상체계

(단위 : 억원)

연도	임원 1인당 평균				총 보수 대비 기본급 비율	총 보수 대비 성과보수 비율	성과보수 대비 이연지급 비율	총 보수 대비 이연지급 비율
	총 보수	기본급	성과보수	이연지급 대상				
2018	2.91	1.94	0.97	0.45	0.68	0.32	0.50	0.16
2017	3.32	1.93	1.39	0.85	0.54	0.46	0.73	0.34
2016	3.55	2.43	1.12	0.62	0.69	0.31	0.55	0.17
2015	3.60	2.38	1.21	0.59	0.70	0.30	0.48	0.14
2014	3.67	2.53	1.13	0.52	0.76	0.24	0.37	0.09
2013	3.41	2.41	0.99	0.54	0.54	0.46	0.82	0.38
전체 평균	3.27	2.10	1.17	0.73	0.64	0.36	0.62	0.22

자료출처·한국금융신문, 2020년 12월 16일

급과 성과급으로 구분되어 있다. 성과보상 가운데 일부를 이연하여 지급한다.(표21 참조)

보험회사의 성과보수 이연은 최근 저금리의 장기화와 새로운 회계 및 지급여력제도의 도입으로 보험회사 경영자가 장기손익 관점에서 가치경영의 실현을 위해 노력할 것을 요구하는 정책적의도와 일치한다. 향후 국내 보험회사의 경영자들이 장기적 보유가치 중심으로 경영활동을 수행하도록 유도하기 위해서는 경영자 보상체계에서 성과연동 보상과 성과급에서 이연지급이 차지하는 비중을 더욱 증가시켜야 할 것이다.

임원 보상의 결정요인과 절차(임원보상위원회)

● 임원보상의 결정요인

최고경영자를 포함한 임원 보상구성은 일반 직원의 보상구성에 비하여 차별화되어 있고, 그 수준도 일반 직원의 보상 수준에 반해 상당히 높다. 특히 최근 기업의 성과에 따라 임원 보상수준이 결정됨에 따라 국내 주요 기업의 등기임원에 대한 연봉도 점차 증가하고 있다.

임원에 대한 보수가 이처럼 크게 증가함에 따라 임원 보상을 결정하는 요인이나 절차에 대한 공정성이 요구되고 있다. 임원 보상수준을 결정하는 요인은 여러 가지가 있으나 가장 중요한 것은 성과이다. 성과는 임원의 선임 여부를 결정하는 중요한 요인이면서 동시에 임원의 보수수준을 결정하는 요인이다.

미국 한 조사기관에 따르면 CEO의 보상수준은 조직 전반의 경영성과, 경쟁기업의 CEO 임금수준, 주식의 소유정도, 물가상승, 재임기간, 포지션 변동가능성, 기타 정치적 요인 등에 의해 결정된다고 한다.

● **임원보상의 결정절차(임원보상위원회)**

임원에 대한 보상수준이 크게 높아지면서 주주, 채권자, 종업원 등 이해관계자들을 납득시킬 수 있는 객관적이고 공정한 성과측정 및 평가기준의 확립이 절대적으로 필요하게 되었다. 예를 들어 미국처럼 경영자 보상의 결정기관으로서 이사회 산하에 '보상위원회'의 설치가 필요하다. 미국에서는 보상위원회가 오래 전부터 많은 기업에서 제도화되어 있다.

반면 우리나라에서는 2002년 현재 일부 대기업 및 대형 은행을 중심으로 도입되어 있으나 실질적으로 활성화되고 있지 않다. 미국의 보상위원회는 경영진 보상수준과 보상체계 등을 합리적으로 논의하고 결정한다.

보상위원회는 경영진 보상전략 수립(보상정책 결정 및 비교집단 선정), 보상수준 및 구조결정(대표이사 평가기준 설정 및 평가, 대표이사 및 집행임원들의 보상기준 및 지급방식 결정) 등의 역할을 수행한다.

이들 역할을 수행하기 위해 보상위원회 위원들은 인사 및 지배구조 위원회(Nominating/Corporate Governance Committee)에서 추천·임명되며 사외이사 형태의 자격으로 경영진과는 독립적인 역할을 수행한다. 경영진의 보상과 관련된 정책 및 집행내용과 관련하여 보상위원회 보고서를 작성하며 이를 증권관련 기관에 보고하게 된다.

보상위원회를 이사회 중요기능으로 강화시킨 큰 이유는 경영진의 보상이 경쟁환경 속에서 전략적으로 중요한 이슈이며 주주들이 경영성과와 연계하여 불만을 제기하는 가장 큰 부분이 기업 투명성이기 때문이다.

최근에는 기관투자가들도 주주로서 권한행사에 적극 나서면서 경영진 보상체계에 대해 관심을 보이고 있다. 이에 따라 보상위원회는 회사 경영성과와 연계한 적정 임원보상 수준 및 지급방식을 결정하고 이를 회사 이해관계자들에게 합리적인 커뮤니케이션 전략을 갖고 전달한다.

보상위원회가 경영진과 독립적으로 경영진의 합리적인 보상정책 및 수준을 결정하기 위해서는 해당 산업 및 관련 경쟁사의 보상환경에 대한 이해가 필요하다.

경쟁력 있는 보상을 제공하지 못한다면 유능한 경영진들의 유인·유지가 불가능하며, 지나친 보상을 제공한다면 주주·감사·감독기관의 이의 제기를 면치 못하게 될 것이기 때문이다.

현재 우리나라 대부분의 기업은 소유경영자가 인사부서 또는 그룹 스태프의 도움을 받아 임의적으로 결정하거나 전문경영자가 소유주의 재가를 얻어 시행하는 정도이다.

그러나 향후 기업지배구조 개선 노력이 계속되면 경영자 보상 문제는 핵심사항으로 대두될 것이다. 또한 경영자 보상에 대한 전문성이 결여되어 있으므로 외부 전문컨설턴트를 활용하는 방안도 필요하다.

국내의 경우도 외국증시에 상장되어 있는 기업은 이사회 내에 보상위원회를 운영하고 있으며 글로벌 기준에 따른 이사회의 합리화를 위해 노력을 기울이고 있다.

임원 및 경영자 보상의 이론적 배경

경영자 보상결정의 주요 이론은 대리인 이론(Agency Theory), 토너먼트 이론(Tournament Theory), 인적자본 이론(Human Capital Theory) 그리고 사회비교 이론(Social Comparison Theory) 등을 들 수 있다.

대리인 이론에 의하면 주주는 대리인인 경영자가 주주를 위한 최적의 의사결정을 하도록 하기 위해 경영자 보상을 회사 성과와 연결시키고자 한다. 이 이론에 의하면 인센티브를 효과적으로 도입하거나 대리인을 적절하게 감독할 수 있다면 필요악인 대리인 비용을 줄일 수 있다.

대리인 이론은 경영자가 주주와 다른 이해관계(Interests)를 가진다면 주주보다 자신에게 유리한 방향의 결정을 한다는 가정에 전제한다. 경영자가 주주와 다른 이해관계를 가지고 있을 때 보상패키지를 통하여 경영자의 기회주의적 행동을 통제하는 것이다.

그러나 대리인 이론은 기업에서의 경영자 역할과 경영자의 다른 특성을 무시한다거나 경영자가 돈에 의해서 움직인다는 것은 경영자 입장을 너무 단순화하는 것이다. 경영자들은 단지 재무적 인센티브에 의해서 움직이지 않는다. 대리인 이론은 경제적 동기 이외 경영자 포지션과 관련된 권위와 권력이 경영자의 행동을 유발하는 요인이 될 수 있다고 설명한다.

토너먼트 이론에서는 임원들이 보다 높은 보상을 받는 이유가 기업 내부에서 '임원 승진'이라고 하는 게임에서 이긴 승자이기 때문이라고 한다. 경영자 보상의 큰 특징은 직위가 상위로 올라갈수록 보상수준이 높아지고 하위직위와 임금격차가 더욱 커지게 된다.

이러한 사실 자체가 조직내부에서 다른 구성원에게 열심히 일하고 능력

회사 키웠더니 100억대 부자 월급경영인

전문경영인 출신으로 100억원대 '주식부자'가 된 CEO(최고경영인)들이 잇따라 등장하고 있다. 이들은 대기업 오너급 대주주는 아니지만 기업을 성장시킨 공로로 스톡옵션(주식매수선택권)이나 우리사주를 받아 주식부자 대열에 합류했다.

대우자동차판매는 사장이 40만주의 스톡옵션을 행사했다고 공시했다.(2006. 3. 3) 이번 스톡옵션 행사로 사장의 대우차판매 보유 주식수는 69만 6,035주로 늘어났다. 이를 종가(2만900원·액면가 5,000원)로 평가하면 주식평가액은 총 145억4,713만원에 이른다. 사장은 대우그룹 해체 직후인 지난 2000년 채권단 선임으로 대우차판매 사장에 발탁됐다. 이후 회사는 본업인 자동차 판매 외에 아파트 건설 등 수익성 다각화를 통해 2002년 워크아웃(기업개선작업)에서 졸업했다. 이 공로로 사장은 2003년 5월, 이사회로부터 스톡옵션을 받은 바 있다.

또 다른 기업의 부회장은 주식평가액이 100억 원을 넘는 비오너 전문경영인으로 꼽힌다. 이 부회장은 현재 자사 주식(보통주) 1만 3,884주를 보유하고 있다. 이를 종가(65만2,000원·액면가 5,000원)로 평가하면 90억5,200만 원이다. 여기에 2005년 말 부회장이 주식을 매각해 실현한 이익 36억 원을 합치면 126억 원이 넘는다. T회사 Y부회장은 자사 2만 6,300주를 보유, 평가액이 171억 원에 이른다. 또 W부회장은 현재 보유한 주식은 1만주(65억 원 규모)이지만 그동안 주식을 매각해 실현한 금액을 합하면 100억 원을 웃돈다.

R회사 K총괄사장과 S대표, L대표도 주식부자로 꼽히는 전문경영인이다. K사장은 현재 자사 주식(보통주) 4만 8,798주를 보유하고 있으며 지난 3일 종가(44만3,500원·액면가 5,000원)로 평가하면 주식재산이 216억 원에 이른다. L대표는 6만 8,687주를 보유, 평가액이 304억 원에 달하고, S대표는 4만 8,765주를 보유, 평가액이 216억 원이다.

하지만 앞으로 전문경영인들이 스톡옵션을 통해 주식부자가 되는 일은 줄어들 전망이다. 2006년 들어 삼성, 포스코가 스톡옵션을 폐지하는 등 최근 기업들의 임원 보상 방식이 바뀌고 있기 때문이다.

(조선닷컴, 2006년 3월 6일)

을 개발하는 유인이 된다고 보는 견해이다. 이때 기업의 계층적 구조는 보다 상위 레벨로 갈수록 적어지며 가장 최상위층은 CEO를 의미한다.

인적자본 이론은 경영자가 소유한 인적 특성 중 경영성과와 관련되는 특성을 중시한다. 교육·산업 및 해당 분야에 대한 지식과 경험, 리더십과 변화관리 등의 경영능력과 사회적 자본까지도 경영자의 인적자본에 포함될 수 있다. 경영자가 가진 인적자본에 의해 보상이 결정된다.

사회비교 이론에 의하면 개인은 자신의 업적을 평가하기 위한 욕구를 가지며 비슷한 개인과 비교하려는 욕구도 가지고 있다. 나이·학력·규모·업종·산업·역량·리더십 등 인구통계적 특성과 직업은 일반적 비교기준이다. 사람들은 자신보다 약간 우수한 사람과 사회비교를 선택하는 경향을 나타낸다.

임원 보상제도의 설계 : 적절한 보상패키지 구성

기업전략과 경영자 보상전략의 방향을 명확히 한 후 비로소 기업은 이러한 전략을 지원하는 보상프로그램을 설계할 수 있다. 일반적으로 경영자 보상패키지는 기본급여, 단기 인센티브, 장기 인센티브, 복리후생의 네 가지로 구성되고 있다.

보상패키지 구성에 있어 중요한 점은 기업 보상전략에 맞춰 균형있는 프로그램을 갖추는 것이다. 정확히 기본급 비중이 몇 %, 단기 인센티브 몇 %라는 규칙이 있을 수는 없다. 기업이 처한 상황에 따라 달라지는 것이 당연하다.

다만 미국기업의 경우 현금 보너스인 단기 인센티브는 기본급여의 2.5배를 넘지 않는 것으로 조사되고 있다. 국내기업의 경우에는 단기 인센티브가 없거나 기본급여의 50% 이내인 경우가 많으며 전체적으로도 최대100% 이내인 것으로 파악됐다.(표22 참조)

● **기업의 성장단계와 보상패키지 구성**

성장기업의 경우 사업운영을 위해서는 높은 현금유동성이 필요하다. 따라서 성숙기업에서처럼 기본급여의 비중을 높게 운영하기는 사실상 힘들다. 대부분의 성장기업 임원 급여는 성숙기업에 의해 설정된 시장급여수준보다 낮은 경향이 많다.

성장기업은 낮은 기본급을 보완하기 위한 방안으로 현금 보너스 형태

표22. 미국·일본·한국의 경영자 보상체계 비교

구분		미국	일본	한국
보상항목		기본급, 단기 인센티브, 장기 인센티브, 부가급, 특권	보수월액, 상여, 기타 부가급	보수월액, 상여, 기타 부가급
보상결정 요인	월급여	내부형평(부하임금 기준), 성과기준(이익, 시장가치), 직책, 컨설턴트 조사, 보상위원회 의견	종업원 보상수준, 규모에 따른 직위별 보상, 매출액, 이익	종업원 보상수준, 직위별 보상, 매출액, 이익
	상여		이익처분안(상법·세법)	성과배분(세법)
결정방법		담당직무의 시장임금 수준을 고려, 결정	• 월급여 : 베이스업 • 상여 : 기업성과 연동	• 월급여 : 베이스업 • 상여 : 기업성과 연동
최근 동향		2004년 이후 스톡옵션 비중을 감소시킴	월급여는 동일직위 동일임금, 상여는 규모 및 성과에 따른 차등지급	월급여는 동일직위 동일임금 상여는 성과에 따라 차등지급

자료출처·김환일, 전략적 경영자 보상제도의 설계방안, 인사관리연구, 제27집 1권(2003)에서 부분 수정함.

로 주어지는 단기 인센티브 제도를 많이 활용하여야 한다. 특히 단기 인센티브는 기업을 이끌어가는 사업가적인 경영자들에게 강력한 도구로 제시되며, 성공을 위해 필요한 구체적 행동에 대한 명확한 신호(자극)로 작용한다. 단기 인센티브는 효율적이고 생산적 방식으로 사업을 수행하는 책임을 갖고 있는 경영자들에게 주로 사용하고 있다.

반면 경영자 경영능력이 기업성과로 나타나는 미래 시점에 보상이 실현되도록 한 장기 인센티브는 일반적으로 3.5년 간의 사업전략에 초점을 두고 설계되며 조직의 장기적인 성장에 영향을 미치는 경영자들에게 주로 적용된다. 따라서 성장기업이나 현재 경영성과가 낮은 기업의 경우에는 기본급여의 수준을 낮추고 인센티브 비중을 높이는 것이 효과적이다.

항공기 및 관련 부품을 생산하는 택스톤(Texton)은 경영자 보상프로그램으로 기본급여, 단기 현금보너스, 장기 현금인센티브, 스톡옵션의 네 가지 구성요소를 운영하고 있다. 이 가운데 기본급여를 제외한 성과 관련 보상비중이 2배 이상이다. 예로 CEO인 하디몬(J. F. Hardymon)은 기본급으로 65만 달러, 단기 보너스로 85만 달러, 장기 현금 보너스로 32만 5천 달러, 스톡옵션 5만주로 구성되어 있다.

● **스톡옵션 플랜**

현재 스톡옵션이 다소 줄어들고 있는 추세이지만 여전히 장기 인센티브의 중요한 형태 중 하나이다. 스톡옵션은 기업특성상 사업성공 여부가 불명확하여 위험이 높은 상황에서 경영자, 더 나아가 구성원과 사업의 위험을 공유하고 동시에 성공으로 인한 수익도 공유한다는 관점에서 필수적이다. 또한 이익과 경영자 보상을 일치시키기 위해 도입된 보상체계로써 경영자 개인의 이해관계와 주주의 이해관계를 일치시킨다.

미국의 경우 비적격 스톡옵션, 성과주식, 제한주식, 동기부여 스톡옵션, 가상주식 등 다양한 형태의 옵션이 부여된다. 그러나 우리나라의 경우 현재는 스톡옵션, 제한주식, 성과주식 등 아주 단순한 형태로 제한되어 있다. 스톡옵션은 보통 다음과 같이 설계된다. 통상적으로 4년의 기간 동안 제공되며 매년 25%씩을 제공한다. 여기서 4년을 수령기간(Vesting Period)이라고 하며 보통 3년, 4년, 5년으로 설계된다.

또한 최초 부여된 스톡옵션은 통상적으로 1년 후부터 행사가 가능하다. 스톡옵션을 부여한 날짜를 부여일(Grant Date)이라고 한다. 스톡옵션 부여일에 전체 스톡옵션 수가 결정된다. <표23>은 스톡옵션 차트를 나타낸 것이다.

표23. **스톡옵션 차트(7월 1일)**

주식 수	부여일자 7월 1일	수령기간(Vesting Period) 4년, 매년 25% 부여						
		2018년	2019년	2020년	2021년	2022년	2023년	2024년
1,000주	2017	250	250	250	250			
1,000주	2018		250	250	250	250		
1,000주	2019			250	250	250	250	
1,000주	2020				250	250	250	250
1,000주	2021					250	250	250

참고문헌

- 김환일, 전략적 경영자 보상제도의 설계방안, 인사관리연구, 제27집 1권(2003), p.129.180
- 박인호, 경영자 보상, 주간경제(LG경제연구원), 2000. 5. 이진규, 인사관리, 박영사, 2002. p.443
- 조선닷컴, 2006. 3. 6. 조선일보, 2006. 1. 23. 한국경제신문, 2006. 1. 한국경제신문, 2006. 5. 15
- Chemical Week, August 17, 2005, 'Executive Compensation', p.18.25
- 한국ESG연구소, 10대 그룹의 임원 성과보수 비중, 2022. 2. 14
- 녹색경제신문, 2022. 10. 19
- 녹색경제신문, 2022. 9. 28
- D.L.Kidder & A.K.Buchholtz, Can excess bring success? CEO compensation and the psychological contract, Human Resource Management Review, 12(2002) p.600.609
- E.H.Offstein, D.R.Gnyawali & A.T.Cobb, A strategic human resource perspective of firm competitive behavior, Human Resource Management Review, 15(2005) p.308
- Evan H. Offstein, Devi R. Gnyawali, Anthony T. Cobb, A strategic human resource perspectiveof firm competitive behavior, Human Resource Management Review, 15(2005), p.308
- JWNENERGY.com
- HR Focus, Performance Leads Today's Executive Rewards Programs, October 2005, p.1.4
- J. L. Tyler & E.L. Biggo, CEO Performance Appraisal, Trestee. .2001, 5 p.20
- Fw cook, 2016
- M.A.Carpenter & W.G.Sanders, Top management team compensation: the missing link between CEO pay and firm performance, Strategic Management Journal, 23(2002), p.368
- 금융감독원 전자공시시스템, 각 회사별 사업보고서(2013. 12) 기준
- 한국인사관리협회, 2018년 연봉실태조사
- 경영계, 임원 평가보상 트렌드와 대응방향, 한국경영자총협회, 2011
- 조선닷컴, 2014. 8. 17, CEO와 임금근로자 평균보수 비교
- 조선닷컴, 2014. 5. 18, 미국 CEO 연봉
- 한국금융신문 2020. 12. 16
- BBC World Services;Bloomberg, 2020
- Economic Policy Institute, CEO Compensation has grown 940% since 1978
- Chief Executive, CEO and Senior Executive Compensation in private companies 2018~2019
- 한국인사관리협회, 2023년 연봉실태조사
- AFC-CIO(미국노동총연맹), CEO 총보수 사이트
- 20대 그룹 등기임원 보수허황(23회계연도 사업보고서 기준), 재벌닷컴

제7장 임원 규정

임원관련 규정의 의의

규정의 작성

규정 제정의 이점 및 필요성

경영관계의 기초적 규정

임원관계 규정 작성시 유의사항

임원관련 규정 및 규정요건

임원의 정년 및 정년 후의 처우

임원 보수 결정방법

임원 상여

우리나라 임원 퇴직금과 상여금 규정

제 7장에서 설명되는 '임원 규정은 日本「會社役員規程總覽」
(주)産勞綜合研究所 발행, 2002. 5.13. 제 4판 제 1쇄)의 내용 중에서
관련 내용을 일부 발췌하였습니다.

STEP 07

임원과 관계되는 규정으로는 회사의 기본적인'정관'을 비롯하여 '이사회 규정' 등의 조직규정, 회의체규정, 관계회사규정, 임원보수규정, 임원 퇴직위로금규정 및 임원 취업규칙 등이 있다.

임원 관련 규정의 의의

회사의 사규나 규칙을 명확히 제정하고 합리적으로 운영하는 것은 경영합리화에 있어서 절대적으로 필요하다. 보통 취업규칙 등 종업원 고용관계 규정은 잘 정립되어 있으나 임원에 관한 규정은 의외로 정리되어 있지 못하다.

임원과 관계되는 규정으로는 회사의 기본적인 '정관'을 비롯하여 '이사회 규정' 등의 조직규정, 회의체규정, 관계회사규정, 임원보수규정, 임원퇴직위로금규정 및 임원 취업규칙 등이 있다.

일반적으로 정관은 매우 간단하게 정리되어 있는 경우가 많지만 상법과 밀접하게 관련되어 있는 규정이기 때문에 회사의 기본적 사항에 대해서 명확히 하여야 한다. 아울러 상법상 요구되는 법적 사항에 유의해야 하고 공공질서나 미풍양속, 회사의 본질에 반하지 않도록 규정하여야 한다.

회사경영의 최고 수뇌부 조직에 대한 규정으로써 '이사회 규정' 및 '경영회의규정', '감사에 관한 규정', '직제규정'에 관해서는 각각의 직위나 조직역할에 관해서 명확히 규정하여 운영될 수 있도록 하는 것이 바람직하다.

또한 임원의 직무조건이나 처우를 정하는 보수·상여·퇴직금에 관한 규정이나 임원 취업규칙은 회사의 일반적인 규정에 포함되어 있지 않는 경우가 많으므로 이를 체계적으로 정리하여 두는 것이 효율적이다.

규정의 작성

규정을 작성하기 위해서는 먼저 그 체계를 생각하고 종합적인 관점에서 하나 하나를 정리해 나가는 것이 필요하다. 목적, 타 규정과의 관계, 체계, 양식 및 용어, 제도의 개·폐지 절차 등에 대해서는 충분히 고려해야 한다. 아울러 규정내용에는 법적으로 작성의무가 정해져 있는 사항도

표1. 임원 관련 규정

① 정관
② 주주총회규정
③ 이사회규정 / 경영회의규정
④ 감사기준 / 감사규칙
⑤ 임원의 직무규정(직무권한규정·업무분장규정·직무분장규정)
⑥ 경영조직 운영에 관한 규정 (조직규정·회의규정·품의규정·전결규정·
   주식양도승인규정·관련회사규정·내부감사규정)
⑦ 임원 집무규정(임원 취업규칙·임원 보수규정·임원 상여규정·임원 퇴직금위로금규정·
   임원 출장여비규정·임원 정년규정)
⑧ 임원 복지후생규정(임원 복리후생규정·임원 경조병문안위로금규정·보험가입규정·상호 공제규정·
   대출금규정·사택입주규정)
⑨ 정년 후의 임원 처우규정(상담역·고문규정·사우회 및 OB회규정)

있으므로 이 관계도 충분히 주의할 필요가 있을 것이다.

그 내용에 대해서는 절대적 필요기재사항, 상대적 필요기재사항, 임의적 기재사항으로 구분되어 있다. 더욱이 규정내용 중 임원 수나 금액, 수량 등에 대해서는 법적으로 규제되어 있는 부분도 있으므로 실수하지 않도록 해야 한다. '임원관련규정'을 구분하면 <표1>과 같다.

규정 제정의 이점 및 필요성

일본 히도쯔바시(一橋) 대학의 야마시로 아키라(山城章) 교수는 회사규정의 이점을 다음과 같이 설명하고 있다.

① 관리자가 직무를 수행할 때마다 필요한 지시를 매번 부여할 필요가 없어진다.

한 차례의 규정화를 통해 관리자가 동일한 업무처리 방법을 개별적으로 지시하지 않더라도 규정화되어 있는 순서에 따라 일정한 수행방법이 계속적으로 적용될 수 있게 된다. 이렇게 됨으로써 관리자는 일상적으로 반복되는 업무에 대해 개별적인 지시를 하는데 필요한 시간을 절약할 수 있게 되는 것이다. 따라서 관리자는 예외적으로 발생하는 업무처리나 리더의 고유 기능인 지휘명령 기능과 조정 기능수행에 보다 많은 시간을 할애할 수 있게 된다.

② 경영활동의 기준이 종합화되고 구체화된다.

경영활동은 기본적으로 유기적인 관련성을 가지고 있다. 그러나 직무수행의 조건이 개별적으로 지시되는 경우 유기적인 관련성을 정확하게 파악하지 못하게 된다. 규정은 경영활동의 실체를 체계적으로 파악하고 유기적 관련성을 정확하게 문자로 나타낼 수 있다는 장점이 있다.

또한 규정은 경영활동을 체계적이고 종합적으로 정리함으로써 경영활동의 기본방향을 제시한다. 타 부문 업무와의 관련성을 고려해서 직무수행의 조건이 구체적으로 규정되기 때문에 상호간에 절차의 조정이 자연스럽게 이루어진다.

즉 규정 자체가 다른 규정과의 관련성을 가지고 제정됨으로써 유기적인 절차의 체계가 세워지는 것과 동시에 이에 따라서 하나 하나의 경영활동을 수행하는 경우 경영활동은 일관성을 보장받게 된다.

③ 권한위임을 용이하게 한다.

각각의 직무가 어떤 과정을 통해 행해지는지 불명확한 상태에서는 상위자의 권한이양이 곤란하다. 그러나 규정에 의해 직무수행 기준과 조건이 정리되어 있으면 상위자가 개별적으로 결재하지 않고서도 하위자에게 자신이 하는 것과 동일한 의사로 결재하도록 하는 것이 가능하다.

하위자의 입장에서도 업무절차가 성문화되어 있지 않을 때는 상위자가 어떤 의사를 가지고 있는지가 불명확하기 때문에 스스로 일을 진행하는 것이 불가능하다. 일상적인 경영활동과 관련한 직무수행 조건이 성문화되어 진다면 하위자는 그것을 명확한 상위자의 의사라고 생각하여 결재를 진행할 수 있게 된다.

④ 한 가지 최선의 방법을 조직 내에서 광범위하게 활용할 수 있다. 특정한 구성원이 가진 숙련을 공개할 수 있다. 즉 규정화되어 있지 않은 단

계에서는 지식·기능·숙련은 특정 전문가의 사유물화 되어 있었지만, 그것이 규정으로 공개되면 평범한 능력을 가진 사람이나 경력이 짧은 사람도 경험이 많은 전문가와 비슷한 정도의 지식·기능·숙련을 쉽게 습득할 수 있게 된다.

이렇게 숙련이 규정으로 공개되면 전 경영활동의 균형이 잡혀 업무수행에 질적인 향상을 기할 수 있게 된다. 발명세계에 있어서는 특정의 뛰어난 발명자가 요구되지만 경영활동의 수행과정에 있어서는 소수의 전문가보다도 다수의 균형잡힌 구성원이 경영활동의 질을 전체적으로 향상시킨다.

⑤ 경영활동의 통일성·균일성·동질성의 확보가 가능하다.

경영활동 기준의 명확화와 함께 경영활동의 통일성이 확보된다. 그 결과 판단의 기초를 확보하게 되며 경영활동의 균일성이 확보되게 된다. 또한 경영활동 내용이 사전에 구체적으로 명확히 규정되어 있기에 업무 누락이나 중복을 최소한으로 줄일 수 있다.

⑥ 구성원 협동을 보다 촉진한다.

구성원의 직위체계를 명확히 할 수 있고, 다른 직위의 위치와 역할이 구체화 되어 상호 이해를 깊이 있게 할 수 있다. 그 결과 상호 간에 협조 또는 협력을 공고히 할 수 있다.

⑦ 경영활동을 능률화한다.

일관된 규정이 관리의 원칙으로 제정되어 있으면 경영활동 자체를 능률화할 수 있다. 더욱이 경영활동에 필요한 비용절감을 달성하는 것이 가능하다.

⑧ 교육훈련에 유용하다.

계층적 기능훈련에 유력한 교재로 제공할 수 있다. 일상적인 업무를 통해서 교육과 지도(OJT)를 구체적으로 추진할 때 유용하게 활용될 수 있다. 규정은 신입사원 교육에 아주 유용하게 사용된다.

⑨ 배치전환을 용이하게 한다.

과거에는 업무경험이 후임자 선정의 중요한 요건이었다. 하지만 규정은 경험이 없는 후임자도 업무를 수행할 수 있도록 한다.

⑩ 조직 명령계통을 명확하게 한다.

경영과 관련된 제 규정의 제정에 의해 경영조직이 확립되고 회사 방침과 지시가 철저하게 이루어져 명령과 지시의 계통이 원활하게 된다. 따라서 경영상 조직이 직능을 충분히 발휘할 수 있다.

⑪ 필요한 시기에 개정이 가능하다.

어떤 시기에 규정이 만들어 졌다는 것은 그 시기에 있어서의 적합한 상태를 반영한 것으로 모든 시기에 다 적용가능한 것이 아니다. 규정화는 그 과정을 반복하는 것이다. 따라서 한 번 제정된 규정은 다음 단계의 향상(규정의 개정)의 기초가 되는 것이다.

또한 임원에 대한 규정으로 출장여비규정, 복리후생규정 등 종업원과 병용하는 회사도 있으나 그것은 종업원 취업규칙의 일부이므로 별도 규정으로 제정하는 것이 바람직하다.

경영관계의 기초적 규정

한 기업 내부에서는 여러 사람이 다양한 업무를 분담해서 일하고 있다. 이러한 활동은 모두가 경영활동이다. 그리고 이 모든 활동은 경영목적 달성을 위한 활동이다. 이를 경영기능이라고 한다.

이러한 기능은 세 가지로 구분된다. 첫째, 경영기능 둘째, 관리기능 셋째, 실시기능이다. 이 기능 가운데 관리기능과 실시기능은 주로 취업규칙 등에 규정화되어 있는 기능이 많다. 반면 경영기능은 실제로 규정화되어 있는 곳이 많지 않다.

경영기능 규정은 기업경영에 관한 기본적인 규정으로 이는 경영자를 포함한 임원들의 주요 역할과 관련된다. 임원들의 주요 역할을 정립하고 규정화하는 규정은 임원에 관한 규정이라고 할 수 있다.

임원관계 규정으로는 기업의 기본법인 '정관'을 비롯하여 '주주총회에 관한 규정', '이사회 규정' 등 조직에 관한 규정, '회의체 규정', '감사(역)에 관한 규정', '관계회사 규정', '임원보수 규정', '임원 퇴직위로금 규정', '임원 취업규칙' 등이 있다.

일반적으로 정관은 상법과 밀접하게 관련되어 있는 기본적인 규정이기 때문에 간결하게 정리되어 있는 것이 보통이다. 정관은 기업의 기본적 사항, 상법이 요청하는 법적사항을 규정화하여야 하며 또 공공질서, 미풍양속, 기업본질에 반하지 않도록 유의하여 규정화해야 한다.

다음으로는 기업경영 활동과 관련하여 최고경영층의 조직 및 역할에 관한 규정으로 이사회 규정 및 경영회의 규정, 경영층의 직무분장에 관한 규정 등이 있다.

또한 임원 보수조건과 처우를 정하는 보수·상여·퇴직금에 관한 규정이나 임원 취업규칙이 있다. 이는 일반사규나 사칙에서 빠져 있는 사항이기 때문에 별도로 체계화한 후 제정하는 것이 하나의 관례라고 할 수 있다.

임원관계 규정 작성시 유의사항

임원관계규정 가운데 '정관'과 '이사회 규정'은 대부분의 기업이 일반적으로 규정화하여 관리하고 있으나 기타 규정들은 회사마다 차이가 있다. 임원관계규정은 최고경영층의 역할과 책임에 관한 규정이므로 매우 중요하다. 따라서 임원관계규정은 기업의 운명을 결정한다는 인식을 가지고 신중하게 제정하여야 한다. 다음 8가지의 사항을 고려하여 임원관계규정을 제정하는 것이 바람직하다.

① 각 규정제정의 목적 및 그 의도를 명확히 할 것.

② 현행 규정의 부적절한 부분을 검토하고 그 대책을 생각한 후에 개정할 것.

③ 규정화할 때 장점과 단점을 비교한 후 단점을 최대한 배제할 것.

④ 변화하는 환경에 적용할 수 있도록 어느 정도의 폭을 예외규정으로써 설계해 두는 배려를 할 것. 예를 들어 임원의 정년연령 설정의 경우 최근의 큰 과제이며 후계자 육성과도 매우 깊은 관계가 있으므로 신중한 검토가 바람직함.

⑤ 경영활동은 상황에 따라 다양하게 이루어질 수 있다는 점을 고려해서 절대적 규정과 상대적 규정을 구분해 규정의 운영이 탄력적으로 이뤄질 수 있도록 배려할 것.

⑥ 규정형식은 일상용어의 사용을 원칙으로 하여 난해하거나 여러 가지로 해석할 수 있는 조항을 만들지 말 것.

⑦ 법령, 공공질서, 미풍양속에 반하는 것이 없도록 할 것.

⑧ 관행을 중시하면서도 개선책도 포함한(가미한) 내용으로 할 것.

임원관련 규정 및 규정요건

● 임원규정 필요성 및 근거

임원 복무규정이란 '임원이 고용 중 순수해야 할 사항, 임원 치우에 관한 구체적 세목에 대해서 정해 놓은 규칙의 총칙'이다.

통제나 규율이 없는 회사는 헌법이나 법률이 없는 국가와 같아서 회사의 집무질서를 유지하는 것도 곤란해지고 결국 생산성을 저하시키고 기업경영의 발전을 기대할 수 없다.

한 회사가 필요한 업무에 근로자를 고용해서 노동능률을 최고도로 발휘시키려면 그곳에서 근무하는 근로자에 적용될 체계적인 직장규율과 노동조건의 제정이 필요하다. 이것을 '근로자'의 '취업규칙'이라 한다. 근로자 취업규칙은 관련 근로기준법에서 요구하는 조건이 포함되어야 한다. 또 취업규칙의 기본목적 가운데 하나는 근로자를 보호하기 위한 것이다.

그러나 임원은 사원의 상위에 위치해서 업무를 지휘·명령하는 입장에 있다. 기본적으로 임원에 관한 규정은 사원의 취업규칙과 관계에 있어서의 정합성을 필요로 하는 부분이 있으나 기본목적은 서로 상이하다.

회사의 최고의사결정기관은 주주에 의해 구성된 주주총회이다. 그리고 업무집행에 대한 결의기관으로서 임원으로 구성된 이사회가 있다. 임원은 이사회에 참가하는 것에 의해 업무집행에 참여하게 된다.

회사는 정관의 규정을 기반으로 대표이사 이외 임원에게 업무집행권한을 부여하고 전적으로 내부 업무집행을 담당토록 하는 것이 가능하다. 임원 업무기준이나 자세에 대한 임원에 관한 업무규칙(또는 복무)은 법률로 규정된 것이 없으므로 이를 제정할 것인가, 아닌가는 회사의 자유이다.

그러나 대부분 회사의 경우 임원에게 여러 가지 담당업무를 부여하고 있는 것이 일반적이다. 담당업무가 부여되어 있기 때문에 업무를 집행하는 것에는 하나의 기준이 필요하게 된다. 이것은 법에서 정하는 것은 아니지만 임의적으로 '임원 복무규정(임원 규정)'을 만들어서 임원의 복무나 처우에 대해 하나의 기준을 제정하는 회사가 많아지고 있다.

● **임원의 고용관계**

2014년 '근로자 정년 60세 법률'이 시행되면서 임원 정년을 60세로 하여야 하는지 아니면 그 이상으로 하여야 하는지에 대한 궁금점이 존재하였다. 그러나 '근로자 정년 60세 법제화'와 관련 없이 임원은 60세 이전에 퇴직을 하는 것 또한 현실이다. 임원 고용은 법률에 의하여 보장되지 않는다. 임원은 근로기준법 상 보호를 받는 근로자가 아니기 때문이다.

임원으로 승진하면 당연히 계약직이 되고, 정년을 보장받지 못한다는 게 통상적으로는 상식으로 받아들여지고 있다. 이를 뒷받침하는 판례가 최근에 나왔다. 2020년 서울행정법원 판례에 따르면 임원은 계약직 근로자가 되고, 당연히 기존 일반직원일 때와 근로계약 관계가 단절된다는 판시다.

임원은 회사를 위해 일하면서도 단순히 지시에 따라 업무를 하는 것이 아닌 민법상 위임관계로서 임원 스스로의 재량과 판단에 따라 업무를 수행하도록 되어 있다. 임원은 회사에서 중요한 지위와 권한을 행사할 수 있기 때문에 회사에 대한 충실의무, 비밀준수 의무가 명백히 규정되어 있지 않다면 회사의 비밀을 외부로 가져가 경쟁사업을 하는 등 회사에 치명적인 리스크를 줄 수도 있다. 이런 내용이 어떤 형식으로든 임원규정이나 임원고용계약에 명시되어야 한다. 반면 임원의 회사에 대한 역할과 노력을 고려하여 업무성과나 기여도에 비례하여 인센티브, 스톡옵션 부여 등을 비롯해 지속근무 및 선관주의에 따른 충실근무를 규정하면 안적적이고 지속적인 경영을 도모할 수 있어야 한다.

따라서 임원의 임용, 승진 등에 따라 임원고용계약이 필요하다. 임원고용계약 또는 임원계약이란 (1)임원의 회사에 대한 역할과 책임 및 이에 대한 보수, 인센티브 등을 명확히 규정하여 임원이 충실히 업무를 수행할 수 있도록 하고, (2)비밀유지, 겸직제한이나 겸업금지 및 이에 대한 손해배상 외의 실질적인 패널티도 규정하여 회사의 리스크를 관리할 수 있도록 하여야 한다.

임원고용계약은 다음의 사항이 포함되어야 한다.
(1) 임원의 기본인적사항
(2) 임원의 업무내용, 근속기간 등 임원역할에 관한 사항
(3) 임원의 임금, 보수. 인센티브 등 권리사항
(4) 임원의 비밀준수, 겸업금지 등의 의무화 위반시 위약금 등 책임사항

● **임원의 직위와 직무**

기업이 조직을 명확하고 효율적으로 관리하기 위해서는 다음과 같은 내용에 대해 명시해 둘 필요가 있다. ① 임원의 직위, 부문의 편성, 직원의 지휘·명령 계통, 직위와 자격에 관련된 직제 ② 권한분담 ③ 각 부문에 대한 업무분담 ④ 회의체 설치 등이 그것이다.

직제내 임원 직위와 직무는 사장 결정사항이기에 직위체계와 지휘·명령 계통, 직위와 자격과의 관계는 전체적인 관점에서 결정되어야 한다. 또한 부문의 편성에는 그 내용에 따라 하위 관리자에게 기능을 분권할 수밖에 없을 것이다. 그러한 점에서 기업 기능은 종적으로 세 가지로 구분된다.(제 1장 '임원 개념 및 임원제도의 〈그림1〉 참조)

① 기업경영의 정책 및 의사결정(경영기능)
② 경영기능에 기반하여 기업경영의 방식결정(관리기능)
③ 관리기능에 기반하여 직무의 집행(실시기능)

이러한 기능에 따르면 임원은 '무엇을 할 것인가'라는 기업 목표방향의 결정과 결정된 목표방향을 '어떻게 실행할 것인가'라는 관리기능을 수행하여야 한다.

따라서 임원에 관한 규정은 기업 경영목적을 달성하기 위한 경영활동을 합리적이고 민주적으로 실시하기 위해 이에 요구되는 질서를 성문화해 놓은 것이라고 할 수 있다. 특히 이러한 요구는 중소·중견기업의 창업오너인 1인 경영자가 세대교체 시기에 향후 기업경영의 원만한 유지를 위하여 직원에 관한 사내규정은 물론 임원 복무규정(임원 규정)을 확실하게 정립하고자 하는 기대에도 부응할 수 있다.

● 임원 복무규정 내용

임원 복무규정에는 아래의 내용들이 포함되어야 한다.

1) 근무조건

임원 근무조건 규정은 정규사원의 취업규칙 중 관리·감독의 지위에 있는 사람의 규정이 준용된다. 관리·감독지위에 있는 자는 경영자 등과 같은 사고와 행동으로 부하를 지휘·감독하는 사이사, 원래 출·퇴근에 대헤 엄격한 제한을 받지 않는 자를 말하는 것이므로 근로기준법에서 정하고 있는 노동시간·휴식·휴일 관련 규정의 적용은 제외된다고 할 수 있다.

그러나 형식적으로는 정규사원과 동일한 출·퇴근 시간을 준수토록 하는 예가 많다. 또한 긴급용무가 있는 경우 정규 근로시간에 관계없이 휴일에도 출근해야 하는 의무를 부과하고 있다.

보상에 있어서도 일반사원의 기준을 준용하는 경우와 완전히 다른 기준을 적용하는 경우가 있으나, 위촉하는 직무내용을 감안해서 대표이사가 결정하는 경우가 많다.

2) 복무규율

복무규율에 있어서는 일반사원 이상으로 엄격하게 기준을 정하고 솔선수범을 기대하는 내용이 많다. 그러나 해임·퇴직·휴직·출향(모회사에서 자회사로 이동)·출장여비 등의 규정은 일반사원의 취업규칙을 적용하지 아니하는 경우가 많다.

임원의 정년 및 정년 후의 처우

● 임원의 정년

임원 정년은 먼저 임원으로서의 한계 또는 발전을 기대할 수 없는 고령자에 대해 일정한 연령에 은퇴시키고 새로운 역량을 보유한 자를 선임하고자 하는 것을 목적으로 한다.

임원 개인별로 업무수행 가능 여부를 판단하지 않고 규정상 정년연령을 설정하는 것은 전임 임원에게는 정년기한을 예정하여 후임자 육성을, 후임 임원에게는 스스로의 능력육성을 기하도록 하고자 하는 목적이 있다.

● 임원의 임기

임원 임기는 상법에서 정해진 임기 내에서 적용하여야 하며 임원의 정년에 관한 규정에서 '임원이 임기 중 정년연령에 달한 경우 본인으로부터 당해년도 도달 직후의 주주총회 이전에 사임의 뜻을 제출하도록 할 것을 포함하도록 한다'라고 한다든지, 각서에서 재임 또는 중임의 경우 '정년을 초과해서 선임되지 않는다는 것으로 한다' 등의 내용이 들어가게 된다.

어떠한 경우에라도 정년에 대해서는 '정년이 도달한 날 이후에 개최된 최초 주주총회 종결시점을 기준으로 정년으로 한다'가 일반적인 경우일 것이다. 또한 임원의 '정년에 관한 규정'은 '임원 직무규정', '임원규정' 등 임원의 처우에 관한 포괄적 규정 내에 정해 놓아야 한다.

● **정년 후의 처우**

임원 퇴임 후 처우에 관한 처리방법에는 두 가지 방법이 있다.

첫째, 임원의 자격은 변동이 없으나 상근 임원에서 비상근 임원으로서 남아있는 경우가 있다. 둘째, 퇴임해서 임원의 지위를 전부 상실하여 그 후 다른 역할(상담역·자문역·촉탁 등)로서 회사와의 관계를 계속하는 경우가 있다.

여기에서는 후자인 경우에 대해 논하기로 한다. 임원이 퇴임한 경우 내부분의 회사에서는 규정 또는 내규의 유무에 상관없이 어떠한 처우가 계속 지원되는 것이 현실이다.

그 형태는 상담역·자문역·촉탁 등이다. 이들 임원에 대해서는 재임 중 임원 직위에 대응해서 직위부여가 이루어지고 있다. 예를 들어 ① 상담역(재임 중 회장·사장·전무) ② 자문역(재임 중 상무) ③ 촉탁(재임 중 이사) 등으로 처우하고 있다. 일부 회사에서는 관련 자회사의 임원으로 보내는 경우도 있다.

- **임원 퇴임 후 처우규정의 제정방법**

  임원 퇴임 후 처우에 관한 규정작성 방법은 세 가지가 있다.

  첫째, 임원 규정 (임원 직무규정 등) 내에 명기하는 경우이다. 예를들면 퇴임 후 처우에 대해 다음과 같이 표현되어 있다. '퇴임 임원은 재임 중 임원 직위 또는 공적 등을 감안하여 이사회에서 결의하여 임기 5년을 한도로 하여 상담역·자문역 중 어느 하나에 위촉할 수 있다.'

  그 수당은 상근의 경우 퇴임시 보수의 60% 이내, 비상근의 경우는 30% 이내로 하고 임기에 대해서는 필요에 따라 연장할 수 있다.

  둘째, 임원규정 내에 첫째 방법에 준해서 '임원 퇴직 후 처우'의 조문이 만들어져 있어 '별도로 정하는 규정에 따른다'라고 되어 있는 경우이다.(상담역·자문역 규정 참조)

  셋째, 임원규정은 있으나 '임원 퇴직 후의 처우'에 대해서는 언급되어 있지 않은 경우라든지, 전혀 임원에 관한 규정이 없고 '퇴임 후의 임원 처우'를 독립시켜 규정이나 내규를 정하고 있는 경우(상담역·자문역 규정, 상담역·자문역에 관한 내규) 등이 있다.

임원 보수 결정 방법

- **임원보수 의의**

  상법에서는 '임원이 받는 보수는 정관에서 그 금액을 정하지 않는 경우 주주총회에서 결정한다'라고 표현되어 있다.(표2 참조) 상법상 임원

보수에 대해 구체적 내용이 설정되어 있지 않지만 법원의 판례는 '이사의 보수라 함은 이사가 그 직무를 수행하는 것에 관해 그 대가로써 회사로부터 지급받는 금전과 그 외의 유가물이다'라고 정의하고 있다.

이 판례에 의하면 임원에 지급되어지는 현물은 명칭을 불문하고 직무집행의 대가인 보수라고 분명히 하고 있다. 직무라는 것은 이사회 구성원으로서 달성업무 내용은 물론 대표이사나 업무담당 이사로서 수행하는 직무도 포함된다.

또한 그 대가에는 금전으로 지급되는 것은 물론 금전 이외 유가물도 포함되어 있다. 단, 상여의 경우 별도로 논하는 바 통상 보수가 회사 비용으로서 지출되어 지는 것에 반해, 상여는 이익처분에 따라 지출되어진다는 점에서 차이가 있다. 이것 또한 광의로 직무집행의 특별공로적 대가로써 성질을 가지고 있는 것으로 상여도 이사의 광의의 보수라고 해석된다.

표2. 임원보수에 관한 정관 표현(상장회사 표준 정관 예시)

제40호 (이사의 보수와 퇴직금)
① 이사의 보수는 주주총회의 결의로 이를 정한다.
② 이사의 퇴직금의 지급은 주주총회 결의를 거친 임원퇴직금지급규정에 의한다.

제41조의 7 (감사의 보수와 퇴직금)
① 감사의 보수는 주주총회의 결의로 이를 정한다. 감사의 보수결정을 위한 의안은 이사의 보수결정을 위한 의안과는 구분하여 의결하여야 한다.
② 감사의 퇴직금의 지급은 주주총회의 결의를 거친 임원퇴직금지급규정에 의한다.

● **일본 국세청이 임원 보수라고 인정한 사례**

상여를 제외한 보수는 비용으로 보고 상여는 이익처분이라는 것이다. 일본 국세청은 보수와 상여 구분을 원칙적으로 그 급여가 정기적으로 지급되는가에 따라 판정하지만 큰 취지에서 다음의 항목은 정기급여, 즉 '보수'로 판정하고 있다.

① 매월 지급하는 현물급여

② 회사 소유자산을 저액으로 임원에게 양도한 경우 시가와의 차액이 매월 일정하게 발생하는 항목

③ 토지나 가옥의 무상 또는 저가로 매월 일정하게 제공되는 항목

④ 주택구입 등을 위한 상환기간 3년 이상 장기 대부금을 저리로 융자한 경우에 있어서의 통상 이자차액

⑤ 임원 자택 광열비, 가정부 등의 급료, 그외 개인적 비용을 회사가 지불한 경우

⑥ 매월 지급하는 정액 교제비

⑦ 임원 개인이 가입하고 있는 사교그룹 비용

⑧ 생명보험료 등

● **임원 보수의 구성요소**

임원 보수는 사원의 임금과는 달리 정해진 보수이론이 확립되어 있지 않으나 일반적으로 많은 요소가 합쳐져서 구성되었다고 할 수 있다.

① 급료적 요소 - 직무집행상 대가

② 경영참가 대가요소 - 경영에 참가하여 법령에 의해 부과된 임무

③ 관리자 수당요소 - 업무수행 관리자로서 책임수당적 요소
　④ 자본운용 수당요소 - 주주로부터 경영관리를 위임받은 자로서 자본운영에 대한 수수료적 요소

● 보수의 지급
1) 현금보수
　임원 직무집행의 대가인 보수는 통상 임금으로 지급된다. 매월 정액급여는 일반 종업원에 준해서 정해진 날에 현금으로 지급되지만, 근로기준법 적용을 받지 않는 임원의 경우 은행계좌로 입금하든 수표로 지급하든 전혀 문제되지 않는다. 또한 상여와 같이 임시로 지급되는 항목도 원칙적으로 현금지급인 것이다.

2) 현물보수
　임원 보수에는 현금보수 외 현물보수도 있다. 예를 늘면 회사가 이사회 승인을 거쳐 회사 소유의 토지를 시가보다 싸게 어떤 임원에게 양도한 경우 시가와 판 가격의 차액은 증여에 해당되지만 그것이 임원 직무집행 대가라면 임원 보수가 된다. 아울러 회사가 임원에게 사택을 제공하고 통상 임대료보다 싸게 받고 빌려 준다면 그 차액은 임원 보수인 것이다.
　또한 임원 통근을 위해 기사를 사용하여 기사에게 제공되는 비용과 승용차를 이용한 가족여행까지도 포함, 발생되는 비용도 회사가 부담한 경우 직무집행 대가로 보수에 포함되어 진다고 해석할 수 있다. 그외에 회사 제품, 그밖의 물품지급, 주택공여, 생명보험료의 회사 부담 등은 전부 임원 보수에 포함된다.

● 사원겸무 임원의 보수결정 방법

　사원겸무 임원의 보수는 '임원 보수 기준 한 가지로 정하고 있는 곳과 '사원분 급여 + 임원 보수'로 구분하여 결정하는 곳이 많다. 사례를 보면 후자의 결정방법이 많은 것으로 보인다.

　임원 보수는 사원 분의 보수이든 임원 분의 보수이든 일본에서 세법상의 손금에 해당하므로 특별히 나눌 필요는 없으나, 임원 보수항목 속에 사원 분과 임원 분으로 나눈 체계로 만들면 사원 분의 급여를 기초로 한 상여지급 시에는 손금처분(임원 분은 이익처분)으로 처리가 가능하기 때문에 메리트가 많다.(임원 퇴직위로금에 대해서도 메리트가 있다)

　사원이 임원(겸무 임원으로서)에 선임되는 것은 사원 중 부장급 또는 그에 상당하는 직무수행 능력을 갖고 있어 경영능력을 보유하고 있음이 당연한 것이다. 따라서 겸무임원 급여는 사원의 최고급(기준 내 급여)에 추가하여 임원의 시장임금을 감안해서 결정하는 곳이 많다.

　겸무임원 보수로서 사원 분과 임원 분의 결정방법 사례는 세 가지다.
　① 사원 최고급여 ×1.4(임원 보수수준)
　② 사원 최고급여 + 임원 수당
　③ 겸무임원의 보수를 정하고 그중 70%는 사원 분, 30%는 임원 분

● 임원 상여

　임원 상여라 함은 그 명칭이 어떠한 것이든 불문하고 채무면제에 의한 이익과 기타 경제적 이익 등을 포함하는 것이다. '채무면제에 의한 이익과 기타 경제적 이익'이라 함은 다음에 열거한 행위를 회사가 임원에 대

해 한 것에 따라 실질적으로는 그 임원에 대해서 보수를 지급한 것과 동일한 경제적 효과를 발생시키는 임금(금액)을 말한다.

① 임원에게 금전·물품 그외 자산을 증여한 경우 그 자산의 가격상당액

② 임원에게 회사 소유의 자산을 낮은 금액으로 양도한 경우 그 자산의 통상가격과 양도가격의 차액에 상당하는 금액

③ 회사가 임원으로부터 높은 가격으로 자산을 구입한 경우 그 자산의 통상가격과 구입가격과의 차액에 상당하는 금액

④ 임원에 대해 회사가 소유하고 있는 채권을 면제한 경우 그 면제한 채권에 상당하는 금액

⑤ 회사가 임원으로부터 채무를 무상으로 인수한 경우 그 인수한 채무에 상당하는 금액

⑥ 회사가 임원이 거주하는 토지건물을 무상 또는 저가에 제공한 경우 통상적으로 받고있는 임대료 금액으로 실제로 징수한 임내료와의 차액에 상당하는 금액

⑦ 회사가 임원에게 금전을 무상 또는 저율로 대부한 경우 통상의 이자액과 실제로 징수한 이자액과의 차액에 상당하는 금액

⑧ 회사가 임원에게 무상 또는 저가로 앞에서 언급한 ⑥, ⑦ 이외의 시설이나 설비를 제공한 경우 통상의 수입금액과 실제로 수입한 금액과의 차액에 상당하는 금액

⑨ 기밀비·접대비·교제비·여비 중에서 사용용도 불명의 금액으로써 회사의 업무와 관련이 없다고 인정되는 금액

⑩ 임원이 사교단체 등의 회원이 되거나 회원이 되기 위해서 필요한 사

교단체의 입회비, 운영에 요구되는 비용, 회비 등 원래 본인이 부담해야 할 금액을 회사가 부담하는 경우 그 부담한 금액에 상당하는 금액

⑪ 임원을 위해서 회사가 개인적 비용을 부담한 경우 그 부담비용에 상당하는 금액

⑫ 회사가 임원을 피보험자 및 보험금 수취인으로서 생명보험 계약을 체결해서 그 보험료의 전부 또는 일부를 부담한 경우, 그 부담한 보험료에 상당하는 금액

⑬ 각종 경조금 등

임원 상여는 본래 회사 영업실적에 기초하여 이익을 냈을 경우 이익처리 방법으로서 주주총회 결의를 거쳐 결정, 지급하는 금액이다. 판례에서도 '상여금은 통상 보수가 경비로부터 지급되는 것과 달리 회사가 이익을 발생시킨 경우 그 이익금 처분의 한 방법으로써 지급하는 것이기 때문에 매 결산기에 있어서 주주총회 결의를 필요로 한다'라고 규정되어 있어 일반적으로는 어떤 특정 영업년도의 이익배분으로써의 의의를 갖고 있는 것이다. 따라서 당해 영업년도에 기간손실이 발생한 경우 종래부터 임의적립금이 있어 그에 상당한 상여를 지급하는 것이 가능한 경우일지라도 임원 상여는 지급하지 않는 것이 본래의 취지인 것이다.

또한 상여가 이익배분의 성질을 가지고 있는 것은 분명하나, 동시에 그 이익을 창출한 임원의 공로대가성이 전혀 양립하지 않는다고는 단정할 수 없어, 결국 상여의 의의는 회사가 특정 영업기간에 있어서 이익을 발생시킨 것에 대한 이익의 분배성, 그 이익을 올린 것에 대한 임원의 공로대가성 등 두 가지 면이 있다고 해석하는 것이 타당하다고 할 것이다.

우리나라 기업의 임원 퇴직금과 상여금 규정

● **임원 퇴직금 규정을 각각 달리하는 경우**

　임원 및 직원의 퇴직금은 정규 임금의 일종으로써 직원은 근로기준법으로 보장받으며, 임원은 근로기준법으로 보호받지 못하지만 회사와 임원 보수계약(일상적 급여+ 상여금+퇴직금)에 의하여 지급되는 것이다.

　임원 퇴직금도 일상적 급여 일종으로 퇴직시 지급되며 모든 임원이 같은 조건에 의거 적용될 수 있는 규정이나 정관으로 통일화된 내용이 퇴직금이다. 임원 간에 서로 차이가 있게 규정되거나 지급되는 금액은 퇴직금으로 보지 않고, 퇴직시 지급되는 전별금이나 상여금으로 보아 근로소득으로 과세한다.(퇴직소득으로 보고 낮은 세율은 적용하지 않는다.)

　법인세법시행령 제 44조 제 3항 제 1호 및 제 4항은 법인의 임원 퇴직금 정관 자체에 퇴직금 계산을 정하거나, 정관에서 위임한 임원 퇴직급여 규정을 규정하고 있는 바 여러 임원에게 연령, 근속년수, 직급에 따라 공통적으로 적용할 수 있는 것만 퇴직금 규정이며, 이 규정대로 계산된 금액이 퇴직소득이다.

　그러나 각 임원에 대한 개별계약에서 서로 차이가 날 수 있는 내용의 금액이면 이는 퇴직소득이 아니고 근로소득(상여금 또는 퇴직시 위로금으로 상여금에 합산됨)이다.

　1) 임원별로 개별 계약서에 퇴직금 계산방법을 기재하여 지급하면 이는 퇴직소득이 아니다.

　2) 퇴직소득으로 인정되는 규정, 정관의 예시(다수임원 공통규정으로

모든 임원에게 공시되어야 함)
　① 회사 근속년수별 지급률 차등
　② 나이별 지급률 차등
　③ 임원 근속기간별 지급률 차등
　④ 임원 연임회수별 차등
　⑤ 임원의 직급별 차등(이사 2배수, 상무 2.5배수, 전무 3배수, 사장 4배수, 회장 5배수 등과 같이 근속년수 또는 직급관련 차등률은 문제없으나 소득세법 에 한도를 정하고 있음. 표3 참조)

● **임원 퇴직금 규정은 반드시 구비**

　정관에 임원 퇴직금 지급액을 정하지 않은 경우 임원 퇴직금한도초과액은 손금불산입이라는 불이익을 당하게 된다. 따라서 정관 또는 위임된 주주총회에서 임원 퇴직금지급규정을 의결하여 문서화 해두는 것이 절세전략상 중요한 일이다.
　또한 출자임원상여금을 그 지급기준에 의하여 지급하지 않는 경우 출자임원상여금 자체가 손금불산입될 뿐만 아니라 퇴직급여충당금 또는 임원퇴직금한도 계산시에도 불이익을 받게 되므로 퇴직금 규정은 반드시 구비해 두어야 한다.

1) 임원 퇴직급여규정
　퇴직소득에 포함하는 것에는 다음과 같은 것들이 있다.
　① 퇴직금규정에 정한 퇴직위로금

불특정다수 퇴직자에게 적용되는 퇴직금규정·취업규칙 또는 노사합의에 의하여 지급받는 퇴직수당·퇴직위로금 등 기타 이와 유사한 성질의 급여는 퇴직소득에 포함한다. 반면, 규정 없이 임의적으로 지급하는 퇴직위로금은 근로소득에 해당한다.

표3. **임원퇴직금 한도제한 관련 법 제·개정**

연도	~2012. 01. 01	2012.01.01.~2019.12.31	2020.01.01.~
근거	-	- 법률 제11146호 - 대통령령 제26067호	- 2019년 세법개정 - 소득세법 제22조 제3항
퇴직금 한도	- 배수 무관 - 법인 규정대로 인정(퇴직소득 인정)	- 3배수 규정	- 2배로 축소
예	- 사장 : 5배 - 부사장 : 4배 - 전무 : 3배 - 상무 : 2배3	*3배수 초과되는 퇴직금액은 퇴직소득이 아닌 근로소득으로 과세	*2배수 초과되는 퇴직금액은 퇴직소득이 아닌 근로소득으로 과세

(설명)
2012년 1월 1일 개정 이전에는 배수와 무관하게 법인의 사규를 인정하여 임원퇴직금을 인정해주었다. 임원퇴직금은 법인의 자율 경영사항이라 하여 별도의 제재규정을 마련하아 않았다. 이에 무려 5배수, 심지어 8배수까지 퇴직금을 과도하게 집행하는 사례가 빈번히 발생해 과제당국은 근로자와 임원의 형평성을 고려하여 과도한 퇴직금 유출로 법인 재무건전성 악화를 막고자 2012년 12월 1일 이후 근속연수에 해당하는 퇴직금을 3배수로 제한하였다.
그리고 2015년 시행령 개정으로 2012년 1월 1일 이전 분 퇴직금을 산정할 때 2011년 12월 31일 퇴직을 가정하여 산정한 퇴직금과 전체 퇴직금을 2012년 1월 1일 기점으로 기간 안분한 퇴직금 중 소득귀속자로 하여금 선택할 수 있게 하였다. 이후 2019년 다시 배수가 축소되었다.

(개정된 임원퇴직금 한도 계산)

2019.12.31부터 소급하여 3년 (근무기간이 3년 미만이면 해당 근무기간) 동안 연평균 급여 환산액 × 10% × 근무기간/12 × 3 + 2020.1.1부터 소급하여 3년(근무기간이 3년 미만이면 해당 근무기간) 동안 연평균 급여 환산액 × 10% × 근무기간/12 × 2

② 퇴직금 지급제도 변경에 따른 손실보상

퇴직급여지급규정·취업규칙의 개정 등으로 퇴직금지급제도가 변경됨에 따라 퇴직금 정산액을 지급하면서 퇴직금 지급제도 변경에 따른 손실보상을 위하여 지급하는 금액은 퇴직소득에 포함한다.

퇴직금규정은 임원에 대한 규정과 사용인(종업원)에 대한 규정이 다르게 정해지는 바, 특히 임원의 퇴직금규정은 정관에 의해야 하며 퇴직위로금도 불특정다수에게 적용되는 성질의 것이어야 한다.

퇴직위로금 규정이 없는 경우에는 상여금에 해당하는 것이고 임원이 받은 것은 비용인정을 받지 못하며, 사용인이 받은 것은 비용이 인정되나 이 2가지 모두 사용인 각종 근로소득에 해당하므로 원천징수를 해야 한다.

퇴직위로금의 소득구분	소득귀속
위로금 규정이 있는 경우	퇴직금(퇴직소득)
위로금 규정이 없는 경우	상여금(근로소득)

법인이 임원에게 지급한 퇴직금 중 다음에 해당하는 금액을 초과하는 금액은 세무상 비용으로 인정되지 않는다.

다음의 표에서 정관에 정한다 함은 정관의 제정이나 개정에 의하

구분	소득귀속
정관에 퇴직금(퇴직위로금 등을 포함)으로 지급할 금액이 정하여진 경우	정관에 정하여진 금액(정관에서 위임된 퇴직급여 규정이 따로 있는 경우에는 이에 규정된 금액)
그 외의 경우	퇴직하는 날부터 소급하여 1년 동안 당해 임원에게 지급한 총급여액 × 10% × 근속년수

대상	손금불산입(비용불인정)
사용인(종업원)	급여지급규정의 금액에 관계없이 전액 비용으로 인정한다.
모든 임원	원칙은 비용으로 인정하나 임원 상여금 중 정관·주주총회·사원총회 또는 이사회의 결의에 의해 결정된 급여지급 기준에 의해 지급하는 금액을 초과하는 경우에는 비용으로 인정하지 않는다.

여 임원 퇴직금 지급기준을 정하는 것을 의미하는 것이다. 실무상 정관에 임원의 퇴직금산정규정을 구체적으로 정하는 경우가 없고 별도로 주주총회의 결의로 정하도록 위임하는 경우가 많다. 이 경우에는 주주총회의 결의에 의하여 임원의 퇴직에 대하여 적용 가능한 기준을 산정해야 하는 것이고, 예를 들어 어느 임원은 얼마를 지급하고 어느 임원의 퇴직 시에는 얼마를 지급한다라는 식으로 정한 것은 지급규정이라고 할 수 없을 것이다.

또한 주주총회 결의에 의하여 지급기준을 정하기 전에 이미 퇴직한 자에 대하여 그 결의규정을 소급 적용할 수 있는지가 문제일 것인 바, 이 또한 주주총회 결의에서 언급해야 할 사항이라고 본다.

퇴직위로금의 경우도 범용인 퇴직위로금의 규정이어야 하고 특정인에 대한 퇴직위로금 지급을 주주총회에서 결의한 것은 퇴직금지급규정의 결의를 한 주주총회의 결의에는 해당하지 않는다. 규정에 의하지 아니한 임원 퇴직급여나 한도초과한 퇴직급여 또는 규정에 의하지 아니한 퇴직 위로금은 모두 법인의 손금부인(= 비용불인정)되는 것이고 상여로써 갑근세를 원천징수하는 것이 타당하다.

2) 임원 상여금지급규정

법인이 임원에게 지급하는 상여금 중 정관·주주총회·사원총회 또는 이사회 결의에 의하여 결정된 급여지급 기준에 의하여 지급하는 금액을 초과하여 지급하는 경우 그 초과금액은 비용으로 인정받지 못한다.

임원에게 지급하는 상여금 규정은 이사회의 결의에 의해서도 정함이 가능하다. 퇴직소득규정이 반드시 정관에 정해야 하는 것에 비하면 그 규정이 매우 용이한 것이다.

이사 보수는 정관에 그 금액을 정하지 않은 경우에는 주주총회의 결의로 이를 정해야 한다고 규정하고 있다. 이에 따라 주주총회에서 결의한 이사의 보수총액이 정해져 있다하더라도 이 결의가 임원의 상여금지급 규정에는 해당하지 않는 것이므로 별도 이사회 등에 의하여 임원 상여금지급규정을 정해야 한다.

상여금지급규정 없이 지급한 상여금 또는 상여금지급규정을 초과하여 지급한 상여금은 법인의 손금불산입 대상이다. 주로 임원이 퇴직시에 지급받는 위로금 성격의 돈이 퇴직급여지급 규정에서도 확인되지 않는 경우 당연히 임원 상여금지급규정에 정할 수 없는 것이므로 법인의 손금부인대상상여금에 해당한다.

법인세법 시행령 제43조 제2항의 규정에 의하여 임원에 대한 상여금을 지급하면서 주주총회 등의 결의가 없는 경우 손금에 산입할 수 없다. 그럼에도 불구하고 다수의 법인들이 임원에 대한 상여금 지급 규정 없이 상여금을 지급하고 있으며, 이 경우 세무조사 등의 사유로 실사를 받게 되면, 상여금으로 지급한 금액 전액을 손금불산입 당하게 될 수 있다.

또한 정관의 위임에 의하여 상여금을 주주총회 결의로 지급하였더라도 그 금액에 대한 개별적이고, 구체적인 지급기준이나 성과평가 방법 등이 규정되어 있지 않은 경우 이익처분에 의한 상여금 지급으로 보아 손금불산입 당할 수 있으므로 유의하여야 한다. 예를 들어 '임원상여금 지급규정'에는 지급한도만 규정되어 있을 뿐 지급기준이나 성과평가 방법 등의 구체적인 지급규정이 포함되어 있지 아니하고, 이사회에서 임원의 특별공로를 인정하여 지급하기로 한 상여금으로서 지급률이나 성과평가근거 및 목표, 배분방법 등에 있어서 불분명하게 되어 있고, 합리적인 지급기준을 제시하지 못하는 경우 정상적 의미의 상여금이라고 보기는 어렵다고 판시한 바 있다.(조심2008서3044, 2008.12.30.)

임원의 보수에 대하여 주주총회의 결의를 거치도록 정관에서 위임한 경우 상여금 지급에 대하여 반드시 상여금 지급규정을 제정하고, 또 주주총회 결의가 있어야 하므로 주주총회의 결의내용에 대한 회의록을 작성하여 두어야 한다.

법인세법 시행령 제43조(상여금 등의 손금불산입)

① 법인이 그 임원 또는 직원에게 이익처분에 의하여 지급하는 상여금은 이를 손금에 산입하지 아니한다. 이 경우 합명회사 또는 합자회사의 노무출자사원에게 지급하는 보수는 이익처분에 의한 상여로 본다. 〈개정2018. 2. 13., 2019. 2. 12.〉

② 법인이 임원에게 지급하는 상여금중 정관·주주총회·사원총회 또는 이사회의 결의에 의하여 결정된 급여지급기준에 의하여 지급하는 금액을 초과하여 지급한 경우 그 초과금액은 이를 손금에 산입하지 아니한다.

③ 법인이 지배주주등(특수관계에 있는 자를 포함한다. 이하 이 항에서 같다)인 임원 또는 직원에게 정당한 사유없이 동일직위에 있는 지배주주등 외의 임원 또는 직원에게 지급하는 금액을 초과하여 보수를 지급한 경우 그 초과금액은 이를 손금에 산입하지 아니한다. 〈개정2008. 2. 22., 2019. 2. 12.〉

④ 상근이 아닌 법인의 임원에게 지급하는 보수는 법 제52조에 해당하는 경우를 제외하고 이를 손금에 산입한다.

⑤ 법인의 해산에 의하여 퇴직하는 임원 또는 직원에게 지급하는 해산수당 또는 퇴직위로금 등은 최종사업연도의 손금으로 한다. 〈개정2019. 2. 12.〉

⑥ 삭제〈2009. 2. 4.〉

⑦ 제3항에서 "지배주주등"이란 법인의 발행주식총수 또는 출자총액의100분의1 이상의 주식 또는 출자지분을 소유한 주주등으로서 그와 특수관계에 있는 자와의 소유 주식 또는 출자지분의 합계가 해당 법인의 주주등 중 가장 많은 경우의 해당 주주등(이하"지배주주등"이라 한다)을 말한다. 〈신설2008. 2. 22.〉

⑧ 제3항 및 제7항에서"특수관계에 있는 자"란 해당 주주등과 다음 각 호의 어느 하나에 해당하는 관계에 있는 자를 말한다. 〈신설2012. 2. 2., 2019. 2. 12.〉

1. 해당 주주등이 개인인 경우에는 다음 각 목의 어느 하나에 해당하는 관계에 있는 자

　가. 친족(「국세기본법 시행령」 제1조의2제1항에 해당하는 자를 말한다. 이하 같다)

　나. 제2조제5항제1호의 관계에 있는 법인

　다. 해당 주주등과 가목 및 나목에 해당하는 자가 발행주식총수 또는 출자총액의100분의30 이상을 출자하고 있는 법인

　라. 해당 주주등과 그 친족이 이사의 과반수를 차지하거나 출연금(설립을 위한 출연금에 한한다)의100분의30 이상을 출연하고 그 중1명이 설립자로 되어 있는 비영리법인

마. 다목 및 라목에 해당하는 법인이 발행주식총수 또는 출자총액의100분의30 이상을 출자하고 있는 법인
2. 해당 주주등이 법인인 경우에는 제2조제5항 각 호(제3호는 제외한다)의 어느 하나에 해당하는 관계에 있는 자

참고문헌

- 日本「會社役員規程總覽」, (주)産勞綜合硏究所발행, 2002. 5. 13(제 4판 제 1쇄)
- 상장회사 표준 정관, 한국상장사협의회, 2020
- 임원 퇴직금 퇴직소득세 적용한도, 소득세법, 2019

제8장 한국 주요기업의 임원 인사규정 및 인사관리 사례

사례 1_ 임원 인사 기본지침(D그룹 제조업, 대기업)
사례 2_ 임원 인사운영 세칙(A사 제조업, 중견기업)
사례 3_ 집행부행장운영규정(V사 금융업)
사례 4 _ 임원 퇴직금규정(Y사 금융업)
사례 5_ 임원 퇴직금 지급규정(T사 서비스업, 대기업)
사례 6_ 임원상여금 지급규정
사례 7_ 코오롱 임원 인사관리
사례 8_ B 생명보험회사
사례 9_ T社(제조업·중견기업)
사례 10_ 임원고용계약서(표준)
사례 11_ 상임임원복무규정(1)–사기업
사례 12_ 상임임원복무규정(2)–공공기관(기금)
사례 13_ 상임임원복무규정(3)–공사(공기업)

STEP 08

상법상 임원은 주식회사에서 업무를 집행·감시·감독하는 이사회의 이사와 감사를 지칭하나 실제 기업 내부의 임원 인사관리에 있어서는 회장·부회장·사장·부사장·전무·상무 등으로 직급과 직책 등을 구분, 관리하고 있으며 한 기업에서 임원이 차지하는 역할과 책임은 점점 커지고 있다.

● ● 사례 1

임원 인사 기본지침(D그룹 : 제조업, 대기업)

1. 취지

1) '자질과 능력' 및 '경험과 경륜'을 제대로 갖춘 강하고 유능한 핵심 우수인재를 임원으로 선발, 선임토록 함.
2) 임원의 '역할과 책무'를 제대로 인식하여 역량발휘를 최대화하고 철저하게 '고효율의 자율경영'을 수행토록 함.
3) 임원의 보직과 처우를 역량과 성과에 따라 공정하고 투명하게 행하여 스스로 긍지와 자부심을 갖고 조직과 임무에 헌신토록 함.
4) 짧게는 조직효율의 제고를 통해 성과의 극대화를 기하고, 길게는 탁월한 전문가와 경영자 양성에 의한 조직역량 제고를 통하여 초일류기업으로의 성장, 발전을 촉진하도록 하기 위함 임.

2. 임원의 역할과 책무

1) 임원 역할

(1) 임원은 회사경영에 관하여 주요 의사결정을 내리고, 경영활동의 전체적인 수행을 지휘·감독하는 사람으로서 한편으로는 담당부서 및 부서원들의 행위와 결과를 직접 총괄, 관리하는 기능 경영자의 사명을 수행하면서, 다른 한편으로는 회사 전체의 전략방향 결정에 참여하고 그 실행을 감독하는 전반 경영자의 사명을 수행함.

따라서 임원은 다수 이해관계자들로부터 책임과 의무를 위임받아 회사 존속과 성장·발전을 위해 주요 경영의사를 결정하며, 이를 하부에 전달·지시·실행시키고 그 집행을 감시하는 기능을 본연의 사명으로 함.
(2) 아울러 경영환경이 변화하고 경쟁이 격화됨에 따라 회사 내부적으로 종업원 역량을 효과적으로 육성, 리더십을 발휘하여 목표를 달성할 수 있도록 함과 동시에 외부환경에 대해서는 기술발전과 다양한 문화적 차이 등에 대해 폭넓은 정보를 습득·소화할 수 있어야 함.

그러므로 오늘날의 임원은 과거보다 높은 지적수준과 인식능력을 갖추고 주요 경영의사 및 전략결정자로서의 역할, 정보전달자 및 관리자로서의 역할, 대외관계 조정자로서의 역할, 경영결과에 대한 책임자로서의 역할, 변화와 개혁 엔진 및 촉진자로서의 역할을 수행할 수 있어야 함.

2) 임원 책무

(1) 기업의 유지 및 존속에 대한 책무

임원은 회사를 계속기업으로서 건전하게 유지·발전시켜야 하는 가장 기본적인 책임을 지님. 합리적인 경영관리를 통해 적정한 수익을 확보·배분하는 역할을 계속적으로 수행함은 물론 상품의 최적 생산과 분배, 이익의 합리적 배분을 효과적으로 수행함으로써 기업의 이익증대와 수익성 향상을 도모하기 위해 경영혁신을 적극적으로 추진해야 하는 책무를 지님.

(2) 이해조정에 대한 책무

회사와 밀접한 관계를 맺고 있는 다양한 집단 사이에서 일어나는 갈등과 이해를 조정하는 것은 임원의 중요한 책무임. 주주에 대한 배당, 노사간의 갈등, 지역사회단체와의 마찰, 채권자에 대한 원리금 지급, 소비자 불만에 대한 대책 등은 회사의 존립에 직접적인 영향을 미치는 요인들임. 임원은 이들의 요구에 적절히 대응하면서 이해관계를 조정해야 하는 책무를 지님.

(3) 종업원 만족에 대한 책무

종업원은 회사의 경영목표를 달성하기 위한 수단이 아니라 회사의 가장 중요한 전략적 자산임. 임원은 종업원이 자신의 일을 통해서 인간적·사회적 만족을 느낄 수 있도록 해야 할 뿐만 아니라 이를 통해 경영목표 달성은 물론 나아가 지속적인 경영의 안정과 성장을 도모해야 할 책무를 지님.

(4) 산업공해 및 재해방지에 대한 책무

임원은 회사가 사회적으로 비난의 대상이 되지 않도록 환경오염 방지 등의 환경친화적인 경영을 통해 기업의 사회적 비용을 감축해나가는 한편, 노후화 시설 등에 대한 정기적인 점검 등을 통해 산업재해 등을 미연에 방지함으로써 공공성과 공익성을 고려한 경영활동을 해 나가야 하는 책무를 지님.

(5) 후계자 양성에 대한 책무

기업은 영속적으로 유지되어야 하는 것이므로 임원은 회사의 미래를 성공적으로 이끌어나갈 자신의 후계자를 육성하여 원활한 경영승계가 이루어지도록 해야 할 책무를 지님.

3. 임원의 요구역량

1) 일반적으로 요구되는 임원의 기본능력
   (1) 조직을 전사적 관점에서 바라보며 거시적 사고를 통해 추상적인 관계를 다룰 수 있는 개념적인 능력
   (2) 조직구성원에게 동기를 부여하고 그들을 리드하는 입장에서 원만한 인간관계를 맺고 의사소통할 수 있는 인간적인 능력
   (3) 경영기법, 수단, 운영프로세스 등을 활용하여 구체적·기술적인 문제를 해결하며 구성원의 업무를 감독하고 평가할 수 있는 기술적인 능력
2) 직무수행상 요구되는 임원의 능력 및 심성
   (1) 당면문제에 대해 정확한 판단을 내릴 수 있는 지적능력
   (2) 새로운 아이디어나 색다른 관점을 포용할 수 있는 개방적 심성
   (3) 조직 책임자로서의 정서적 안정성
   (4) 적절하게 사람을 다룰 수 있는 인력 및 조직운용 능력
3) 전문직 임원에게 요구되는 특수역량
   (1) 전문성 및 전문적인 능력   (2) 기술적 리더십
   (3) 지식공유 정도   (4) 프로젝트 실행력 등
4) 임원 역량평가에 요구되는 공통적인 자질과 능력

   일반적으로 요구되는 임원의 기본능력과 직무수행상 요구되는 임원의 능력 및 심성에 관한 구체적 판단기준으로서의 공통적인 자질과 능력은 '변화와 혁신의 자세', '추진력과 긍정적 사고', '책임경영의식', '품성', '전략

적경영능력', '리더십', '인력운용능력', '커뮤니케이션능력' 등으로 구체적인 사항은 별도로 정하는 '임원평가지침'에 의함.

4. 임원의 직위, 직급, 직책 체계

1) 직위, 직급, 직책의 분리·운영

신분 및 처우기준으로서의 직위, 세부적인 내부 처우기준으로서의 직급, 책임 및 권한 부여기준으로서의 직책을 분리, 운영함으로써 역량 및 성과에 따른 탄력적인 보상, 보직 및 인사운영이 가능토록 함.

2) 직위체계의 단순화

직위체계의 단순화를 통해 동일직위 내 처우 및 보상의 범위를 확대함으로써 연공에 관계없이 역량과 성과에 따라 보상, 보직 및 인사의 탄력적 운영이 가능토록 함.

3) 직급체계의 탄력적 운용

세부적 처우기준이 되는 직급으로 EL(Executive Level) 1~EL 9의 9단계 직급을 두고, 연공서열 중심에서 직무가치 및 역량과 성과에 기초하여 직급을 탄력적으로 운용함으로써 성과중심 인사원칙 실현하도록 함.

4) 직위, 직급 및 직책운용 체계

	직위	직급	직책
1	회장(Chairman) 부회장(Vice Chairman)	EL1/EL2	• 대표이사(CEO/Representative Director) • 감사(Audit General)/고문(Executive Advisor) • 부문대표(Chief Operating Officer of Sector) • 사업(본)부장/실장/공장장(General Manager/Chief - Officer) • 담당조직의 책임자(조직장 : 조직명+Leader) • 담당직무의 책임자(직무담당)
2	사장(President)	EL3/EL4	
3	부사장(Senior Executive Vice President)	EL5/EL6/EL7	
4	상무(Executive Vice President)	EL8/EL9	

5) 임원의 직위 및 직책 표기

　(1) 임원의 직위 및 직책 등을 표기할 필요가 있을 때는 국문(한글)의 경우 '직책, 직위의 순'으로 병기하며, 영문의 경우에는 '직위, 직책 순'으로 병기함.

　(2) 다만 감사와 고문의 경우에는 직책만 표기토록 함.

5. 임원의 선임과 보직

1) 착안사항

　(1) '자질과 능력' 및 '경험과 경륜'을 제대로 갖추어 역량발휘가 기대되는 강하고 유능한 핵심·우수인재를 임원으로 선발·선임함.

　(2) 임원 개인별 강·약점을 감안하여 적재적소에 보직, 개인의 역량과 욕구를 조직의 목표와 조화시켜 조직의 효율성을 극대화함.

　(3) 후계자 양성계획과 연계하여 탁월한 경영자와 전문가를 양성함으로써 조직의 역량을 제공함.

2) 임원의 선임과 승진

　(1) 선임과 승진규모 결정

　　단기 인력운용계획 수립시 중장기 경영계획 및 인력운용 계획과 연계되도록 함은 물론 임원의 선임과 승진규모를 사전 검토·반영토록 함.

　(2) 선임 및 승진자 결정

　　- 역량평가 및 성과평가 결과가 평균 이상인 자 중에서 선임 및 승진예정자를 선발함.

- 대표이사는 신규 임원선임 및 임원 승진계획 규모를 감안해 임원 선임 및 승진인사안을 작성하여 인사위원회의 심의를 거쳐 이사회의 결정, 승인을 받아 시행함.

3) 임원의 보직(업무위촉)

(1) 직책의 요구자격과 임원 개인별 역량·적성·경력을 감안하여 적재적소에 보직함.

(2) 조직의 상하·좌우 등을 고려하여 조직 전체의 효율이 극대화되도록 보직함.

(3) 경력개발계획의 일환으로 보직함.

(4) 성과주의 인사가 실현되도록 보직함.

(5) 대표이사는 신규선임, 유임, 승진 임원의 업무위촉(안)을 수립하여 인사위원회의 심의 및 이사회의 승인을 거쳐 시행함.

4) 임원의 퇴임

(1) 당연 퇴임

임원이 형사사건으로 소추되어 금고 이상의 형이 확정된 경우, 금치산·한정치산 또는 파산선고를 받은 경우, 법률에 의해 공민권이 정지 또는 박탈된 경우, 사망한 경우에는 당연 퇴임함.

(2) 임원 퇴임

사직사유를 제출하여 대표이사의 승인을 득하도록 함.

(3) 해임

임원의 역량 및 성과가 현저하게 부족하다고 이사회에서 인정한 경우, 건강상 장애로 인하여 업무를 감당할 수 없는 경우, 징계에 의한 경우, 계속기업으로 생존하기 위해 인원감축이 불가피한 경우를 제외하고는 임원을 해임할 수 없음.

6. 임원의 교육과 양성

1) 중점경영목표로 관리

　전문화·차별화된 역량있는 임원의 전략적 확보 및 양성은 경영의 최우선 핵심과제이므로 중점경영목표로 설정·관리함.

　2) 체계적으로 육성

　업무특성을 감안한 경력개발 기본체계와 핵심·우수인력을 위한 속성양성체계를 통해 미래의 경영자와 전문가를 체계적으로 육성함.

　3) 임원 육성 관련 구체사항

　임원의 교육과 양성에 관한 사항은 별도로 정하는 '우수인력 확보 및 양성 기본지침', '후계자 양성 기본지침', '교육훈련 기본지침' 등 관련 지침에 의함.

7. 임원의 평가와 보상

1) 임원 평가의 의의

　(1) 임원의 역량과 성과를 기업가치와 인과적 관계로 파악하고 이를 공정하고 정확하게 평가함.

　(2) 기업가치 제고에 기여한 임원의 공헌 및 노력에 대해 그 정도에 따

라 인사 및 급여에 적절히 방영함으로써 임원의 성취동기와 의욕을 진작시키고 자기성찰과 자기계발 노력에 박차를 가하도록 하여 회사의 경영성과를 극대화해 나가도록 함.

2) 임원의 평가 및 보상

임원의 평가 및 보상에 관한 사항은 별도로 정하는 '임원평가 기본지침' 및 관련 지침에 의함.

3) 임원의 상벌

임원의 상벌에 관한 사항은 별도로 정하는 '상벌관리 기본지침'과 인사위원회의 심의를 거쳐 이사회의 승인을 받아 시행함.

8. 기타

퇴임임원 예우에 관한 사항은 별도로 정하는 '퇴임임원예우 기본지침'에 의함.

● ● 사례 2

임원 인사운영 세칙(A사 : 제조업, 중견기업)

● **제 1장 총칙**

제 1 조(목적)

　본 세칙은 임원 인사에 관한 제반 사항을 규정함으로써 공정하고 객관적인 임원 인사관리를 실시하는데 그 목적이 있다.

제 2 조(적용대상)

　본 세칙은 전 임원에 대하여 적용한다. 단, 본 세칙의 제 2장은 상무보를 포함하여 적용한다.

● **제 2장 인사**

제 3 조(승격)

　Leader급(부장)에서 상무보로의 승격은 직원 평가규정에 준하되 심사 요소 종합점수, 재직기간 동안의 주요 업적, 다면평가 결과 등을 종합하여 시행한다.

제 4 조(평가)

1. 임원 업적평가는 경영관리지표, 중점추진업무, 개선 및 혁신업무 등을 종합하여 평가하되 부문별 경영관리지표 평가항목 및 가중치 등은 매년 회기초 회사의 주요 정책을 고려, 변경하며 이는 회기초 개별 임원에게 통보한다.(연 1회)
2. 역량평가는 연 1회 사장이 실시한다.

3. 임원의 업적평가는 70%, 역량평가는 30%를 반영한다.
4. 업적평가의 평가자별 가중치는 사장이 1차 평가자인 경우 사장평가 100%를 반영하고, 2차 평가자인 경우는 1차 평가자 30%, 사장 70%를 반영한다.
5. 다면평가 결과는 점수산정에는 제외되며 평가시 참고자료로 활용한다.
6. 평가등급 산출은 상사 평가단계에서는 절대평가, 등급산출 시에는 임원 전체를 한 Group으로 하여 제 부문간 경영환경 등을 고려, 평가등급을 산출한다.

제 5 조(평가결과의 처우적용)

제 4 조에 의한 평가결과는 임원의 승격, 이동, 임금, 해촉 등에 적용되며 그 자세한 내용은 별도의 품의에 따른다.

제 6 조(발탁인사)

2년 연속 S등급을 받은 임원은 발탁인사의 자격이 주어진다.

● 제 3장 퇴직금

제 7 조(퇴직금 지급조건)

1. 퇴직금은 재임기간 만 1년 이상의 임원이 해촉된 경우에 지급한다.
2. 제 1항의 재임기간이라 함은 최초로 위촉발령을 받은 날로부터 해촉발령을 받은 날까지의 실재임기간을 말한다.
3. 임원이 최종 근무회사의 재임기간이 1년에 미달하더라도 다음 각 호의 1에 해당하는 경우에는 퇴직금을 지급한다.

1) 자매회사 전출로 인하여 1년에 미달한 경우

2) 자매회사와 당사의 통산재임기간의 누계가 1년을 초과하는 경우

3) 직원 재직기간과 임원 재임기간을 합산하여 1년을 초과하는 경우

제 8 조(기간계산)

재임기간은 일할 계산한다.

제 9 조(퇴직금의 산출방법)

회사는 임원이 퇴직한 경우 임원으로의 재임기간 1년에 대하여 평균보수 2.5개월 분을 지급한다. 단, 상무보는 1 개월 분을 지급한다.

제 10 조(퇴직위로금)

회사는 재임기간 중 공적이 현저한 자, 순직자 및 공상병으로 퇴직한 자 또는 회사와 합의 퇴직하는 자에 대하여는 사장이 별도의 퇴직위로금을 결정하여 지급할 수 있다.

제 11 조(감급)

다음 각 호의 1에 해당하는 경우에는 이사회의 결의를 거쳐 제 12 조에 의한 퇴직금을 감급할 수 있다.

1. 회사 결산 후 이익금이 발생치 않은 경우

2. 임원이 고의 또는 중대한 과실로 회사에 손해를 끼친 경우

제 12 조(개폐)

본 장의 개폐는 이사회의 결의에 의한다.

● 제 4장 기타

제 13 조(특별상여금의 정의)

　본 장에서 말하는 특별상여금이라 함은 직원에게 지급하는 연차수당에 준하는 것으로써 임원에게 적용하는 것을 말한다.

제 14 조(특별상여금의 지급시기)

　임원의 특별상여금은 직원의 연차수당 지급시기와 동일하게 운영한다.

제 15 조(특별상여금의 계산방법)

　1. 근속년수 1년에 1일의 휴가를 인정한다.
　2. 특별상여금 지급은 최대 10일까지 인정하며 1일의 휴가에 대해 기준일급을 지급한다.

● ● 사례 3

집행부행장운영규정(V사 : 금융업)

제 1 조(목적)
　이 규정은 집행부행장의 임용, 역할, 의무, 책임, 퇴직 및 보수 등에 관한 사항을 정함을 목적으로 한다.

제 2 조(용어정의)
　"집행부행장"이라 함은 상임이사에 준한 대우를 받으며 은행장이 정한 직무를 수행하는 자를 말한다.

제 3 조(임용)
　1. 집행부행장은 12명 이내로 하고 은행장이 선임하며, 집행부행장 고용계약을 체결한다.
　2. 집행부행장으로 임용된 직원은 퇴직처리 한다.
　3. 집행부행장의 고용계약기간은 3년 이내로 한다.

제 3 조의 2(역할)
　집행부행장은 은행장이 정하는 다음 각 호의 직무를 담당한다.
　1. 소관사업본부의 업무통할
　2. 은행장의 보좌
　3. 기타 은행장이 정하는 직무

제 3 조의 3(의무)
　1. 집행부행장은 다음 각 호의 업무를 성실히 수행하여야 한다.
　　1) 필요시 이사회, 위원회 등 회의의 배석 및 관련사항 보고

2) 소관업무에 대한 충분한 검토 및 문제의 제기

   3) 필요한 정보의 취득, 조사, 연구 및 활용

   4) 소관사업본부 소속부서의 관리 및 기능향상

 2. 집행부행장은 다음 각호의 사항을 행하지 아니하여야 한다.

   1) 사적 거래 또는 은행의 정보를 이용한 이득행위의 개입

   2) 은행에 해가 되는 경쟁행위

   3) 이해충돌의 가능성이 있는 행위

 3. 집행부행장은 상법 등 관련 법령 및 내부규정을 준수할 의무를 진다.

제 3 조의 4(책임)

 1.집행부행장은 다음 각 호의 사항에 대한 특별한 주의이행 책임을 진다.

   1) 소관 사업본부 정책의 법적, 환경적, 윤리적 부합 여부

   2) 소관 사업본부 통제시스템의 적정성 여부

   3) 소관 사업본부 자산보호시스템의 적정성 여부

   4) 소관 사업본부 공지자료의 적정성 여부

 2. 집행부행장이 사업본부를 통할하지 아니하는 경우에는 해당 직무에 따른 책임을 진다.

제 4 조(퇴직)

집행부행장이 다음 각 호에 해당하는 경우에는 퇴직 처리한다.

1. 임기(고용계약기간)의 만기

2. 의원사직하는 경우

3. 인사관계 규정상 당연퇴직 사유에 해당될 때

4. 기타 직무수행에 부적합하다고 이사회에서 인정하는 경우

제 5 조(보수)

  1. 집행부행장의 보수는 이사회에서 정한 바에 따른다.

  2. 계약기간 중에 보수가 조정될 경우에는 조정된 기준에 따라 지급한다.

제 6 조(복지·여비)

  집행부행장의 복지후생과 여비에 관한 지침은 '복지지침'과 '여비지침'에서 정한 임원에 대한 기준을 따른다.

제 7 조(퇴직금)

  집행부행장에 대한 퇴직금은 '임원퇴직금규정'에서 정한 상임이사에 대한 지급기준을 따른다. 다만, 별도계약으로 정한 경우에는 그에 따른다.

제 8 조(상벌)

  집행부행장의 상벌은 직원에 준한다.

● ● 사례 4

임원 퇴직금규정(Y사 : 금융업)

제 1 조(목적)

이 규정은 상임이사(이하 '임원'이라 한다)의 퇴직금에 관한 사항을 규정함을 목적으로 한다.

제 2 조(준용)

임원의 퇴직금에 관하여 이 규정과 특별히 정하지 아니한 사항은 퇴직금지침을 준용한다.

제 3 조(지급사유)

퇴직금은 다음 각 호의 1에 해당하는 사유가 발생하였을 때 지급한다.

1. 임기만료 퇴임
2. 사임
3. 재임 중 사망
4. 해임

제 4 조(지급기준액)

1. 퇴직금은 재임연수 1년에 대하여 퇴직 당시 평균임금의 30일분을 지급한다.
2. 국외부점에 재임 중 퇴직하는 임원의 퇴직금은 국내 기본급을 적용하여 산출한다.

제 5 조(퇴직금지급의 특례)

1. 업무상 부상 또는 업무상 질병으로 인하여 퇴임하거나 순직으로 퇴

임한 자에 대하여는 제 4 조의 규정에도 불구하고 다음 각 호의 범위 내에서 퇴직금을 가산하여 지급한다.

  1) 업무상 부상 또는 업무상 질병으로 퇴임한 자 : 제 4 조에 의한 지급액의 100분의 50

  2) 순직으로 퇴임한 자 : 제 4 조에 의한 지급액의 100분의 100

2. 제 1항에 의하여 퇴임한 자의 재임기간의 단수가 6월 이상인 경우는 1년으로 하고, 6월 미만인 경우에는 1년의 100분의 50으로 하여 제 1항의 각 호를 적용한다.

제 5 조의 2(지급일)

퇴직금은 퇴임 후 2개월 내에 지급한다.

제 6 조(적용의 예외)

임원퇴직금에 대하여 주주총회에서 따로 그 지급액을 결의하는 경우에는 이 규정을 적용하지 아니한다.

제 7 조(시행세칙)

이 규정의 시행을 위하여 필요한 사항은 은행장이 따로 정할 수 있다.

● ● 사례 5

임원 퇴직금 지급규정(T사 : 서비스업, 대기업)

제1조(목적)

본 규정은 ○○○주식회사의 임원 퇴직금 지급과 관련한 사항을 정하는데 그 목적을 둔다.

제2조(지급대상)

1. 퇴직금은 1년 이상 근속한 상근 임원에게 지급한다.
2. 본 규정에서 임원이라 함은 주주총회에서 선임된 이사 및 감사로서 상근인 자와 기타 임원으로 대우하는 비등기 상근 부회장, 전무, 상무, 상무보 등의 직위를 부여받은 자를 의미한다.

제3조(퇴직금)

1. 퇴직금의 지급기준액은 퇴직시점의 월 평균 보수금액(연간 계약 보수금액의 1/12)으로 한다.
2. 해외 파견근무로 별도의 수당 등을 지급받은 임원의 퇴직금 산출은 제수당을 제외한 국내 재임 시 지급받게 될 월 평균 보수금액을 적용한다.
3. 지급할 퇴직금의 산출은 1)항과 2)항의 기준금액을 기초로 별표에 명시한 해당 직위별 기준 지급률에 해당 직위에서의 근속 재임연수를 곱하여 산출된 금액의 총 합계로 한다.

제4조(재임연수의 계산)

재임연수가 1년 미만인 단수가 있을 경우 월할 계산하되 1개월 미만의 단수는 1개월로 계산한다.

제5조(특별공로금)

재임 중 특별한 공로가 있는 임원에게 제 3 조의 퇴직금 이외에 주주총회의 의결로 퇴임 시 특별공로금을 지급할 수 있다.

제6조(지급제한)

1. 임원의 총 재임기간이 1년 미만일 경우에는 퇴직금 지급대상에서 제외한다.
2. 그룹 내 특정 계열사와 고용계약을 체결하고 당사의 임원으로 파견된 자는 본 규정에서 제외한다.

제7조(지급시기)

1. 퇴직금의 지급은 임원의 계약이 종료된 날로부터 30일 이내에 지급한다.
2. 단, 임원이 퇴직시점에 회사에 지급하여 할 대금이 있는 경우, 회사는 이를 퇴직금에서 공제한 후 지급한다.

제8조(근거)

본 규정은 ○○○주식회사 정관 제 28 조의 2항에 근거하여 제정된 것이다.

제9조(시행)

본 규정은 주주총회의 승인을 득한 날로부터 시행하되 동 승인 이전에 선임된 임원의 과거 재임기간에 대하여도 본 규정에 의거하여 소급 적용한다.

제10조(개정)

본 규정의 개정은 주주총회의 결의에 의한다.

● 부칙

1. 본 규정은   년   월   일부터 시행한다.

○○○ 주식회사 임원 퇴직금 규정 별표

임원 퇴직금 지급률표

별표 1.
적용대상 : ○○○○년 3월 1일부터 ○○○○년 2월 28일 사이에 최초로 임원에 선임된 분

직위	계산기준	지급률
사장	재직기간 매 1년에 대해	4.5개월분
부사장	〃	3.5개월분
전무	〃	3.5개월분
상무	〃	3.5개월분
상무보	〃	3.5개월분

별표 2.
적용대상 : ○○○○년 3월 1일 이후 최초로 임원에 선임된 분

직위	계산기준	지급률
사장	재직기간 매 1년에 대해	4.5개월분
부사장	〃	3.5개월분
전무	〃	3.5개월분
상무	〃	3.0개월분
상무보	〃	3.0개월분

● ● 사례 6

임원 상여금 지급규정

제1조 【목 적】
본 규정은 정관(또는 주총, 이사회)의 결의에 의하여 임원에게 지급할 상여금에 관한 사항을 규정함을 목적으로 한다.

제2조 【임원의 정의】
본 규정에서 임원이라 함은 이사 및 감사로서 상근인 자를 말한다.

제3조 【지급방침】
상여금은 경영의 탄력성을 유지하고 임원으로 하여금 회사 발전에 관심을 갖게 하는 한편, 능률의 향상을 기할 수 있도록 지급한다.

제4조 【상여금의 산정 및 지급방법】
1. 상여금은 정기상여금과 성과상여금으로 지급한다.
2. 정기상여금은 설날, 여름휴가, 추석에 지급한다.
   - 설날 : 기본급 × 1/12
   - 여름휴가 : 기본급 × 1/12 × 60%
   - 추석 : 기본급 × 1/12
3. 성과상여금은 당해 연도 영업이익이 발생하는 경우에 한하여 지급한다. 지급기준은 다음과 같다.

- 탁월 : 기본급 × 1/12 기본급 × 300%

- 우수 : 기본급 × 1/12 기본급 × 200%

- 보통 : 기본급 × 1/12 기본급 × 100%

제5조 【상여금 등 한도】

상여금을 포함한 총보수는 정관 또는 주주총회에서 정하는 한도 금액을 초과할 수 없다.

부 칙

본 규정은   년   월   일부터 시행한다.

● ● 사례 7
코오롱의 임원 인사관리

　흔히 임원을 기업의 별이라고 부른다. 그만큼 임원이 되기 어렵다는 것을 말하며 동시에 임원은 매우 중요한 직무를 수행하고 있다는 것을 뜻하기도 한다. 임원에 대한 중요성은 많이 강조되었고 임원의 역할에 대하여 다양한 연구와 새로운 시도가 이루어져 왔다.
　지금까지 임원에게 요구되는 능력은 주로 맡은 사업분야에 대한 전문가로서의 역할, 뛰어난 실적창출가 역할, 사업 및 회사발전에 대한 기여도가 주를 이루었다고 할 수 있다.
　그런데 이것을 조금 더 비판적으로 보면 현재까지는 미시적인 측면에서 디테일에 강하고 특정부문의 성과를 이끌어 내는 인재를 임원으로 성장시켰다면, 앞으로는 전략적 사고로 무장하여 자신이 맡은 사업분야는 물론 회사 전체를 크게 조망하면서 회사의 전반적 성과창출 능력을 향상시킴과 동시에 자신이 책임지고 있는 분야의 성장을 이룩해 내야 하는 두가지 과제를 수행할 인재를 임원으로 육성해야 할 것이다. 즉 회사의 양적인 성장과 질적인 면에서까지 업그레이드를 가능하게 할 인재를 임원으로 요구하고 있다고 하겠다.
　이에 따라 임원 후보군들도 임원으로 발탁되기 위해서 혹은 더 상위의 임원으로 승진하기 위해서는 스스로가 회사를 한층 더 성장시킬 수 있거나 그러한 잠재력이 충분함을 증명해야 하는 과제를 안고 있다고 할 수 있다.

앞으로 기업은 그 미래를 책임지고 기존의 사업을 이끌면서 동시에 신사업과 새로운 난관을 헤쳐나갈 능력있는 인재를 지금보다 훨씬 더 필요로 할 것이고 따라서 그 선두에 서는 인재를 임원으로 선발, 육성·개발, 보상하는 일들이 더욱 중요해 질 것이다.

● **임원평가 - 성과와 역량평가**

코오롱에서 주목하고 있는 임원 인사관리의 큰 방향은 '성과와 역량'의 조화이다. 그것은 앞에서 언급한 바와 같이 현재의 성과창출 능력도 중요하지만 앞으로 업무영역이 확대될 경우에도 지금과 같이 지속적인 성과를 이룩하기 위해서는 성과 외의 다른 요소, 즉 역량이 상당히 중요하다고 보고 있기 때문이다.

이는 단기적인 성과 외에도 중장기 미래 성장기반 구축이라는 과제를 달성하기 위해서는 그만큼 역량이 중요하고 이러한 역량을 육성·개발한다면 미래 성공을 담보할 수 있다고 여겨지기에 역량을 개발, 평가하기 위해 많은 노력을 기울이고 있다.

물론 평가가 어려운 것은 사실이다. 아무리 최선을 다해 평가를 하더라도 신뢰성·타당성·수용성에서 모두 만점을 받을 수 없다. 하지만 평가의 목적을 되새겨 그 목적에 맞게 평가를 구성한다면 생각보다 어렵지 않게 평가체계를 구성할 수 있다.

이에 코오롱의 임원 평가제도는 실적(경영성과)과 역량의 조화를 이루도록 기존의 성과평가와 함께 역량평가를 새롭게 도입하였다. 역량평가 방법도 상사위주의 평가에서 다면평가 방식으로 변경하였으며 평가결과에 대한 점검을 위해 'People Session'을 도입하였다.

또한 평가가 종료된 이후에는 그 결과를 각 임원에게 피드백하여 개발이 필요한 역량에 대해 개발계획을 스스로 수립, 실행토록 함으로써 단순히 평가 자체에 그치지 않고 임원 스스로의 역량을 향상시킬 수 있도록 평가제도 전반을 보완하였다. 따라서 평가결과가 임원 개개인의 보상과 육성에 체계적으로 대응하도록 연계하였다.

● 역량평가를 위한 'People Session' 실시

임원 실적평가는 재무성과지표와 경영전략 성과지표를 사용하여 실적에 대한 더욱 세분화된 평가를 시도하고 있다. 이와 함께 새롭게 도입된 역량평가는 코오롱의 임원이라면 갖추어야 할 '자신있는 경영자 역량모델'을 기준으로 하여 개발하였다.(그림1 참조)

이 역량모델은 기존의 지식·기능·태도평가 외에 임원들이 중요하게 생각하고 있는 덕목 그리고 직원들이 생각하는 임원의 중요한 역할에 대한 결과를 종합하여 총 21가지 역량을 추출하였으며 그 중 9가지의 항목을 임원에게 요구되는 역량으로 선정하였다.

9가지 역량은 기본덕목·과업역량·관계역량 세 가지로 구분되며 세부 역량평가 항목은 〈그림2〉와 같다.

사실 역량평가는 대부분의 선진기업에서 도입, 실시하고 있지만 여전히 기존의 태도평가 수준을 크게 벗어나지 못하고 있는 것이 사실이다. 코오롱에서는 이 점을 감안하여 각 역량에 대한 평점을 단순히 체크, 산정하는 방식을 지양하고 역량별 평가대상자의 구체적 행동사례를 기재

하고 평점을 산정하는 방식을 적용하였다.

또한 직속상사의 일방적인 평가로 인한 부작용이 있는 점을 감안하여 직속상사 평가 외에도 평가대상자 본인·동료·부하가 모두 참여토록 하는 다면평가 방식을 도입하였다.

역량평가 실시 프로세스는 연초에 임원 개인별로 다면평가자를 선정하고 선정된 다면평가자에게 평가서를 발송하여 연중 역량평가를 실시토록 하고 있다.

이것은 평가시기에만 평가가 이루어질 경우 자칫 결과의 왜곡이 발생할 가능성이 있기 때문에 이를 방지하고자 하는 이유도 있다. 아울러 시

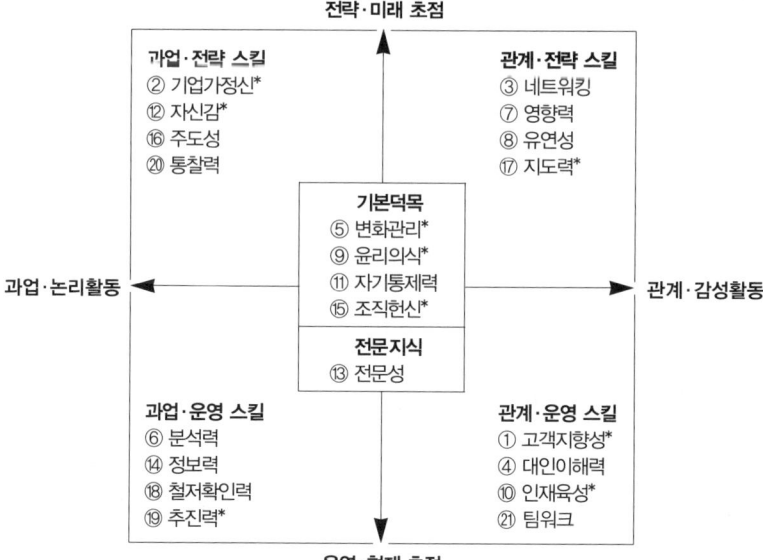

그림1. 자신있는 리더역량 모델

* 표시된 9개 역량은 CEO 후보(현재의 임원)의 리더십 역량을 나타냄.

그림2. 역량평가 항목

간적 여유를 충분히 갖고 연중 지속적인 관찰을 통해 구체적인 행동사례를 기재할 수 있도록 하기 위해서이다. 이렇게 연중 이루어진 평가결과를 매년 말 회수하여 임원 개인별 평가결과를 바탕으로 'People Session'을 실시한다. People Session은 원래 GE에서 사용하는 용어로 코오롱에서는 '인사위원회'로 사용하고 있다.

이 세션에서는 임원 개인별 역량평가 결과를 바탕으로 그룹 사장단이 평가단으로 참여하여 각 임원의 역량에 대한 다면평가 결과를 바탕으로 해당 임원의 역량수준을 점검하고 최종적으로 평가를 실시한다.

여기서 다른 회사와의 차이점은 해당 회사의 임원 뿐 아니라 타 회사의 임원에 대한 역량까지도 평가한다는 점이다. 이를 위하여 사전에 세션 참가자들에게 여러 가지 데이터를 제공함은 물론 다면평가 자료까지를 배포하여 충분히 검토한 후 토론을 거쳐 평가가 이루어진다.

그림3. People Session 프로세스

- 비밀준수 서약 : People Session에서 논의된 모든 사항에 대하여 비밀준수 서약
- 대상 : People Session 참석자
- 회사별 임원 개인 역량평가 결과발표
  : 역량평가 결과(점수)에 대한 판단근거 등 평가결과 발표
- 역량평가 결과에 대한 참석자들의 Challenge & Defense
  : 피평가자에 대한 충분한 이해를 위해 대상자 개인별 토의진행
- 역량평가 점수산정 및 확정 : 역량평가 항목별 평점부여

구체적인 진행절차는 <그림3>에서 보듯 세션에 참석하는 모든 평가자들은 개별 임원에 대한 평가토의 내용 및 평가결과에 대해 비밀준수를 다짐하면서 출발한다.

세션이 진행되면 회사별로 각 대표이사가 해당 임원의 역량평가 결과와 장단점 등에 대해 발표하고 참석한 평가자들이 개별 임원에 대해 대표이사의 의견과 이미 배포된 다면평가 결과 등을 바탕으로 질문을 하며 난상토론을 거쳐 해당 임원의 역량을 최종 평가하게 된다.

● **역량평가와 성과평가 결과 피드백**

역량평가가 세션을 통해 결과가 산정되면 경영실적 평가결과와 종합하여 점수가 도출된다. 점수가 최종 확정되면 개별 임원에게 역량평가 결과와 경영성과 평가결과를 대표이사가 임원들과의 1대1 면담을 통해 성과는 물론 임원 개인이 보유한 역량에 대한 피드백 설자를 마린하고 있다. 이때 성과를 달성하기 위한 방안은 물론 임원 개개인에게 개발이 필요하다고 여겨지는 역량에 대해서도 협의, 구체적인 개발계획을 수립한다.

구체적인 개발방법은 임원 개인이 직접 교육에 참석한다던가, e-Learning을 통해 학습한다던가, 멘토를 선정하여 지도를 받는 등의 방식으로 진행되며 회사는 이에 대해 적극 지원한다.

● **역량평가의 문제점과 계획**

2005년부터 시행하고 있는 역량평가는 아직 도입초기에 해당되어 시행상의 어려움이 조금씩 나타나고 있으며 좀더 정교한 프로그램을 위하여 여러 가지를 검토하고 있다.

먼저 시행상의 어려움으로는 다면평가 실시에 따른 것으로 평가자 선정, 통보에 어려움을 들 수 있다. 평가자들을 선정, 통보하게 되면 일부 평가자들 특히 부하직원의 경우 평가의 곤란함(주로 직속임원 평가에서 오는 곤란함)을 호소하기도 한다.

물론 다면평가 실시에 따른 비밀준수 서약은 필수적으로 받고 있지만 아직은 한국적인 문화에서 직속상사를 평가하는 것을 꺼려하는 경향이 일부 남아 있기도 하다. 이 문제는 지속적으로 시행, 제도가 정착되면 자연스럽게 해결되리라 예상하고 있지만 평가자들과 계속해서 의견을 교환하고 있다.

다음으로는 역량평가 방법에 대한 이해도가 아직 부족하다는 점이다. 기존의 평가는 평점만 산정하면 되는 수준이었으나 새롭게 시행되는 평가는 관찰결과를 바탕으로 구체적인 사례를 기재하도록 되어 있어 평가자들이 어려움을 겪고 있다.

2005년 시행결과에 따르면 우려했던 것보다는 평가가 잘 이루어졌으나 아직까지 정확한 평가방법에 대해 혼란이 있는 것이 사실이며 이를 해결하기 위해 지속적인 평가자 훈련을 실시 중이다.

이와 같은 시행상의 문제점들을 해결해 나가는 것 뿐 아니라 임원 평가 방법을 보다 향상시키기 위해 현재 실시하고 있는 People Session을 임원 인사관리 중심으로 만들 계획이다.

People Session이 역량평가 결과의 리뷰와 최종 평가를 위한 장으로

만 그치지 않고 각 회사의 CEO가 다가오는 미래를 준비하고 그에 대한 구상을 설계하기 위해 반드시 필요한 과정이 되도록 운영할 방침이다.

이와 함께 People Session을 통해 앞으로 코오롱이 중점을 두고 추진해야 할 과제와 이에 따른 조직운영 그리고 임원의 배치는 물론 궁극적으로 각 부문별 후계자 선발에 이르기까지 종합적인 임원 인사관리 프로그램으로 작동할 수 있도록 지속적인 사례조사와 연구를 통하여 개선, 발전시켜 나갈 것이다.

참고문헌

- 자료출처·한국인사관리협회 발행, 「월간 인사관리」 2006년 8월호 특집 '임원 인사관리', p.32

● ● 사례 8
B 생명보험회사

B 생명보험회사는 국내에서 선두그룹을 형성하는 생명보험회사 중 하나로서 창립 이후 오랜 기간 안정적인 영업망을 유지하고 있는 기업이다. B사는 지난 2008년 미국발 세계금융 위기 이후 임원 인사제도를 연공중심에서 직무중심으로 전면적으로 개편하였다. 기존의 회장, 부회장, 사장, 부사장, 전무, 상무, 이사, 이사대우 등의 직급체계를 K1, K2, K3, K4, K5의 5단계 직무등급으로 구분하였으며, 이를 기준으로 임원 보상을 설계하였다.

복리후생제도 또한 전면적으로 개편하여 영업관련 조직 책임임원을 제외한 나머지 관리부문 임원들에 대해서는 개인별 차량제공 등 일체의 기존 처우관행을 폐지하였다. 이는 국내 생명보험 시장의 포화 및 성장 둔화에 대응한 경영합리화의 연장선으로 볼 수 있다.

아울러 성과중심의 평가시스템 구축 및 운영을 중시하고 감독기구(금융감독원 등)의 요구에 부응하는 방향으로 평가지표를 선정하고 평가프로세스 운영방식을 조정하였다.(모범규준적용대상자 선정 및 보상위원회 설치 등)

B사는 2008년 임원 인사제도의 전면적 개편 이후 매년 필요에 따라 소폭적으로 제도개편이 있었으나 큰 골격은 유지되고 있다. 이에 현재 B사의 임원 인사관리제도를 직급체계, 평가제도, 교육 그리고 처우 등을 중심으로 살펴보도록 한다.

● 임원 직급체계

임원은 직무등급을 5단계(K1~K5)로 구분하며 각 임원의 직책에 적합한 직무등급은 CEO(대표이사)가 결정하고, 위촉기간은 1년을 원칙으로 한다. 다만, 위촉기간의 연장에 대해서는 횟수를 제한하지는 않는다. 더불어 필요에 따라 위촉기간을 별도로 결정할 수도 있도록 하여 운영의 탄력성을 확보하고 있다.

K1 등급은 CEO이며, K2 등급은 과거 부사장으로 본부나 실을 종합 담당하는 등급이다. K3 등급은 본부장이나 실장에 해당하는 등급이다. K4는 영업본부장이나 사업부장의 역할에 해당하는 등급을 말한다. K5 등급은 본사 팀장을 담당한다.(표1 참조)

표1. B사의 임원 직급체계 및 직책

임원의 직급	해당 직책
K1	CEO
K2	담당 (본부/실)
K3	본부/실장
K4	본부/실장, 영업본부장, 사업부장
K5	본사팀장, 역직

● 임원평가

임원에 대한 공식적인 평가는 연간 성과(업적) 관련 사항으로 한정하고 있다. 통상 수행되는 역량평가나 주변 평판에 관한 사항은 주관성을 배제하기 곤란하기 때문에 공식적인 임원 평가요소로 활용하지 않고 연중 1회 별도의 리뷰 세션을 갖고 있고 임원 직책이나 보직을 부여할 때 참고자료로 활용한다.(역량관련 리뷰 결과는 인사부서가 필요한 자료를 수집하여 CEO의 임원 종합적인 판단에 활용)

임원의 업적평가는 두 가지 영역으로 구분되어 있다. 첫째는 관할부문

표2. 임원 평가요소

평가	가중치	평가자
업적	100%	조직도 상의 상위자
역량	-	-
Reputation	-	-

의 조직성과로서 사업계획 달성 여부를 계량적으로 평가하도록 하고 있으며, 둘째는 조직의 성과를 창출하기 위하여 개인이 어떻게 노력할 것인가에 대한 평가부분이다.(표2 참조)

● 주요 평가항목

1) 해당부문 조직성과 : 사업계획 달성여부 평가 (KPI 목표 달성여부 등)

2) 당해년도 개인성과 : 주로 조직성과 달성에 관련된 개인별 기여도 평가

<표3>에서와 같이 평가표는 세 파트로 구분되어 있다. 성과달성 실적과 자기평가 의견을 먼저 작성하여 평가면담 전 상위자에게 제출하고, 상위자는 이를 검토하여 개별 평가면담을 통해 성과리뷰를 진행한 뒤, 면담시 서로 공감하고 이해한 사항을 포함하여 평가자의 종합의견을 마지막 부분에 서술하며 최종 평가등급을 표기한다.

● 임원교육

표4. 임원 교육훈련 구분

구분	교육형태 및 기간	교육주관
신임 임원	위탁교육 / 1~2주간	외부 전문교육기관
전체 임원(공통)	독서토론 / 월 1회(저자특강으로 대체)	내부 진행

표3. 임원 업적평가 구성(예시)

구분	주요 평가내용
조직성과	[1] 사업계획목표 달성여부 (조직성과 평가) : 항목 예시, 평균 9~10개 KPI 설정 (사업계획 주요지표와 동일함) | KPI	전년수준	당해년도 목표수준	달성여부 (달성/미달)	주요 판단근거 (본인의견)
---	---	---	---	---
월납초회료				
RBC				
민원발생건수				
충성고객비율				
○○○				
○○○				
○○○					 • 주로 정략적 지표로 함
개인기여도	[2] 개인별 성과목표 달성여부 (개인기여도 평가) : 개인별 3~4개 항목설정 및 평가 	성과목표 항목	달성여부 판단근거	자기평가(달성여부)	감안사항(환경변화등)
---	---	---	---
○○○			
○○○			
○○○				 • 주로 정성적 지표를 활용하며 서술식으로 평가의견을 기록함
종합평가	3] 종합평가의견 : 본인 및 상위 평가자 의견을 시술함(개별면담 후 작성) 	본인 (자기평가 의견)	평가자 (최종평가)
평가등급(의견) : S A B C D	최종평가등급 : S A B C D	

B사의 임원교육은 타 그룹사와 유사하게 신임 임원교육과 전체 임원 교육으로 구분되어 있다. 신임 임원은 외부 임원전문 교육기관에 위탁교육 형태로 운영한다. 주로 임원의 역할과 책임 그리고 소통과 리더십에 대한 내용으로 진행된다. 교육기간은 2주 이내로 이루어진다.

한편 전체 임원은 매월 1회 독서토론을 한다. 필요에 따라 유명 교수나 저자를 초빙하여 특강을 진행하기도 한다.(표4 참조)

● 임원 처우

임원의 처우는 임원 역할과 직무에 따라 다소 차이가 있다. CEO나 영업부분의 임원은 차량이나 기사를 지원하고 있다. 그러나 본사 업무를 담당하는 임원은 차량이 제공되지 않으며 필요시 회사 차량을 배차 신

표5. **임원 처우기준**

임원직급	차량 등	기타 복리후생	업무추진비
CEO 및 영업본부장, 사업부장 등 주로 현장 조직장 인력	회사차량 / 기사	회사 보유 골프회원권 및 휴양시설 활용. 헬스케어센터 활용 본인 및 직계가족 상해, 재해 보험료 지원 종합검진 서비스	직급에 따라 월 100~200만 원 차등 지원
본사 임원	차량 미 제공 (업무용 수시 배차 가능)		

표6. **퇴직임원 처우기준**

임원 직급	퇴직 후
CEO 및 영업본부장, 사업부장 등 주로 현장 조직장 인력	상임고문 위촉, 관계사 전출, 자문역 위촉 등(평균 1~1.5년) (개인별 편차 있음)
본사 임원	자문역 위촉(평균 0.5~1년) (개인별 편차 있음)

• 자문역 급여는 퇴직 전의 50~60% 수준이나 개인별 기여도 등을 감안하여 결정함

청하여 활용한다. 업무추진비는 업무나 직급에 의해 차이는 있으나 통상 월 200만 원 이내이다.

기타 복리후생으로 회사 보유의 골프회원권이나 휴양시설을 활용할 수 있으며, 회사 내 헬스케어센터를 활용할 수 있다. 또한 본임 및 직계가족을 대상으로 상해 및 재해보험을 가입하게 해주고 보험료를 지원해준다. 기타 임원은 고품격의 종합검진 서비스를 받을 수 있다.(표5 참조)

● **퇴직 임원 처우**

퇴직 후 임원은 고문이나 자문역으로 위촉하고 퇴직 전 급여의 50~60%를 지급한다. 구체적으로 CEO 및 영업본부장, 사업부장 등 주로 현장 조직장에 대해서는 퇴직 후 상임고문으로 위촉하거나 관계사 임원으로 전출 또는 자문역으로 위촉한다. 기간은 개인별로 차이가 있으나 평균적으로 1년에서 1.5년 정도이다. 본사 임원은 퇴직 후 약 6개월이나 1년간 자문역으로 위촉한다.(표6 참조)

● ● 사례 9

E社(제조업, 중견기업)

E 중견기업은 매출액 1,500억 원 규모의 2차전지 소재 및 환경 소재 사업을 하는 제조기업이다. 1990년대 창업을 하여 지속적으로 성장을 하였으나 2012년 이후 2년간 경쟁기업의 등장으로 매출액이 정체 상태였다. 2014년 이후 신기술의 도입으로 다시 성장을 시작하고 있다.

E사 임원의 직급은 사장, 부사장, 전무이사, 상무이사, 이사의 5개로 설계되어 있으며 부사장 직급에서 3개의 사업을 담당하고 있다. 각 사업본부 산하 실장은 전무이사 또는 상무이사가 담당하고 있다. 이사는 영업팀장이나 선임팀장의 역할을 한다.

E사는 임원의 성과관리를 위하여 2011년에 BSC 성과관리 시스템을 도입하고 사업본부장인 부사장 이하 임원의 성과를 체계적으로 관리하고 있다. 이에 E사 임원의 직급체계, 연봉 그리고 성과평가 프로세스를 중심으로 설명하고자 한다.

임원 직급체계 및 승진

임원의 직급은 5단계(사장, 부사장, 전무이사, 상무이사, 이사)로 구분하며 적합한 직책을 담당하고 있다. 3개 사업본부의 사업본부장은 부사장급이 담당하고 있다. 그리고 각 사업본부 영업담당 임원과 경영관리

표1. E사의 임원 직급체계 및 직책

임원 직급	해당 직책
사장	CEO / 대표이사
부사장	사업담당 본부장
전무이사	각 사업본부 영업담당 임원, 경영관리 본부장
상무이사	실장, 공장장
이사	영업팀장, 선임팀장

본부장은 전무이사가 담당하고 있다. 실장이나 공장장은 상무이사급에서 담당하고 있다. 영업팀장 등 선임팀장 중 2명이 이사급이다.

임원의 승진은 통상 해당 직급에서 2년 경과 후 해당 직무의 성과를 고려하여 대표이사가 결정한다. 성과가 극히 저조하거나 조직을 관리할 리더십이 부족한 경우를 제외하고는 대부분 해당기간이 경과하면 상위 직급으로 승진하는 경우가 70% 이상이다.(표1 참조)

임원 연봉

E사는 중견기업으로 대기업에 비하여 임원의 연령이 높지 않다. 40대 중반이나 늦어도 후반이고 성과가 좋으면 이사가 된다. 이사가 되면 연봉의 하한이 9천만 원부터에서 시작된다. 매년 성과평가에 따라 차등 인

표2. E사 임원 연봉

(단위 : 천원, 연)

직위	연봉 Range	인상률
사장	200,000~300,000	평가등급에 따라 차등
부사장	150,000~200,000	S : 7~8% 인상
전무이사	130,000~180,000	A : 5~6%
상무이사	100,000~150,000	B : 3~4%
이사	90,000~120,000	C : 동결

상된다. 성과평가는 4등급으로 구분되며 S등급을 받으면 연봉이 7~8% 인상되며, A등급을 받으면 연봉이 5~6% 인상된다. B등급을 받으면 연봉이 3~4% 인상된다. C등급은 연봉 인상이 동결된다. 상무이사인 경우에는 연봉의 하한이 1억 원부터 시작되며, 전무이사는 1억5천만 원부터 시작된다.(표2 참조)

임원 성과평가 프로세스

● 성과지표 도출

E사는 2011년에 임원 성과관리 프로세스를 도입하였다. 먼저 각 단위

표3. E사 성과지표 도출 방법

단위 조직 목표접근

부서목표	내용	KPI
국내매출신장	RCS 납품설치 실적향상	매출액
설비 개발	상위모델 개발	설계 진도율, 도면 불량률
해외시장 개척	De nox 설비 RCS 장비패키징 촉매시장 개척	수주 달성률
유지보수비 절감	설치된 장치 유지보수 및 설비보완	트러블 발생 건수
인력양성	엔지니어링 업무능력 강화	팀 전체 교육시간

단위조직 기능 접근

직무	KPI
시스템 설계	매출기여도, 시운전 트러블 건수, 수주달성률, 외주비 절감액
기계배관 설계	베이직 데이터 오류건수, 원가절감액, 설계진도율, 도면불량률, 검사공정 불량률
전기계장설계	시운전 트러블 건수, 원가 절감액, 설계 진도율 시운전 매뉴얼, 만족도 등
시스템 설치	일정 준수율, 잔금수금률, 불량발생건 수, 재해사고 발생건 수, 교육시간

확정 KPI

KPI	산식
매출액 목표달성률	달성액/목표액
목표이익 달성률	달성액/목표액
거래중단건수	건수
신규거래처 등록건수	건수
해외시장 매출확대	해외매출액/전체 매출액
납기준수율	실제납기준수건수/전체납품건수×100
시공 후 문제발생	건수
상위모델 개발 진행률	진행률
상위모델 개발도면 불량률	불량도면/작성도면
외주비 원가절감	절감액/기준액

• 단위조직 목표접근법과 기능접근법을 통해 도출된 KPI를 토대로 단위 조직평가에 적용할 KPI를 확정함

조직의 성과지표(KPI : Key Performance Indicator)를 도출하기 위하여 단위 조직의 경영상 목표를 도출하였으며, 한편으로는 각 단위 조직의 조직기능상 관리지표를 벤치마킹하였다. 두 가지 방법으로 성과지표 Pool을 만들고 최종적으로 각 단위 조직의 KPI를 확정하였다.(표3 참조)

● 성과관리 프로세스

E사는 도출된 KPI를 중심으로 매년 12월에 차년도 목표를 설정한다. 설정된 목표는 상위자의 승인과 경영관리본부장의 의견을 받고, 수정된 최종 목표를 대표이사에게 제출하고 승인을 받는다.(그림 참조)

● 임원 Scorecard

<표4>는 E사 임원의 Scorecard이다. Scorecard는 BSC의 개념에 따

그림. **임원 성과관리 프로세스**

	주요내용	근거자료
대표이사	• 본부장 KPI 설정내용과 목표치 자료와 경영본부장의 검토의견을 토대로 최종 목표확정 • 목표설정이 부적절한 경우 다시 본부장에게 피드백하여 재설정	
경영관리 본부장 검토	• 본부 KPI 결정 및 KPI별 목표에 대한 타당성과 근거를 검토 • 검토의견을 대표이사에게 제시	• 본부 KPI 및 목표 • 타당성 분석자료 및 근거
본부장	• 수립된 팀 KPI 및 목표를 경영관리본부장과 대표이사에게 제출	• 본부 KPI 및 목표 • 타당성 분석자료 및 근거

라 재무, 고객, 프로세스 개선, 학습 및 성장의 네 가지 관점별로 KPI를 확정하고 KPI별로 연간 목표와 달성방안(Intiative)을 기재하도록 되어 있다. 사업 본부장의 경우 재무관점의 가중치가 50% 이상 차지하도록 지침이 정해져 있다.

표4. **KPI 및 목표승인 결과**

관점	KPI	KPI 연간목표	분기목표				가중치		산식	평가기준	Initiative (달성방안)
			1/4	2/4	3/4	4/4	관점	KPI별 가중치			

● ● 사례 10

임원고용계약서(표준)

상기 당사자는 상호 자유의사에 따라 다음과 같이 고용계약을 체결하며, 신의칙에 따라 성실히 이행할 것을 확약한다.

제1조 【목 적】

본 계약은 "갑"의 경영관리, 영업 마케팅, 재무관리 및 기타 "갑"의 기업 운영 및 활동 등에 대한 업무를 "을"에게 일임, 총괄 수행하기로 합의함에 있어 상호간의 권리 및 의무, 기타 제반사항을 명백히 규정함을 그 목적으로 한다.

제2조 【업무범위】

1. "을"은 별도의 약정이 존재하거 합의되지 아니하는 한, 다음 각 호의 업무를 성실히 수행토록 한다.

    가. "갑"의 대내외적 법률적 대표자로서의 업무
    나. "갑"의 경영, 관리 총괄업무
    다. "갑"의 영업 마케팅 업무
    라. 기타 "갑"의 통상적인 기업운영 및 경영활동에 부수되는 업무

2. 전항 각호의 업무 이외에 "갑"이 관계사, 자회사 기타 투자사 등을 선정하여 동 법인의 관리 및 담당업무를 상호 협의하여 부여할 수 있으며, 동 업무의 수행에 수반되어지는 각종 권리 및 의무는 본 계

약의 규정을 준용토록 한다. 단 별도의 서면 합의가 존재하는 경우에는 예외로 한다.

제3조【직위와 보수】

1. "을"은 본 계약상의 업무를 수행함에 있어 다음의 직을 담당함에 동의하며, 이를 성실히 이행함을 약정한다.

　　가. 소　　속 :
　　나. 직　　위 :
　　다. 등기여부 :
　　라. 기　　타 :

2. "갑"은 "을"이 본 계약 제2조의 제 업무를 수행함에 있어 다음과 같은 방식에 따라 보수를 각 지급키로 한다.

　　가. 연　　봉 :　　　　　원
　　나. 인센티브 :　　　　　원
　　다. 위 가호 및 나호는 매년 상호 협의하여 조정토록 하며, 조정의 시기는 별도의 약정 이 없는 한, 사업연도 개시 전까지 업적 및 성과 등을 평가, 이를 완료토록 한다.

3. 전항의 각 약정보수의 지급은 다음 각호의 절차에 따라 지급키로 한다.

　　가. 연봉은 연봉의 1/12(제 수당 포함)을 매월 말일 지급

나. 인센티브는 업적 및 역량평가 완료 후, 30일 이내 지급

4. 양 계약당사자는 관계법령의 제·개정 및 정책변화, 기타 부득이한 사유가 발생한 경우, 상호 협의하여 지급방법 및 시기 등을 조정할 수 있다.

5. "갑"은 "을"의 업무효율 등의 제고를 위하여 교통수단 등을 제공할 수 있으며, 동 교통수단의 이용 등에 대하여는 "갑"의 내부 관계규정 내지 규칙을 성실히 준수, 이용토록 하여야 한다.

제4조 【업무수행】

1. "갑"은 "을"의 원활한 업무 수행을 위하여 제반 사항에 대해 적극 협조하며, "을"의 업무수행상 필요한 경비(차량유지, 업무경비, 해외출장비, 교제비 법인카드 사용액)에 대해서는 "갑"이 부담하며 "을"은 이에 대한 제반 증빙 등을 "갑"에게 일정 기간 내에 제출토록 한다.

2. "을"은 "갑"으로부터 요청받은 업무 및 사업 등에 관하여 신의성실의 원칙에 입각하여 "갑"과 합의한 기한 내에 최선을 다해 업무를 수행하고, 수시로 그 진행 상황 및 결과에 대해 "갑"에게 구두 또는 서면 보고하여야 한다.

3. "을"은 기업의 활성화 및 기타 제반 업무의 효율을 제고키 위하여 관련 자료 및 조사 등을 수행한 경우, 이를 "갑"에게 제공토록 한다.

4. "을"은 "갑"의 주요 임원으로서 대내외적으로 "갑"의 명예를 훼손케 하는 행위를 하여서는 아니 되며, 품위 등을 유지하여야 한다.

제5조 【계약기간】

1. 본 계약은 20 년 월 일부터 20 년 월 일까지로 한다.

2. 본 계약에 대해 쌍방이 계약을 연장하는 경우 계약종료 30일 전까지 이에 대한 의사를 통지하여야 하며, 본 계약연장에 대하여 쌍방이 합의하거나 일방이 상대편에 대하여 계약연장의 의사표시를 함에도 불구하고 나머지 일방이 이에 응낙하지 않은 경우 본 계약은 자동 종료된다.

제6조 【계약해지】

1. 계약기간 중 계약당사자 일방이 계약의 해지를 원할 경우 "갑"과 "을"은 상호 간 신뢰를 바탕으로 합의 한 후, "갑"과 "을"이 동의를 통하여 해지할 수 있다.

2. "갑"과 "을"은 다음 각호의 사유가 발생한 경우, 상당기간을 정하여 이에 대한 시정을 최고 후, 동 기간 내에 시정되지 아니할 경우, 본 계약을 해지할 수 있다.

   가. 본 계약상의 제반 의무를 위반한 경우
   나. "을"이 사망, 신병, 급병, 중상해 등으로 정상적인 업무를 수행할 수 없는 경우

다. "갑"이 파산, 청산, 회생, 부도 등이 발생한 경우
라. "을"이 민형사상의 법적 분쟁을 야기케 한 경우
마. "갑"이 약정된 급여 및 기타 서비스 등을 상당한 사유없이 제공하지 아니하는 경우
바. "을"에게 개인파산, 회생, 면책 등의 사유가 발생한 경우
사. 양 계약당사자의 주요 자산에 대한 압류 및 가처분, 기타 본안 소송 등의 제기로서 본 계약상의 업무를 수행하기 어렵다고 판단되는 경우
아. 기타 본 계약을 유지할 수 없는 중대한 사유가 존재하는 경우

3. 전항 각호의 사유가 발생한 경우, "갑"은 이사회를 개최, 계약해지 및 해임 등을 결의토록 한다.

4. "을"은 전항의 규정에 의해 이사회 내에서 해임결의 즉시 본 계약상의 권리 및 권한을 행사할 수 없으며, 주주총회나 이사회 등의 정상적인 업무를 방해하거나 제한할 수 없다.

5. "을"이 이사회 결의로서 해임된 경우, "갑"으로부터 제공받은 자료 및 자산, 기타 업무 등에 대한 정보나 관련 자료 등을 "갑"에게 즉시 반환하여야 하며, 대외적으로 해임 전, 직위나 보직 등을 표명할 수 없으며, 이를 위반하여 제3자 등에 표현대리의 효력을 발생케 한 경우, "갑"은 이로 인해 발생된 손해가 존재할 경우, "을"에게 구상토록 한다.

6. "을"은 해임시 관련업무의 지속적 진행과 유지를 위하여 업무의 인수인계를 명확히 하여야 하며, 이에 부수되어 지는 협력을 성실히

이행하여야 한다.

7. 기타 "을"의 임원의 직위 및 지위 등에 대한 해임이나 등기 등에 관한 업무는 "갑"의 정관 및 기타 규칙이나 정책에 의하는 것으로 한다.

제7조 【손해배상】

1. "갑" 또는 "을"은 본 계약을 위반하였을 경우 그로 인하여 발생된 손해에 대하여 배상할 책임을 부담하여야 한다.

2. "을"이 본 계약 제10조(부정경쟁 등)의 의무를 위반할 경우, 전항의 손해배상과는 별도로 위약벌 명목으로 금 일억원(100,000,000)을 "갑"에게 즉시 지급하는 것으로 한다.

제8조 【면책사유】

"갑"은 "을"의 공적 업무수행으로 인한 사업 결과 발생한 손해 또는 제3자의 분쟁에 대해서 "을"은 어떠한 책임도 부담하지 않는다. 단 "을"의 고의 또는 과실로 본 계약을 위반하거나 업무상 중대한 손실을 발생케 한 경우, 그에 대한 배상내지 보상책임을 부담한다.

제9조 【비밀유지】

1. "을"은 본 계약을 포함, "갑"으로 부터 제공받은 일체의 회사 정보나 지득한 사실(이하 '비밀정보'라 한다)을 본 계약의 목적범위 내에서 제한적으로 사용할 수 있으며, "갑"의 사전 서면 동의 없이 제 3 자에게 공개 또는 제공할 수 없다.

2. 전항의 의무는 계약기간 및 계약종료 5년간 그 효력을 갖는다.

3. "을"은 본 계약의 유효기간 중 "갑"의 업무상 정보, 노하우, 기타 정책 및 신규사업, 특허, 저작권 등의 지적재산, 주요자산, 임직원의 개인정보, 회계정보 등을 동종 또는 경쟁업체에 제공하거나 누설할 수 없다.

제10조 【부정경쟁등】

1. "을"이 계약기간 중 퇴사하거나 해임된 경우, 퇴사 등의 일로부터 3년간 동종 및 경쟁업체를 위하여 종사할 수 없다.

2. 전항의 사유 이외에 계약기간의 만료로서 계약이 종료된 경우, 만료 후 1년간 동종 및 경쟁업체를 위하여 종사할 수 없다.

3. "을"은 본 계약기간 및 만료 이후에도 "갑"의 대내외적 명예와 신용을 훼손케 하는 일체의 행위를 하여서는 아니 된다.

제11조 【처분제한】

"갑" 또는 "을"은 본 계약상의 권리 또는 의무를 상대방의 사전 서면동의 없이 임의로 양도, 위탁, 대리(대행), 임대, 담보권설정 등의 처분행위를 할 수 없다.

제12조 【분쟁해결】

1. 본 계약상 해석상의 이견이 존재할 경우 또는 본 계약서상 명시되지 않은 사항이 있을 경우, 대한민국의 관계법률 및 일반 상관례에

따라 상호 협의하여 이를 적극 해결토록 한다.

2. 본 계약과 관련하여 발생된 법적 분쟁에 대하여는 "갑"의 주소지를 관할하는 법원을 제1심 관할법원으로 한다.

제13조【기타사항】
본 계약은 본 계약 체결 이전 "갑"과 "을" 상호간 문서 또는 구두로써 합의된 사항이 존재할 경우, 이를 본 계약이 대체하며, 모든 부속 약정에 우선 적용된다.

본 계약의 성립을 입증코자 본 계약서 2부를 작성, 양 계약당사자가 서명 또는 날인한 후, 각 1부씩 보관토록 한다.

20   년   월   일

(갑)   주 소 :
　　　회사명 :
　　　대표자 :　　　　　　　　(인)
　　　연락처 :

(을)   주 소 :
　　　성 명 :
　　　연락처 :

● ● 사례 11

상임임원복무규정(1)-사기업

1. 총칙

1.1 목적
이 규정은 ○○○○주식회사(이하 '회사'라 한다) 상임임원의 복무에 관한 사항에 규정함을 목적으로 한다.

1.2 적용범위
회사의 상임임원에 관한 복무규정은 법령과 정관 또는 가을 규정에서 특별히 정 한 것을 제외하고는 이 규정이 정하는 바에 의한다.

1.3 적용대상
이 규정은 사장을 포함한 상임이사와 감사(이하 '임원'이라 한다)에 적용한다.

2. 임원의 의무

2.1 성실의무
1) 임원은 법령과 정관 및 회사의 규정을 준수하며, 성실히 그 직무를 수행하여야 한다.
2) 임원은 회사의 명예를 훼손하거나 재산상의 손해를 입히는 행위를 하여서는 아니 된다.

2.2 직장이탈금지

임원은 정당한 이유 없이 적장을 이탈하여서는 아니 된다.

2.3 친절, 공정의 의무

임원은 친절, 공정하고 신속하게 업무를 처리 하여야 하고, 회사 임직원 행동강력에서 정한 공정한 직무수행에 관한 사항을 준수하여야 한다.

2.4 비밀엄수의 의무

임원은 재직 중은 물론 퇴직 후에도 직무상 알게 된 비밀을 엄수하여야 한다.

2.5 청렴의 의무

임원은 회사 임직원행동강력에서 정한 부당 이득의 수수 금지와 건전한 공직풍토의 조성에 관한 사항 및 임원 직무청렴계약 운영규정을 준수하여야 한다.

2.6 품위유지의 의무

임원은 그 품위를 손상하는 행위를 하여서는 아니 된다.

3. 회사에 대한 책임

임원은 법력과 정관 및 회사 규정에 위반한 행위를 하거나 임무를 해태한 때에는 그 임원은 회사에 손해를 배상할 책임이 있다.

4. 임원의 복무

4.1 근무 및 휴게시간
임원은 근무시간, 휴게시간, 출근 및 결근에 대하여는 회사 취업규칙을 준용한다.

4.2 휴일 및 휴가
임원의 휴일 및 휴가에 대하여는 회사 취업규칙을 준용한다. 다만, 연차 휴가일수는 임원 임명 전 해다 기관에서 재직한 기간 등 유사경력을 감안한 일수로 산정한다.

4.3 유연근무
임원의 유연근무 사용은 유연근무제 운영지침서를 준용한다.

4.4 출장
임원의 출장은 회사 취업규칙 및 여비규정을 적용한다.

4.5 외부강의
임원의 외부강의 등에 관하여는 회사 임직원행동강령 및 외부강의·회의 활동 절차서를 적용한다.

4.6 승인 및 신고
사장을 제외한 상임이사의 복무에 관한 사항은 원칙적으로 사장의 허가 또는 승인을 받아야 한다. 또한, 직무관련 외부 강의를 요청받은 경우에는 강의일시, 강의주제, 사례금, 요청기간 드을 사장에게 사전 신고하고 사장의 경우에도 상기 사항을 서면 등으로 간사 부서장에게 신고하여야 한다. 다만, 외부강를 요청한 기관이 국가나 지방자치단체인 경우에는 제외한다.

4.7 임원의 인사관리
회사는 임원의 근태사항을 기록·관리한다.

부칙 〈2019. 6. 27〉
이 규정은 2019년 6월 27일부터 시행한다.

● ● 사례 12

상임임원복무규정(2) – 공공기관(기금)

제정 : 2019. 7. 1

제1장 총칙

제1조(목적) 이 규정은 회사 상임임원의 복무에 관한 사항을 정함을 목적으로 한다.

제2조(정의) 이 규정에서 "상임임원"이란 사장, 부사장, 상임이사 및 감사를 말한다.

제3조(다른 내규와의 관계) 상임임원(이하 "임원"이라 한다)의 복무에 관한 사항은 법령, 정관 또는 다른 규정에 별도로 정한 것을 제외하고는 이 규정을 적용한다.

제2장 일반사항

제4조(법규준수의 의무) 임원은 회사 운영의 기본이 되는 법령, 정관 및 그 밖의 제규정을 준수하여야 한다.

제5조(비밀엄수의 의무) 임원은 회사의 비밀은 물론 직무수행상 알게된 일체의 사항을 타인에게 누설하여서는 아니된다.

제6조(청렴의 의무) 임원은 직무와 관련하여 타인에게 직접 또는 간접으로 금품 또는 향응을 받거나 물질적 폐를 끼치는 행위를 하여서는 아니된다.

제7조(직무이탈 금지의무) 임원은 정당한 이유 없이 근무시간중 임의로 직무를 떠나서는 아니된다.

제8조(건강진단 의무) 임원은 회사에서 매년 실시하는 건강진단을 받아야 한다.

제9조(청탁행위 금지의무) 임원은 여하한 명목으로든지 회사 내·외에 인사, 신용보증 등 업무와 관련된 청탁행위를 하여서는 아니된다.

제10조(권한남용 금지의무) 임원은 개인의 이익을 위하여 직무상의 권한을 남용하여서는 아니된다.

제11조(영리업무의 금지의무) 임원은 직무 이외에 영리를 목적으로 하는 업무에 종사하여서는 아니된다.

제12조(근무일 등) ① 임원의 근무일은 월요일부터 금요일까지로 한다.
② 임원의 근무시간은 09:00~18:00까지로 하며, 업무수행을 위하여 특별한 사정이 있는 경우 또는 유연근무제 실시에 따라 근무 일·시간 등을 탄력적으로 조정할 수 있다.
③ 임원의 휴게시간은 정오를 전후하여 1시간을 원칙으로 한다.

제13조(유연근무) ① 임원이 유연근무제를 사용하고자 할 경우 사전에 [별표1]에서 정한 전결권자의 허가를 받아야 한다.
② 유연근무 유형, 운영방법 등은 사장이 별도로 정하는 바에 따른다.

제14조(지각·조퇴·외출) ① 임원이 영업개시 또는 유연근무제에 따른 본인 근무개시 시각이후에 출근하였을 때에는 지각으로 하며, 지각한 임원(감사 제외)은 그 사유를 사장에게 보고하여야 한다. 다만, 지각사유가 교통차단 또는 그 밖에 불가피한 것으로 판단된 경우에는 예외로 할 수 있다.
② 근무시간 중 업무이외의 용건으로 조퇴·외출하고자 할 경우에는 사전에 [별표1]에서 정한 전결권자의 승인을 얻어야 한다.
③ 지각 및 조퇴는 해당일 근무시간의 2분의 1이하로만 사용할 수 있다.

제15조(유급휴일) 회사의 유급휴일은 다음 각 호와 같다.
1. 「관공서의 공휴일에 관한 규정」에서 정하는 공휴일
2. 근로자의 날
3. 그 밖에 정부 또는 공사가 임시로 지정하는 날

제16조(근무지) 임원의 근무지는 본사소재지를 원칙으로 한다. 다만 출장 등 업무상 필요한 경우에는 지사 등의 스마트워크센터로 할 수 있다.

제3장 출장

제17조(출장) ① 임원이 업무수행을 위하여 국내·외에 출장하고자 할 경

우에는 사전에 서면 또는 전자결재시스템을 통하여 [별표1]에서 정한 전결권자의 승인을 받아야 한다.
② 긴급한 상황 등으로 사전 승인을 받기가 곤란한 경우에는 사후에 전결권자에게 승인을 받아야 한다.

제18조(출장비용) 임원의 출장비용은 「여비규정」에서 정하는 바에 따라 지급한다.

제19조(국내출장) ① 국내출장은 업무와 관련하여 국내에 출장하는 경우를 말한다.
② 국내출장 종료 후 지체없이 근무지로 복귀하고 중요한 사안에 대해서는 전결권자에게 결과를 보고하여야 한다.

제20조(국외출장) ① 국외출장은 다음 각 호의 어느 하나에 해당하는 경우를 말한다.
1. 업무와 관련 있는 해외 미팅에 참석하는 경우
2. 외국 거래회사 등에 업무 상의차 출장하는 경우
3. 그 밖에 사장이 인정하는 경우
② 국외출장은 사장이 따로 정하는 절차에 따라 심사를 거쳐 실시하며 출장보고서를 제출하여야 한다.
③ 감사는 국외출장의 적정성 및 결과활용 등을 주기적으로 점검하여야 한다.

제4장 휴가

제21조(휴가의 종류) 임원의 휴가는 연차휴가, 공가, 인병휴가, 특별휴가, 출산휴가, 청원휴가로 구분한다.

제22조(휴가의 승인) ① 임원이 휴가를 사용하고자 하는 경우에는 사전에 [별표1]에서 정한 전결권자의 승인을 받아야 한다. 다만 긴급·부득이한 경우에는 휴가 시작후 3일 이내에 전결권자의 승인을 받아야 한다.
② 휴가는 일단위로 승인하며, 연차휴가는 0.5일 단위로 승인할 수 있다.
③ 제2항에도 불구하고 연차휴가는 미사용 잔여 휴가일수가 0.5일 미만인 경우 30분단위로 승인할 수 있다.

제23조(휴가기간) ① 유급휴일 및 토요일은 휴가기간에 포함하지 아니한다. ② 휴가기간을 초과하는 경우에는 결근으로 본다.

제24조(대행자 지정) 임원이 휴가를 사용하는 경우에는 경영상 공백이 발생하지 않도록 업무대행자를 지정하여야 한다.

경력기간	연차일수
1개월 이상 1년 미만	11
1년 이상 2년 미만	12
2년 이상 3년 미만	14
3년 이상 4년 미만	15
4년 이상 5년 미만	17
5년 이상 6년 미만	20
6년 이상	21

제25조(연차휴가) ① 임원의 경력기간별 연차휴가 일수는 다음과 같다.
② 제1항의 경력기간은 [별표2] "경력인정기준"에 따라 사장이 산정한 경력기간을 말한다.
③ 연도중에 임명된 임원은 제1항의 연차휴가일수에서 당해연도 임기만큼 월할 계산하여 산정된 휴가일수를 부여한다.
④ 업무상 부상 또는 질병 외의 사유로 인한 지각·조퇴 및 외출은 누계 8시간을 1일로 계산하여 연차휴가 일수에서 차감한다.
⑤ 미사용한 연차휴가에 대해서는 이월하거나 저축 보상하지 아니한다.

제26조(공가) 임원이 다음 각 호의 어느 하나에 해당하는 경우에는 공가를 승인할 수 있다.
1. 관계법률에 의거 국방의 의무를 위해 소집, 동원될 때
2. 법률의 규정, 업무 또는 공익을 위하여 법원 등에 소환될 때
3. 법률의 규정에 의하여 투표에 참가하거나 그 밖의 업무를 수행할 때
4. 천재지변, 화재, 수재, 교통차단 그 밖의 재해의 사유로 출근이 불가능한 때
5. 「산업안전보건법」 제43조에 따른 건강진단 또는 「국민건강보험법」 제52조에 따른 건강검진을 받을 때
6. 「장기 등 이식에 관한 법률」에 따라 장기 등을 기증하기 위한 신체검사 또는 적출을 위해 입원할 때

제27조(인병휴가) ① 임원이 업무상 부상·질병(결핵성 폐질환 포함)으로 인하여 출근이 불가능한 경우에는 180일의 범위에서 인병휴가를 승인할 수 있다.

② 제1항의 사유가 발생한 경우에는 「산업재해보상보험법」에 따른 재해판정을 받아야 하며, 종합병원 또는 공사가 인정하는 의료기관에서 발급한 진단서를 첨부하여야 한다.
③ 업무상 부상 또는 질병으로 인한 지각·조퇴 및 외출은 누계 8시간을 인병휴가 1일로 계산한다.

제28조(특별휴가) 임원이 다음 각 호의 어느 하나에 해당하는 경우에는 특별휴가를 승인할 수 있다.
1. 여성보건휴가 : 생리기간 중 휴식과 임신기간 중 검진을 위한 경우로서 월 1일(다만, 생리기간 중 휴식을 위한 휴가는 무급)
2. 인공수정 또는 체외수정 등 불임치료 시술을 받는 경우 : 1일(다만, 체외수정 시술시에는 난자 채취일에 1일 추가 가능)
3. 재해구호휴가(풍해·수해·화재 등 재해로 인하여 피해를 입은 임원과 재해지역에서 자원봉사활동을 하려는 임원) : 5일 이내
4. 자녀돌봄휴가(「영유아보육법」에 따른 어린이집, 「유아교육법」에 따른 유치원 및 「초·중등교육법」 제2조 각 호의 학교에서 공식적으로 주최하는 행사 또는 교사와의 상담에 참여하거나, 「국민건강보험법」 제52조에 따른 건강검진 또는 「감염병의 예방 및 관리에 관한 법률」 제24조 및 제25조에 따른 예방접종 등 자녀의 병원진료에 동행하는 경우) : 연간 2일(배우자가 공사의 임직원일 경우 합산하며, 자녀가 셋 이상인 경우 1일 가산 가능)

제29조(출산휴가) 출산휴가는 「인사규정」 제61조에서 정하는 사항을 준용한다.

제30조(청원휴가) 청원휴가는 「인사규정」 제63조에서 정하는 사항을 준용한다.

제5장 기타

제31조(외부강의) ① 임원이 직무관련 외부강의를 진행하는 경우 공정 성실한 직무수행을 저해하거나 비밀을 누설하지 않도록 주의하여야 한다.
② 외부강의 사전신고 등 절차는 「임직원 행동강령」에서 정하는 바에 따른다.

제32조(직무수행요건) 임원 및 비상임이사의 직위별 직무수행요건은 다음 각호와 같다.

1. 사장, 감사, 비상임이사 : 「임원추천위원회 운영규정」에서 정하는 바에 따름
2. 부사장, 상임이사 : [별표3]에 따름

제33조(의원면직의 제한 및 의원면직 사전예고) ① 사장은 비위와 관련하여 조사 또는 수사중인 임원(감사 제외)에 대하여 의원면직을 제한할 수 있다.
② 임원 및 비상임이사가 임기중 개인적 사유로 사직을 하고자 할 때에는 부득이한 경우를 제외하고는 사직 희망일로부터 2개월 이전에 임명권자 또는 임명제청권자에게 사직원을 제출하여야 한다.

[별표1] 임원근태전결사항표

근태종류		사장·감사	부사장	이사
국내출장	시내출장 당일귀임	본인	본인	본인
		본인	본인	본인
	시외출장	본인	본인	인사담당임원
국외출장		본인	본인(사장후열)	인사담당임원 (사장후열)
휴가	연차휴가 반일휴가	본인	본인(사장후열)	인사담당임원 (사장후열)
		본인	본인	인사담당임원
	공가	본인	본인 (사장후열)	인사담당임원 (사장후열)
	인병휴가	본인	사장	사장
	특별휴가	본인	사장	사장
	출산휴가	본인	사장	사장
	청원휴가	본인	사장	사장
외출 조퇴		본인	본인	인사담당임원
유연근무제		본인	본인	인사담당임원

[별표2] 경력인정기준

구분	경력인정비율
가. 군복무기간 (3년 이내)	100%
나. 업무와 동종의 직무 경험기간	100%
다. 업무와 유사한 직무 경험기간	80%
라. 업무와 상이한 직무 경험기간	60%

주·각 목별로 1월 미만의 경력은 산입하지 아니한다.

[별표3] 부사장, 상임이사 직무수행요건

구분	요구되는 역량 및 선임 기준
가. 해당 분야와 관련한 지식과 경험	• 경영·경제, 금융, 주택산업 전반에 대한 지식과 경험 • 정부정책 및 공사의 역할과 기능에 대한 이해 • 유동화, 신용보증 업무 등에 대한 전문지식
나. 리더십과 조직관리 능력	• 조직의 비전과 경영계획을 설정하고 적극 추진할 수 있는 능력 • 조직성과를 달성하기 위하여 인적·물적 자원을 효과적으로 운영·관리할 수 있는 능력 • 다양한 요구, 갈등을 융화하고, 조직의 역량을 극대화시킬 수 있는 능력
다. 청렴성과 도덕성 등 건전한 윤리의식	• 청렴성, 준법성, 도덕성 등의 윤리의식과 모범적 행동 • 친화력을 바탕으로 주위의 존경과 신뢰를 받을 수 있는 소양
라. 대외업무 추진능력	• 공공성과 기업성을 조화시켜 나갈 수 있는 조정능력 • 유관기관 및 고객과의 관계개선을 통하여 국민기업으로서의 위상을 제고할 수 있는 대외관계 능력 • 다양한 이해관계자를 설득하고 독려할 수 있는 협상능력

● ● 사례 13

상임임원복무규정(3)-공사(공기업)

제1장 총칙

제1조(적용대상) ① 이 규정은 상임임원(이하 "임원"이라 한다)의 복무에 관한 사항을 정한다. ② 임원의 범위는 사장, 상임감사위원, 상임이사로 한다. ③ 상임감사위원은 사장에 준하여 규정을 적용한다.

제2조(적용범위) ① 임원의 복무에 대하여는 다른 법령과 정관, 공사의 규정에서 정한 것을 제외하고는 이 규정이 정하는 바에 따른다. ② 이 규정에도 불구하고 임원의 복무에 대하여 법령 또는 정부 지시가 있는 경우에는 이를 규정보다 우선하여 적용한다.

제2장 복무

제1절 기본사항

제3조(성실의무) ① 임원은 법령과 정관 및 공사의 규정을 준수하며, 직무상의 명령과 지시에 따라 부과된 직무를 성실히 수행하여야 한다. ② 임원은 부하직원을 지도, 통솔함에 있어 인격을 존중하며 솔선하여 그 직무를 수행하여야 한다.

제4조(금지사항) 임원은 다음 각 호에서 정한 행위를 하여서는 아니 된다. 1. 공사의 명예를 훼손하거나 공사에 손해를 초래하는 행위 2. 공사의 기밀을 누설하는 행위 3. 직무 외의 영리를 목적으로 하는 업무에 종사하는 행위 4. 공사의 거래처로부터 사례, 증여 및 향응을 받거나 금전을 대차하는 행위 5. 직무상 지득한 정보를 이용하여 재물 또는 재산상의 이익을 취득하는 행위 6. 직장 내 괴롭힘 행위

제2절 근무시간 및 휴게시간

제5조(근무 일·시간) ① 임원은 제7조의 휴일을 제외하고 월요일부터 금요일까지 주 5일 근무를 원칙으로 한다. ② 1주간 근무시간은 점심시간을 제외하고 40시간으로 한다. ③ 1일 근무시간은 오전 9시부터 오후 6시까지로 하며, 점심시간은 낮 12시부터 오후 1시까지로 한다. 다만, 업무의 특수성에 따라 1시간의 범위에서 점심시간을 달리 할 수 있다. ④ 임원은 업무능률 제고를 위하여 사장의 허가를 받아 유연근무제를 사용할 수 있다. 다만, 사장과 상임감사위원의 경우 직무수행 여건을 감안하여 자의에 따라 유연근무제를 사용할 수 있다. ⑤ 유연근무제 시행에 필요한 사항은 따로 정한다. ⑥ 임원은 특별한 사정이 있는 경우 탄력적으로 근무일과 근무시간을 조정할 수 있다.

제6조(공휴일 등 근무) ① 사장은 업무수행을 위하여 필요하다고 인정하는 경우 제5조에도 불구하고 상임이사에게 토요일 또는 공휴일 근무를 명할 수 있다. ② 사장은 제1항에 따라 토요일 또는 공휴일에 근무를 한 상임이사에 대하여 그 다음 정상근무일을 휴무하게 할 수 있다. 다만,

부득이한 사유가 있는 경우에는 다른 정상근무일을 지정하여 휴무하게 할 수 있다.

제7조(휴일) 다음에 해당하는 날은 유급휴일로 한다. 1.「관공서의 공휴일에 관한 규정」에서 정한 공휴일 2. 근로자의 날(5월 1일) 3. 창립기념일(1월 26일이 속하는 주의 금요일. 단, 휴무일이 겹치는 경우 그 전주 금요일) 4. 노조창립기념일(11월 24일이 속하는 주의 금요일. 단, 휴무일이 겹치는 경우 그 전주 금요일)

제8조(근무지) 임원의 근무지는 한국전력공사 본사를 원칙으로 한다. 다만, 직무수행 상 필요한 경우 근무지를 변경할 수 있으며, 상임이사의 경우 사전에 사장의 허가를 받아야 한다.

제3장 출장

제1절 국내출장

제9조 (기본원칙) ① 상임이사는 출장 시행 전에 출장신고 등 필요한 절차를 준수하여야 한다. ② 사장과 상임감사위원은 자의에 따라 출장이 가능하다. ③ 임원은 출장목적 달성에 최선을 다해야 하며, 출장 중 사적 용무 등에 시간을 소비하지 않도록 유의하여야 한다.

제10조 (출장신고) 상임이사는 사장에게 출장목적 및 기간 등을 사전 신고

하여야 한다. 다만, 부득이한 사정이 있는 경우 사후에 신고할 수 있다.

제11조 (변경신청) 상임이사는 출장용무 변경에 의하여 목적지 이외의 곳에 들르거나 출장일정을 변경할 필요가 있을 때에는 회사에 미리 이를 알리고 사후에 사장에게 신고하여야 한다.

제12조(출장내역 관리) 임원의 출장신고는 전산시스템 등을 활용하되 출장 목적·장소·시간 등을 명확히 기록하여야 한다.

제13조(출장여비) 임원의 출장여비는 총무규정에서 정하는 바에 따른다.

제14조(출장종료) 출장종료 후 지체없이 근무지로 복귀하고 중요한 사안에 대해서는 사장에게 결과를 보고하여야 한다.

제2절 국외출장

제15조(기본원칙) 국외출장시 현지 규범·관습 등을 존중하고 임원으로서의 품위를 유지하여야 한다.

제16조 (출장신청·허가) ① 상임이사는 사장의 허가를 받아 국외출장을 시행한다. ② 사장은 출장 목적, 기간, 인원 등의 적정성을 판단하여 허가 여부를 결정하고 효율적인 출장이 될 수 있도록 조치하여야 한다.

제17조(심의위원회 운영) 국외출장의 타당성을 심의하는 심의위원회 운영에

관한 사항은 총무규정에서 정하는 바에 따른다.

제18조(출장여비) 임원의 출장여비는 총무규정에서 정하는 바에 따른다.

제19조(출장종료) 출장종료 후 출장자는 귀임보고서를 제출하여야 한다. 출장 귀임보고서는 원칙적으로 공개하되, 출장 결과를 공개하는 것이 업무수행상 현저히 부적절한 경우는 예외로 한다.

제20조(출장점검) 상임감사위원은 국외출장의 적정성 등을 주기적으로 점검하여야 한다.

제4장 휴가

제21조(업무대행자) 임원은 휴가로 인하여 경영상 공백이 발생하지 않도록 업무대행자 지정 등 필요한 조치를 하여야 한다.

제22조(휴가 등) 임원 휴가는 취업규칙 준용; 휴가일수는 따로 정한다.

제23조(휴가의 승인) ① 상임이사는 사전에 사장의 승인을 받아 휴가를 사용할 수 있다. 다만, 불가피한 경우에는 사후에 승인을 받을 수 있다. ② 사장 및 상임감사위원은 주어진 휴가일수 범위 내에서 자의에 따라 휴가 사용이 가능하다.

제24조(근태관리) 임원의 근태상황은 전산시스템으로 작성되는 근태상황부에 의하여 관리한다.

제5장 외부강의

제25조(비밀엄수) 임원은 외부강의로 인해 공정하고 성실한 직무수행을 저해하거나 직무상 비밀을 누설하지 않도록 주의하여야 한다.

제26조(외부강의) 임원이 외부강의를 하는 경우, 강의 개요와 사례금 등의 관련사항을 사전에 신고하고 사례금의 한도를 준수하는 등, 「임직원행동강령」에서 정하는 바에 따라 외부강의를 시행하여야 한다.

　　　　　　　부칙〈 . . 〉
　이 규정은　년　월　일부터 시행한다.

임원제도와 인사관리
EXECUTIVE HRM

저자 정종태
발행 한국인사관리협회

1판 1쇄 인쇄	2006. 10. 17
1판 1쇄 발행	2006. 10. 25
2판 1쇄 인쇄	2010. 11. 15
2판 1쇄 발행	2010. 11. 22
3판 1쇄 인쇄	2015. 03. 30
3판 1쇄 발행	2015. 04. 06
4판 1쇄 인쇄	2018. 05. 04
4판 1쇄 발행	2018. 05. 14
4판 2쇄 발행	2020. 07. 06
5판 1쇄 인쇄	2021. 04. 26
5판 1쇄 발행	2021. 05. 03
6판 1쇄 인쇄	2023. 03. 23
6판 1쇄 발행	2023. 03. 30
7판 1쇄 인쇄	2025. 02. 28
7판 1쇄 발행	2025. 03. 13

발행처	한국인사관리협회
편집·기획	월간 인사관리 편집팀
주소	서울 성동구 성수일로 77
	서울숲IT밸리 1402호
전화	02)2268-2501~4
홈페이지	www.insabank.com

출판등록일	1997년 3월 11일
출판등록번호	제 2015-000078호
ISBN	978-89-87475-86-8
값	32,000원

― 지적저작권 안내 ―

「임원(任員) - 임원제도와 인사관리」 도서는 한국인사관리협회에서 편집하여 발행한 것입니다. 이 책의 저작권 및 상표권은 한국인사관리협회에서 보유하고 있으므로 무단전제의 복제를 금합니다.